Kohlhammer

Die Autoren

Dr. Christoph Wiethoff, Diplom Pädagoge und Systemischer Berater. Seit 2014 Akademischer Rat am Institut für Erziehungswissenschaft der Universität Paderborn. Tätigkeitsbereich ist u. a. die Koordinierung des Praxissemesters im Master of Education. Inhaltliche Schwerpunkte liegen in den Bereichen Beratung und Coaching in der Schule, Theorie-Praxis-Relationierung und Forschendes Lernen im Praxissemester, Übergangsforschung sowie Schulentwicklungsberatung.

Miriam Stolcis, Wissenschaftliche Mitarbeiterin und Systemische Beraterin. Seit 2014 tätig am Zentrum für Bildungsforschung und Lehrerbildung der Universität Paderborn – PLAZ-Professional School. Ihre Arbeitsschwerpunkte liegen hierbei in der Koordinierung der Praxisphasen im Lehramtsstudium sowie der Konzeptionierung und Etablierung des Paderborner Portfoliokonzepts »AIMs«.

Gemeinsam leiten die beiden Autoren das Paderborner Projekt »Offenes Ohr – Coaching in der Schule«. In diesem Rahmen verfasst Miriam Stolcis eine Promotion über das Projekt als hochschuldidaktisches Konzept.

Christoph Wiethoff
Miriam Stolcis

Systemisches Coaching mit Schülerinnen und Schülern

Verlag W. Kohlhammer

Dieses Werk einschließlich aller seiner Teile ist urheberrechtlich geschützt. Jede Verwendung außerhalb der engen Grenzen des Urheberrechts ist ohne Zustimmung des Verlags unzulässig und strafbar. Das gilt insbesondere für Vervielfältigungen, Übersetzungen, Mikroverfilmungen und für die Einspeicherung und Verarbeitung in elektronischen Systemen.

Die Wiedergabe von Warenbezeichnungen, Handelsnamen und sonstigen Kennzeichen in diesem Buch berechtigt nicht zu der Annahme, dass diese von jedermann frei benutzt werden dürfen. Vielmehr kann es sich auch dann um eingetragene Warenzeichen oder sonstige geschützte Kennzeichen handeln, wenn sie nicht eigens als solche gekennzeichnet sind.

Es konnten nicht alle Rechtsinhaber von Abbildungen ermittelt werden. Sollte dem Verlag gegenüber der Nachweis der Rechtsinhaberschaft geführt werden, wird das branchenübliche Honorar nachträglich gezahlt.

Dieses Werk enthält Hinweise/Links zu externen Websites Dritter, auf deren Inhalt der Verlag keinen Einfluss hat und die der Haftung der jeweiligen Seitenanbieter oder -betreiber unterliegen. Zum Zeitpunkt der Verlinkung wurden die externen Websites auf mögliche Rechtsverstöße überprüft und dabei keine Rechtsverletzung festgestellt. Ohne konkrete Hinweise auf eine solche Rechtsverletzung ist eine permanente inhaltliche Kontrolle der verlinkten Seiten nicht zumutbar. Sollten jedoch Rechtsverletzungen bekannt werden, werden die betroffenen externen Links soweit möglich unverzüglich entfernt.

1. Auflage 2018

Alle Rechte vorbehalten
© W. Kohlhammer GmbH, Stuttgart
Gesamtherstellung: W. Kohlhammer GmbH, Stuttgart

Print:
ISBN 978-3-17-032085-7

E-Book-Formate:
pdf: ISBN 978-3-17-032086-4
epub: ISBN 978-3-17-032087-1
mobi: ISBN 978-3-17-032088-8

Vorwort

Das Führen von Beratungsgesprächen gehört zu den Aufgaben von Lehrerinnen und Lehrern. Im schulischen Kontext spricht man mit Schülerinnen und Schülern, Eltern sowie Kolleginnen und Kollegen. Anlässe und Problemlagen ergeben sich im sozialen System Schule immer wieder neu, u. a. weil sich Kinder und Jugendliche tagtäglich mit Entwicklungs- und Lernaufgaben konfrontiert sehen.

Im Rahmen der Lehramtsausbildung an der Universität Paderborn entwickelten wir im Bereich Schulpädagogik im Jahr 2009 ein spezifisches Angebot zum Erwerb von Beratungskompetenzen für Lehramtsstudierende. Das Interesse an einem solchen Angebot wurde auch von Studierenden selbst vorgetragen, die sich im Praktikum mit dem Beratungsbedarf konfrontiert sahen. Insbesondere Claus Wiesenthal stellte anfangs den Kontakt zur Schule her. Gemeinsam mit Christoph Wiethoff entwickelten wir eine kompakte Qualifizierung im universitären Rahmen, die interessierte Studierende in die Lage versetzen sollte, Coachinggespräche mit Schülerinnen und Schülern zu führen. In Absprache mit Schulen der Region wurden für interessierte Lernende Coachings durch Studierende angeboten. Das Projekt »Offenes Ohr« nahm damit seinen Anfang. Studierende und wissenschaftliche Mitarbeitende wie Miriam Stolcis waren bei der organisatorischen und inhaltlichen Entwicklung des Angebots massiv beteiligt.

Für Coaching und Beratung im Kontext Schule lagen einzelne Veröffentlichungen vor (z. B. Palmowski 2007), die Anregungen bieten. Doch an grundlegenden klaren inhaltlichen Strukturen für die Qualifizierung zum Coach im Feld Schule gibt es noch Bedarf.

Mit der vorliegenden Veröffentlichung wird eine wesentliche Lücke geschlossen: Der vorliegende Band bietet wissenschaftlich fundierte und klar strukturierte Grundlagen für diese Art der Beratung. Nicht zuletzt die dabei verarbeitete Literatur bietet allen Leserinnen und Lesern zahlreiche Anknüpfungspunkte für eine weitergehende Qualifizierung. Durch einschlägige Beispiele, die sich als roter Faden durch das Buch ziehen (»Der Schüler Max«), wird die Übertragung der Prinzipien und Strukturen auf die konkreten Problemlagen in der Schule nachvollziehbar unterstützt. Die langjährigen Erfahrungen aus dem Projekt »Offenes Ohr«, aber auch aus anderen Zusammenhängen wie Fortbildungen zum Thema Beratung und Coaching in Schule (bspw. zum Format der

Vorwort

Zielvereinbarungsgespräche mit Schülerinnen und Schülern), werden verarbeitet.

Florian Söll, Juli 2018

Inhaltsverzeichnis

		Vorwort	5
1		Einleitung	9
2		Systemisches Coaching mit Schülerinnen und Schülern – einige Grundlagen	12
	2.1	Coaching – eine Annäherung	12
	2.2	Merkmale professionellen Coachings	17
	2.3	Systemtheoretische Grundlagen	22
	2.4	Die Haltung des Coachs im systemischen Coaching	39
3		Jugendliche Schülerinnen und Schüler als besondere Zielgruppe von Coachinggesprächen	50
	3.1	Entwicklungsaufgaben von Jugendlichen	50
	3.2	Körperliche, kognitive und emotionale Entwicklung von Jugendlichen	53
	3.3	Forschungsbefunde zum Coaching mit Jugendlichen	57
	3.4	Konsequenzen für die Gestaltung von Coachinggesprächen mit Jugendlichen	60
4		Die Lehrperson als Coach	63
	4.1	Rollendiffusion Lehrperson vs. Coach	63
	4.2	Umgang mit der Rollendiffusion	67
	4.3	Rollenklarheit für Coach und Coachee sowie deren Umfeld	74
5		Der Coachingprozess konkret – Coaching mit Schülerinnen und Schülern nach dem GROW-Modell	80
	5.1	Goal: Orientierung und Zielvereinbarung	82
	5.2	Reality: Klärung der Situation für den Coachee	95
	5.3	Options: Sammlung und Auswahl möglicher Lösungen	108
	5.4	Will: Festlegung eines Handlungsplans und des weiteren Coachingprozesses	112
	5.5	Ablauf eines Folgegesprächs	114

6	Zielvereinbarungsgespräch und Lerncoaching: Praxisbeispiele für die Anwendung der GROW-Struktur	116
	6.1 Zielvereinbarungsgespräche	116
	6.2 Lerncoaching: das Projekt »Offenes Ohr – Coaching in der Schule«	136
Literatur		144
Register		151

1 Einleitung

Grafologe Predigerin Motivationskünstlerin Reiseleiter
Wachmann Sanitäterin Trainerin Elektriker
Therapeutin Geldeintreiber Streitschlichter Organisationstalent
Musiker Schauspielerin Berufsberaterin Vorbild
Putzmann **LEHRER** Besserwisser
Philosoph Barista
Sängerin Handwerkerin
Koch Dompteur
Innenausstatter Gitarrist Trostspender Postbote
Künstler Kühlbeutelverwalterin Richterin Vorleser
Geschichtenerzähler Teamplayer Versteher Taxifahrer
Gärtnerin Zettelsammler Maler Vertreter

Abb. 1: Anforderungsprofil an Lehrpersonen (in Anlehnung an Junger BLLV 2016)

Diese Abbildung zeigt – vielleicht etwas humoristisch überzogen, aber durchaus nicht allzu fern von der Wirklichkeit – die vielseitigen Anforderungen an Lehrpersonen auf. Es ist also nachzuvollziehen, dass wir in der Aus- und Weiterbildung von Lehrkräften immer wieder auf eine gewisse Skepsis treffen, wie auch noch die Aufgaben eines Coachs in das facettenreiche Anforderungsprofil integriert werden sollen. Nicht zuletzt hat dies häufig mit der Unsicherheit zu tun, wie sich Lehrkräfte überhaupt im Spannungsfeld zwischen Bewerter bzw. Bewerterin im Unterricht auf der einen und neutralem Coach auf der anderen Seite bewegen können.

Gleichzeitig birgt die Idee von Coachings mit Schülerinnen und Schülern – auch durch Lehrpersonen – zahlreiche Chancen. Gerade ein systemischer Ansatz, bei dem Probleme in ihrer Komplexität ernstgenommen werden, kann Lernenden helfen, mit Herausforderungen im Schulalltag umzugehen. So berichten uns Lehrerinnen und Lehrer, an deren Schulen ein dauerhaftes Coachingkonzept eingerichtet wurde und durchgeführt wird, dass sich das Lernverhalten von teilnehmenden Schülerinnen und Schülern dauerhaft verändert und sie in ihrer Selbstorganisation strukturierter agieren als Kinder, die kein Coaching in Anspruch genommen haben (Brandtönies 2014, 42ff.).

Daher beschäftigen wir uns seit einigen Jahren mit geeigneten Coaching- und Beratungskonzepten für Schülerinnen und Schüler durch Lehrkräfte. In Coachingprojekten sowie in Fort- und Weiterbildungen von Lehrkräften haben wir gemeinsam Wege entwickelt und erprobt, wie an Schulen möglichst ganzheitliche Konzepte zum Coaching mit Schülerinnen und Schülern etabliert und coachenden (Lehr-)Personen Raum sowie Zeit für Coachingprozesse eingeräumt werden kann. So konnten Ansätze entwickelt werden, die dauerhaft als Unterstützungselement für Schülerinnen und Schüler implementiert wurden.

Genau an diesem Punkt setzt das vorliegende Buch an. Es richtet sich an Lehrerinnen und Lehrer, Studierende sowie Kolleginnen und Kollegen aus anderen pädagogischen Kontexten, die sich dem Thema ›Systemisches Coaching mit Schülerinnen und Schülern‹ annähern und Ideen für konkrete Umsetzungsmöglichkeiten finden möchten. In den in diesem Buch angeführten Praxisbeispielen beschreiben wir zwar immer wieder Lehrpersonen in der Rolle des Coachs, grundsätzlich sind unsere Ausführungen aber auch auf anderes pädagogisches Personal, wie zum Beispiel Schulsozialarbeiter, übertragbar. Unser Buch soll zum einen Grundzüge systemischen Denkens und Handelns nachvollziehbar und zum anderen Lust auf eine weiterführende Beschäftigung mit dieser facettenreichen Thematik machen. Wir möchten ermutigen, sich diesem Denken anzunähern, auch wenn es an einigen Stellen komplex wirkt und in vielen Haltungsfragen ggf. zum Umdenken anregt.

Diesbezüglich sahen wir uns beim Verfassen dieses Buches vor allem vor eine Herausforderung gestellt: Wir möchten einen Weg finden, der beim Lesen weder überfordert noch durch eine Anspruchslosigkeit gegenüber systemischen Grundsätzen gekennzeichnet ist. Hierzu haben wir versucht, komplexe Ansätze in ihrem für die Praxis relevanten Kern darzustellen und immer wieder durch praktische Beispiele und die Übertragung auf den imaginären Fall Max zu verdeutlichen. Durch Beispiele aus dem sozialen System dieses Schülers lassen wir eigene Praxiserfahrungen einfließen und versuchen unsere Ausführungen – gerade für Coachinganfängerinnen und -anfänger – greifbarer zu machen.

Dabei hat dieses Buch nicht den Anspruch, eine Coaching- oder Beratungsausbildung zu ersetzen. Ein Coach wird vor allem durch das praktische Ausprobieren und Einüben von Methoden und Techniken geschult. Weiter ist aus unserer Perspektive aber gerade die Reflexion von Erlebtem sowie der eigenen Rolle im Austausch mit Dritten wichtig, um eine systemische Grundhaltung zu entwickeln bzw. diese auszuprägen.

Um gleichwohl eine sinnhafte Annäherung an die Theorie zu begünstigen, greifen wir im Buch drei Ebenen professionellen Coachings auf, die u. a. von König und Volmer (2012, 15) benannt werden und aus unserer Perspektive grundlegend für eine Annäherung an die Thematik sind: Coachings sollten auf der Basis einer theoretischen Grundlage durchgeführt werden, durch ein von Autonomie ausgehendes Menschenbild und daraus resultierende Werte geprägt sein sowie ein methodisch geleitetes Vorgehen darstellen.

So stellen wir im folgenden Kapitel dar, welches Beratungs- bzw. Coachingverständnis unseren Ausführungen zugrunde liegt und greifen Merkmale professionellen Coachings auf. Zudem nähern wir uns in einer theoretischen Klärung wesentlichen systemischen Grundgedanken an und führen diese näher aus. Die daraus folgenden Konsequenzen für die Haltung eines Coachs spielen dabei eine zentrale Rolle.

Anschließend skizzieren wir im dritten Kapitel Besonderheiten bei Coachings mit Jugendlichen. Hierzu greifen wir wesentliche Entwicklungsaufgaben in der Zeit der Adoleszenz auf, um uns anschließend mit der körperlichen, kognitiven sowie emotionalen Entwicklung von Jugendlichen näher zu beschäftigen und zentrale Forschungsbefunde zu Coachings mit Jugendlichen darzustellen. Diese Ausführungen münden in die Auseinandersetzung mit der Frage, welche Konsequenzen diese Themen für die Gestaltung von Coachingprozessen mit Jugendlichen haben.

Das vierte Kapitel widmet sich den Herausforderungen von Lehrpersonen, die auch als Coach arbeiten möchten. Hierzu definieren wir den Begriff der Rolle. Weiter diskutieren wir, welche Gemeinsamkeiten und Unterschiede die Rollen der Lehrperson und des Coachs in Bezug auf Aufgaben und Haltungen aufweisen. In diesem Kontext stellen wir die Ideen des Personen- und des Rollensplittings vor und erläutern, welche Umstände zentral sind, um den Herausforderungen gerecht zu werden, die mit einem Rollensplitting verbunden sind. Hierzu führen wir aus, worauf der Coach achten kann, um für sich selbst, den Coachee[1], aber auch das weitere Umfeld eine möglichst weitreichende Rollenklarheit anzustreben und wie er reagieren kann, wenn er das Gefühl divergierender Erwartungshaltungen an die eigene Person hat.

Im fünften Kapitel soll ein Bild davon gezeichnet werden, wie Coachinggespräche konkret aufgebaut werden können und welche Vorgehensweisen dem Coachee helfen können, sich und seine Umwelt aus einer anderen Perspektive zu sehen. Bei unseren Ausführungen beziehen wir uns unter anderem auf das GROW-Modell nach Whitmore (2015), das gerade für Coachinganfängerinnen und -anfänger eine hilfreiche Stütze bieten kann. Zudem greifen wir Gesprächstechniken auf, die den Coachee in der Auseinandersetzung mit seiner eigenen Situation unterstützen sollen.

Um Beispiele dafür zu geben, wie Coachingkonzepte an Schulen im Detail umgesetzt werden können, stellen wir im sechsten Kapitel Zielvereinbarungsgespräche und Lerncoachings als zwei besondere Coachingformate mit Schülerinnen und Schülern vor. Beide Konzepte werden zuerst in ihrem Kern dargestellt, um diese anschließend anhand von Praxisbeispielen aus der Schule zu untermauern und so Ideen zur Implementierung beider Formate zu schaffen. Materialien aus Zielvereinbarungsgesprächen (in Anlehnung an die Umsetzung an der Martin-Niemöller-Gesamtschule Bielefeld) und aus dem Projekt »Offenes Ohr – Coaching in der Schule« (Universität Paderborn in Kooperation mit Partnerschulen der Region) sollen hierbei helfen. Hierdurch zeigen wir einige konkrete Möglichkeiten aus der Praxis auf, wie Coaching in Schule erfolgreich und dauerhaft etabliert werden kann.

Unser ganz besonderer Dank gilt Eva-Christin Koch. Liebe Eva, durch deine Abbildungen bekommen unsere Gedanken einen lebendigen Charakter.

Danke für eure hilfreiche Unterstützung an Mareike Boos, Simone Krächter, Wiebke Kube, Tanja Rotärmel, Florian Söll.

---

1 Eine ratsuchende Person in Coachingprozessen wird u. a. als Coachee bezeichnet.

2 Systemisches Coaching mit Schülerinnen und Schülern – einige Grundlagen

Der wiederholt als »Containerbegriff« (z. B. Fietze 2015, 9) verschriene Begriff ›Coaching‹ stammt ursprünglich vom Bild des Coachs (engl. Kutsche). Dabei wird die Analogie zur Kutsche als Beförderungsmittel von einem Ausgangspunkt zu einem Ziel genutzt: »Der Insasse bedient sich dieses Hilfsmittels, entscheidet aber selbst über die Richtung bzw. das Reiseziel« (Fischer-Epe 2016, 21). Genau dieses Prinzip trifft auf das Ziel von Coaching zu: Ein Ratsuchender nutzt die Gesprächsform eines Coachings bzw. die Unterstützung des Coachs dazu, sich in Bezug auf bestimmte Situationen seines Lebens weiterzuentwickeln, sozusagen fortzubewegen. Wichtig ist es dabei vor allem, dass er selbst die Entscheidungen trifft, wohin er möchte (Reiseziel) und was er dafür tun möchte (Richtung). Genau dieses Prinzip sollte auch bei Coachings mit Schülerinnen und Schülern greifen. Im Vergleich dazu kann der Begriff ›Beratung‹ unseres Erachtens im Schulkontext missverständlich sein, da hierunter oftmals eine Expertenberatung verstanden wird, in der den Schülerinnen und Schülern eine Lösung vorgegeben wird, die sie für sich nutzen sollen. Daher werden wir in diesem Buch den Begriff des Coachings nutzen (z. B. Migge 2018, 30ff.). Um unsere Position weiterführend zu begründen und potenzielle Missverständnisse bezüglich der Begriffsnutzung als eine Art ›Modebegriff‹ zu vermeiden, werden wir die Bedeutung von ›Coaching‹ im Folgenden – auch im Zusammenspiel mit dem Begriff ›Beratung‹ – näher klären. Somit stellt dieses Kapitel den Sockel für die späteren Ausführungen zu Coachings mit Schülerinnen und Schülern dar.

2.1 Coaching – eine Annäherung

In der einschlägigen Literatur existiert eine hohe Dichte an Coachingdefinitionen, die sich zumeist nicht maßgeblich voneinander unterscheiden. Wir möchten hier überblickshalber einige aufzeigen:

> »Coaching bezeichnet einen personenzentrierten Beratungs- und Betreuungs*prozess*, der berufliche und private Inhalte umfassen kann, zeitlich begrenzt ist und auf der Basis einer tragfähigen *Beratungsbeziehung* in vertraulicher Sitzung abgehalten wird« (West-Leuer 2007, 19).
>
> »Coaching bedeutet, andere Menschen darin zu unterstützen, die Situation aus einer neuen Perspektive zu sehen und selbst neue Lösungen zu finden« (König/Volmer 2012, 16).

»Coaching wird verstanden als Sonderform von Beratung, die sich dadurch auszeichnet, dass sie bei beruflichen Themenbereichen, Frage- und Problemstellungen verschiedener Zielgruppen zum Einsatz kommt« (Wiethoff 2011, 21).

»Coaching ist die in Form einer Beratungsbeziehung realisierte individuelle Einzelberatung, Begleitung und Unterstützung von Personen mit Führungs- bzw. Managementfunktionen« (Looss/Rauen 2005, 156).

»Coaching ist zuallererst eine Frage der Haltung; erst auf dieser Basis soll der reflektierte Einsatz von sog. Tools erfolgen« (Webers 2015, 15).

Diese Definitionen weisen v. a. in Bezug auf drei Ebenen starke Gemeinsamkeiten auf. Sie betonen

1. die Haltung des Coachs, die u. a. die Beziehungsebene zwischen Coach und Coachee beeinflusst,
2. den prozessualen Charakter eines Coachings und
3. die Eingrenzung auf berufliche Themenbereiche.

Um dem Kern von Coaching näher zu kommen, möchten wir auf diese drei Aspekte näher eingehen. Hierfür gilt es anzumerken, dass gerade die Haltung des Coachs und der prozessuale Charakter in engem Zusammenhang gedacht werden sollten. Daher stellen wir diese beiden Punkte im Folgenden gemeinsam vor, gehen danach auf mögliche Themenbereiche ein und definieren abschließend ›Coaching mit Schülerinnen und Schülern‹ als eine besondere Form des Coachings.

2.1.1 Coaching als Prozess

Zuerst möchten wir an dieser Stelle auf einen Ansatz von Edgar H. Schein (2010) eingehen. Er unterscheidet drei Beratungsformen in Abhängigkeit davon, wie ›Hilfe durch den Berater‹ verstanden wird und welche Haltung der Berater im Beratungsprozess einnimmt:

- die Expertenberatung,
- die Arzt-Patienten-Beratung und
- die Prozessberatung

Expertenberatung

»Das Telling-and-selling-Modell der Beratung geht davon aus, dass der Klient vom Berater Informationen und eine Expertendienstleistung erwirbt, die er selbst nicht erbringen kann« (Schein 2010, 25). Diese Form der Beratung ist u. a. in der klassischen Produktberatung zu finden. Wenn bspw. Herr Kunze in einen Elektronikfachhandel geht, um sich beim Kauf eines neuen Fernsehers beraten zu lassen, erwartet er eine Expertenberatung. Herr Kunze als Kunde bzw. Ratsuchender entscheidet hierbei, an wen er die Verantwortung für das Problem – im Beispiel die Frage nach einem geeigneten Fernseher – delegiert. Dadurch ist die ratsuchende Person für die Lösung des Problems nur noch indirekt verantwortlich. Die Verantwortung für die Problemlösung liegt bei der beratenden Person. Diese Form der Verantwortungsübergabe vereinfacht zwar teilweise eine Lösungsfindung, geht jedoch in gewissem Maß mit dem Verlust von Einflussmöglichkeiten einher. Viele Coachees gehen mit der Erwartung in ein Coaching, eine solche Expertenberatung und damit eine ›schnelle und richtige Lösung‹ zu erhalten: »Nehmen SIE mir mein Problem von den Schultern und lösen SIE es!« (Radatz 2015, 88). Unter anderem in pädagogischen Feldern wird diese Form der Beratung wegen der Annahme kritisiert, ein Klient oder eine Klientin müsse ›einfach nur‹ eine Lösungsstrategie einer anderen Person adaptieren, um seine oder ihre Probleme zu lösen (Schein 2010, 27).

> »[Es] wird unterschwellig vermittelt, es gäbe ›da draußen‹ dieses Wissen, das in das Klientensystem geholt werden muss, und dass der Klient diese Information oder dieses Wissen verstehen und für sich einsetzen kann« (ebd., 27).

Ein solcher Gedanke spricht laut Radatz (2015, 89) für ein hierarchisches Verhältnis zwischen der ratsuchenden und der beratenden Person, das im Kontext einer Beratung zu einer Abhängigkeit im negativen Sinn führen kann:

> »Die Haltung impliziert ein Oben-Unten-Verhältnis: Der Berater ... weiß die Lösung (oben) und der Kunde ... weiß sie nicht und muss daher um Unterstützung bitten (unten). Dadurch entsteht eine (belastende) Verantwortung beim Berater ... und eine Entlastung beim Kunden ... – eine Entlastung, die allerdings mit einem hohen Preis für den Kunden ... verbunden ist. Dem Preis der Abhängigkeit und Unselbstständigkeit« (ebd., 89).

Dadurch entsteht bei den Klientinnen und Klienten der Eindruck, es gäbe die ›richtige‹ Lösung für ihr Problem. Wenn sich Ratsuchende vor diesem Hintergrund zurücklehnen und die Lösung ihres Problems dem Expertenberater oder der Expertenberaterin überlassen, laufen sie Gefahr, dass die Lösung nicht zu ihrer individuellen Situation passt. Bezogen auf das oben genannte Beispiel des Fernsehkaufs weiß die verkaufende Person nichts über die Sehgewohnheiten des Kunden oder der Kundin, die Eigenschaften des Raumes, in dem der Fernseher aufgestellt werden soll usw.

Arzt-Patienten-Beratung

In der Auseinandersetzung mit den Beratungsmodellen nach Schein bezeichnet Radatz die Arzt-Patienten-Beratung als »eine verstärkte Form der Expertenberatung« (ebd., 91). Im Unterschied zur eben beschriebenen Form der Expertenberatung werde hierbei auch die Analyse des Problems dem Berater oder der Beraterin zugewiesen. Geht Herr Kunze bspw. aufgrund eines stechenden Schmerzes in der Brust zu einer ärztlichen Untersuchung, hat er vielleicht eine Idee, welche Ursachen dies haben könnte. Die genaue Diagnose und die Medikation liegen jedoch in der Verantwortung seiner Ärztin Frau Müller. Somit weist diese Form der Beratung ähnliche Herausforderungen auf wie bei der ›klassischen‹ Expertenberatung. Hinzu kommt jedoch,

»dass sich das Verantwortungs- bzw. Expertisefeld (des Beraters oder der Beraterin(enorm vergrößert, da auch Hintergründe und unterschiedliche Ursachen sowie Nebenschauplätze in das Know-how miteinbezogen werden müssen« (Radatz 2015, 92).

Die Verantwortung liegt hier also auch im Bereich der Problemanalyse deutlich stärker bei der beratenden Person. Herr Kunze übergibt in einem solchen Fall die gesamte Verantwortung für seine Situation an seine Ärztin.

Prozessberatung

Bei dieser Form der Beratung sieht Schein (2010, 35ff.) schon den Moment der Problemdiagnose im Verantwortungsbereich der Klienten und Klientinnen. Der Berater oder die Beraterin nimmt hierbei die Rolle einer begleitenden Person im Beratungsprozess ein, statt allein als Experte oder Expertin für das Problem und dessen Lösung verantwortlich zu sein. Stattdessen werden die Ratsuchenden als Expertinnen und Experten für sich, die eigene Umwelt und möglichst aussichtsreiche Lösungsansätze für die eigenen Probleme gesehen (ebd., 19). Um die Klientinnen und Klienten im Prozess der Auseinandersetzung mit sich und der eigenen Umwelt zu begleiten, liegt die Aufgabe der Beraterinnen und Berater darin, ein vertrauensvolles Setting zu schaffen und den Beratungsprozess möglichst genau an die Bedürfnisse des bzw. der Ratsuchenden anzupassen. Die Bedeutung der beratenden Person liegt also nicht mehr in ihrem Expertendasein für das Problem und mögliche Lösungen, sondern für die Gestaltung des Beratungsprozesses.

Solche Unterscheidungen von Beratungstypen, vor allem in Bezug auf die Rolle der Beraterin und des Beraters, finden sich in der einschlägigen Literatur in vielen Ausführungen wieder (z. B. Migge 2018, 523f.; Lippmann 2013, 21; Radatz 2015, 88ff.; König/Volmer 2012, 13f.). Hierbei findet häufig eine Reduktion auf zwei der oben genannten drei Formen statt: Experten- und Prozessberatung. Dieser Ansatz widerspricht Scheins Idee der drei Beratungstypen nicht, sondern sieht die Arzt-Patienten-Beratung als eine »verstärkte Form der Expertenberatung« (Radatz 2015, 91) an, die besonders in einem pädagogischen Kontext in dieser Reinform nicht auftritt.

Betrachten wir im Kontext des Begriffs Coaching die beiden Formen, Experten- und Prozessberatung, lohnt es sich, eine Erklärung der Deutschen Gesellschaft für Coaching (DGfC) hinzuzunehmen, in der die Aufgabe eines Coachs wie folgt dargestellt wird: »Den Suchprozess eines Coachee zu begleiten bedeutet auch, Schleifen, Umwege, Rückschritte und Widersprüchlichkeiten wahrzunehmen, diese aber nicht als störend und hinderlich zu bewerten, sondern sie als Teil des Entwicklungsprozesses zu sehen« (DGfC 2013, 3). In dieser Ausführung wird der Prozessberatung bzw. dem prozessualen Charakter im Coaching eine zentrale Bedeutung zugeschrieben. Gewisse ›Schleifen, Umwege‹ usw. werden bereits als Teil von Veränderungsprozessen und somit als wichtig angesehen. Um im am Anfang genannten Bild zu bleiben: Die Kutsche bewegt sich und genau diese Bewegung ist ein wesentliches Ziel der Kutschreise.

König und Volmer gehen einen Schritt weiter: »Coaching ist in der Regel sowohl Prozess- als auch Expertenberatung« (König/Volmer 2012, 14). Demnach kann ein Coach in der gelebten Haltung als Begleiterin oder Begleiter von Entwicklungsprozessen auch Expertenratschläge geben. Hierbei ist jedoch wichtig, dass solche Ratschläge als eine Art Impuls verstanden werden. Im Sinne von eigenständigen Ratsuchenden muss auch hierbei eine vollkommene Positionierungsfreiheit gegenüber dem ›Ratschlag‹ möglich sein, sodass der Suchprozess des Klienten bzw. der Klientin in einem möglichst wertneutralen Kontext ermöglicht wird (z. B. Webers 2015, 15; Radatz 2015, 109ff.). Ein Expertenratschlag durch den Coach sollte somit immer im Rahmen von Prozessberatung als übergeordnetem Prinzip stattfinden. Gerade vor dem Hintergrund eines systemischen Coachingansatzes sollte dies sowohl dem Coach als auch dem Coachee klar sein (▶ Kap 5.3).

2.1.2 Themenbereiche im Coaching

Überwiegend wird Coaching als Beratung zu beruflichen Themen verstanden (Wiethoff 2011, 19) und dies vor allem im Kontext von Führungskräfteentwicklung (Schreyögg 2012, 19f.; Looss/Rauen 2005, 157; Thiel 2003, 320). Zunehmend wird der Begriff aber auch im sozialen Bereich wie bspw. der Unterstützung von Jugendlichen bei verschiedenen Fragestellungen genutzt (z. B. Müller-Commichau 2016, 561f.; Methner 2014; Pallasch/Hameyer 2012; Wiethoff 2011). Eine ganze Breite möglicher Inhalte im Coaching zählt Migge (2018) in seinem »Handbuch Coaching und Beratung« auf, darunter bspw. auch Themen wie Partnerschaft, Life-Balance, Gesundheit und Rolle (ebd., 27). Auch hieraus lässt sich erkennen, dass Coaching sich nicht mehr nur auf berufliche Themenbereiche beschränkt. Im Kontext dieses Buches, in dem das Coaching mit Schülerinnen und Schülern durch Lehrpersonen im Mittelpunkt steht, ist es aus unserer Erfahrung heraus jedoch ratsam, eine klare Abgrenzung von möglichen Themengebieten vorzunehmen. Es wäre zu kurzgefasst, private Themen grundsätzlich auszuschließen, allerdings sollten sie immer in Zusammenhang mit schulischen Belangen stehen. So hat die Scheidung der Eltern häufig Einfluss auf die schulischen Leistungen eines Kindes und kann dann nicht einfach aus einem Coaching ausgeklammert werden. Allerdings sollte der Fokus des Coachings klar auf den schulischen Auswirkungen liegen. Stellt sich in einem Gespräch bspw. heraus, dass sich hinter einem schulischen Problem schwerwiegendere private Probleme verbergen, sollte der Coachee eher darin unterstützt werden, sich in einem Kontext Unterstützung zu suchen, der für das jeweilige Thema professionalisiert ist (bspw. Familien- oder Drogenberatung).

Unter Berücksichtigung der drei anfänglich genannten Aspekte von Coaching – Haltung, Prozesscharakter und Themenbereiche – sowie in Anlehnung an Rauen (2014, 2) verstehen wir unter Coaching mit Schülerinnen und Schülern Folgendes:

Coaching mit jugendlichen Schülerinnen und Schülern stellt einen interaktiven und personzentrierten Begleitprozess dar, der schulische und private

> Themen umfassen kann, die mit der Schülerrolle und damit einhergehenden Anliegen des jugendlichen Coachees in Zusammenhang stehen. Die Haltung des Coachs hat wesentlichen Einfluss auf die Gestaltung eines Coachingprozesses an sich: Sie sollte geprägt sein von einer konsequenten Offenheit für den Prozesscharakter des Gesprächs.

2.2 Merkmale professionellen Coachings

Die Professionalität eines Coachs ist aus unserer Sicht einer der wichtigsten Bausteine für ein gelingendes Coaching. Wie bereits einleitend erläutert, ist Professionalität im Coaching durch eine theoretische Grundlage, ein Menschenbild und daraus resultierende Werte sowie ein methodisch geleitetes Vorgehen des Coachs gekennzeichnet (König/Volmer 2012, 15). Um unser Coachingverständnis jedoch noch expliziter vom landläufigen ›einen Ratschlag geben‹ zu unterscheiden, möchten wir verschiedene Prinzipien von Coachingprozessen aufzeigen, die wir als grundlegend für ein professionelles Handeln in Coachings mit Jugendlichen verstehen und die vor allem die Haltung im Sinne eines systemischen Menschenbildes beeinflussen (z.B. König/Volmer 2012; Webers 2015, 15). In der einschlägigen Beratungs- und Coachingliteratur (z.B. Webers 2015, 29ff.; Migge 2018, 30ff.; König/Volmer 2012, 12ff.; Schnebel 2017, 17) finden sich eine Reihe solcher Prinzipien bzw. Merkmale, von denen wir im Folgenden die aus unserer Perspektive zentralen Aspekte aufgreifen und auf Coachings mit jugendlichen Schülerinnen und Schülern beziehen:

1. Freiwilligkeit und Autonomie
2. Verantwortung
3. Vertraulichkeit und Verschwiegenheit
4. Neutralität und Allparteilichkeit

2.2.1 Freiwilligkeit und Autonomie

Einigkeit in den meisten Beratungs- und Coachingansätzen herrscht über die Bedeutung von Freiwilligkeit und Autonomie der Ratsuchenden (z.B. Beushausen 2016, 98; Grewe 2015, 23; Methner 2014, 180; Schnebel 2017, 17; Greif 2008, 172). So sollte der Coachee selber bestimmen, inwiefern er eine Beratung bzw. ein Coaching in Anspruch nehmen möchte (Beushausen 2016, 98). Aber auch im Coachingprozess selbst gilt es, dauerhaft die Autonomie des Coachees zu wahren:

> »dem Klienten [wird die] Kontrolle und Verfügungsmacht über sich und seine Umwelten [zugesprochen sowie] ... das Recht und die Verantwortung ..., seine eigene Wahl zu treffen, respektiert und unterstützt« (Beushausen 2016, 98).

Die Wichtigkeit von Freiwilligkeit beim Coaching lässt sich auf empirischer und theoretischer Grundlage ausführlich diskutieren (vgl. Greif 2008, 172ff.). Systemisch betrachtet gilt:

> »Menschen [können]... Anschlussbereitschaft und Anschlussfähigkeit nur aus sich selbst heraus schaffen ... Hilfesuchende werden daher konsequent als autonom, als nichtinstruierbar und als Experten ihres eigenen Lebens angesehen« (Schlippe/Schweitzer 2016, 201).

Allerdings ist gerade in der Arbeit mit Schülerinnen und Schülern eine Freiwilligkeit in Beratungssituationen oftmals nicht bis ins Letzte gegeben (Methner 2014, 180; Schnebel 2017, 29). In schulischen Kontexten sind dabei nicht unbedingt Zwangscoachings gemeint, wie sie teils in Unternehmen verordnet werden (Greif 2008, 184). Vielmehr werden Coachingprozesse über sozialen Druck initiiert. Dieser Druck muss nicht unbedingt beabsichtigt sein, sondern kann durch unterschiedliche Aspekte ausgelöst werden. So werden Jugendliche z. B. von einer Lehrperson zum Lerncoach oder Schulsozialarbeiterinnen resp. arbeitern geschickt, weil sie ›Beratung brauchen‹, oder sie werden von einer Lehrperson zu einem Beratungsgespräch ›vorgeladen‹. Dieser Umstand ist nicht immer ganz zu umgehen:

> »Es ist zu akzeptieren, dass viele Klienten zunächst ›nicht freiwillig‹ (ambivalent motiviert) an der Beratung teilnehmen. Ziel ist es, möglichst auch eine Eigenmotivation zu erreichen« (Beushausen 2016, 98).

In vielen Coachinggesprächen, die von uns an Schulen begleitet wurden, kam es zu eben diesen Phänomenen. Schülerinnen und Schüler wurden zum Coaching geschickt. Dies geschah immer in guter Absicht (»Max, geh mal zum Coaching bei Herrn Meyer. Das hilft dir bestimmt gut weiter«), steht aber dem für uns zentralen Prinzip der Freiwilligkeit entgegen und stellt auch das Prinzip der Autonomie in Frage: Wie soll der Coachee eigene Lösungen entwickeln, wenn er nicht aus eigenem Ansporn in ein Coaching kommt und ein Problem der Lehrperson ggf. gar nicht als Problem ansieht? Eine solche Bereitschaft kann ein Coach oder eine Lehrperson nicht einfach vorgeben, indem eine Schülerin oder ein Schüler zum Coaching geschickt wird. Diese Bereitschaft muss vom Coachee selbst ausgehen. Im beispielhaften Fall des Schülers Max, der von einer Lehrperson zum Coaching geschickt wurde und somit nicht freiwillig erscheint, sollte im Sinne Beushausens (ebd., 98) wie folgt vorgegangen werden: Zu Beginn des Coachinggesprächs muss es ein Ziel des Coachs sein, »eine Eigenmotivation [beim Coachee] zu erreichen« (ebd., 98). So soll sichergestellt werden, dass der Coachee autonom an der eigenen Situation arbeitet, Lösungsmöglichkeiten erarbeitet und sich für die – aus seiner Sicht – angemessensten Möglichkeiten entscheidet. An späterer Stelle werden wir diesbezüglich auf ein konkretes Vorgehen eingehen (▶ Kap. 5.1).

2.2.2 Verantwortung

Die Verantwortlichkeiten bei einem Coachinggespräch sollten klar verteilt sein (Grewe 2015, 25f.). Die Ratsuchenden sind Experten bzw. Expertinnen für ihre persönlichen Situationen. Daher liegt die Verantwortung für die Entwicklung und die Auswahl von angemessenen Lösungen beim Coachee selbst. Diese Verantwortung sollte auch bei jugendlichen Coachees bestehen: »Die Jugendlichen [sollen] verstehen, dass sie ihr Glück in die Hand nehmen, dass sie sich um sich selbst kümmern müssen« (Knafla et al. 2016, 112; vgl. auch Riedener Nussbaum/Storch 2014, 218). Würde der Coach die Verantwortung für das Problem und dessen Lösung übernehmen, wäre die Autonomie des Coachees (s. o.) im Sinne der Befähigung zu selbstbestimmten Entscheidungen nicht mehr gegeben.

In der Verantwortung des Coachs liegt demgegenüber die (Gesprächs)Führung durch die einzelnen Phasen eines Coachings (▶ Kap. 5). Er richtet die Ausgestaltung des Coachingprozesses, möglichst nah an den Bedürfnissen des Klienten aus.

Knafla et al. (2016) verdeutlichen die Wichtigkeit der Verantwortungsübernahme an einer Bergmetapher:

> »Das Ziel bzw. den Berg bestimmen die Klienten, da sie ja auch den Weg selbst gehen müssen. Wenn die Berater die Jugendlichen tragen, brechen sie in der Regel vor dem Gipfel zusammen, und falls sie den Gipfel sogar erreichen würden, wie sollen die Klienten die nächsten Gipfel ohne sie erreichen? Durch das Tragen haben die Berater sie geschwächt, und haben die Möglichkeit verspielt, sie durch die Bewältigung des Problemberges zu stärken, zu trainieren und so auch resilienter für nachfolgende Bergexpeditionen zu machen« (ebd., 112).

Aus unserer Erfahrung haben Lehrpersonen bei Problembearbeitungen und Coachings immer wieder den Impuls, Ratsuchende zu tragen. Diesem Impuls sollten Coachs unseres Erachtens widerstehen. Vor allem systemisch betrachtet ist das ›Tragen‹ von Schülerinnen und Schülern in kaum einem Fall die Grundlage für eine dauerhafte Veränderung. Meistens führt es sogar zum Gegenteil: Zum Widerstand beim Coachee – dieser verschließt sich der Sichtweise der Lehrperson oder des Coachs und die Problemsituation wird dadurch stabilisiert.

2.2.3 Vertraulichkeit und Verschwiegenheit

Damit der Coachee sich im Coaching öffnen und von seiner Situation berichten kann, sollte er sich auf eine vertrauensvolle Coachingsituation verlassen können (Grewe 2015, 25). Über das Prinzip Vertraulichkeit in Coaching und Beratung herrscht ebenfalls weitreichender Konsens (z. B. Fischer-Epe 2016, 245; Methner 2014, 197f.; Migge 2018, 93; Schnebel 2017, 17; Greif 2008, 128). Auch hier gehen wir auf die Besonderheiten im Coaching mit Schülerinnen und Schülern ein. Wenn Jugendliche von ihren Lehrpersonen gecoacht werden, müssen sie der Lehrerin oder dem Lehrer als Coach einen größeren Vertrauensvorschuss (Migge 2018, 93) geben, als sie dies vielleicht bei einem externen Coach müssten. Der Coachee öffnet sich im Coachinggespräch und macht sich damit verletzlich. Im Schulkontext kann bei jugendlichen Coachees die Befürchtung bestehen, dass Informationen, die diese im Coaching offenlegen, durch die Lehrperson an Kolleginnen und Kollegen weitergegeben werden. Den meisten Schülerinnen und Schülern ist sicherlich bewusst, dass ein Austausch in Bezug auf schul- und leistungsbezogene Themen innerhalb eines Kollegiums üblich ist. Ein Hinweis auf die eigene Verschwiegenheit durch den Coach zu Beginn des Gesprächs sollte daher die Regel sein. Hier darf es aber keinesfalls bei einem reinen Lippenbekenntnis bleiben: Die Einhaltung der Verschwiegenheit gegenüber Kolleginnen und Kollegen sollte selbstverständlich sein. Dies kann immer wieder zu einem Rollenkonflikt führen: Wenn Lehrpersonen eine Schülerin bzw. einen Schüler gecoacht haben, müssen sie darauf achten, welche sensiblen Informationen sie aus dem Coaching kennen, und somit für sich behalten müssen. Auf diesen und noch weitere Konflikte zwischen den Rollen der Lehrperson und des Coachs gehen wir später ausführlich ein (▶ Kap. 4).

2.2.4 Neutralität und Allparteilichkeit

Der Coach sollte dem Coachee und dessen Situation gegenüber neutral sein. »Neutralität bedeutet, dass das, was der Klient erzählt, nicht bewertet wird« (Sautter 2016, 85). Allerdings kann kontrovers darüber diskutiert werden, inwiefern es überhaupt möglich ist, Erzählungen einer anderen Person wirklich wertfrei gegenüberzustehen. Schlippe und Schweitzer (2016) verweisen in dieser Diskussion auf einen wichtigen Aspekt:

> »Neutralität heißt nicht, keine eigene Meinung zu haben, sondern lediglich, diese nicht in einer doktrinären Form einzubringen« (ebd., 205).

Eine absolute Neutralität des Coachs ist in der Beratungsrealität gar nicht möglich (z. B. Fischer-Epe 2016, 257f.). Vielmehr geht es darum, die eigene Position als Coach in einer wertschätzenden Haltung nicht als ›einzig wahre‹ hinzustellen und somit die Ansichten des Gegenübers herabzustufen. Der Coach sollte hierzu auf meta-reflexiver Ebene darauf achten, nicht selbst »ins System zu fallen« (König/Volmer 2012, 281f.) und sich persönlich zur Situation des Coachees zu positionieren. Gerade hier kann es bei der Beratung durch Lehrpersonen zu Einschränkungen kommen.

> »Der Berater sieht sich in der Beratungssituation als Erzieher, der stets selbst am besten weiß, was für den Ratsuchenden aus pädagogischer Sicht die richtige Lösung ist. Er traut dem Ratsuchenden wenig Selbstverantwortung zu und gibt sich nicht mit kleinen Schritten zufrieden« (Grewe 2015, 24).

Zeichen für Situationen, in denen eine Lehrperson als Coach offensichtlich nicht mehr neutral und allparteilich ist, können vielseitig sein. Sie werden in Anlehnung an Sautter (2016, 86) z. B. daran erkennbar, dass der Coach

- ... *über Sichtweisen oder Lösungsvorschläge diskutiert:*
  »Das sehe ich anders. Herr Bach gibt sich wirklich immer äußerste Mühe beim Englischunterricht.«

- *... versucht, den Coachee von einem Lösungsweg zu überzeugen:* »Denkst du nicht, dass du mal mit Herrn Bach darüber reden solltest?«
- *... dem Coachee oder der Situation gegenüber Gefühle äußert:*
»Mich regt Herr Bach auch dermaßen auf.«
- *... auf andere Personen schimpft:*
»Dieser Englischlehrer lässt sich auch wirklich auf keine neuen Methoden ein!«

In einer solchen Haltung löst der Coach eine professionelle Distanz zum Coachee bzw. zu dessen Situation auf. In Anlehnung an König und Volmer (2012, 281f.) und übertragen auf den Schulkontext kann dies besonders dann passieren, wenn die Lehrperson als Coach

- *... selbst von dem Problem des Coachees betroffen ist:*
Der Schüler oder die Schülerin hat bspw. ein Problem mit dem Unterricht von Frau Schulz. Als Kolleginnen haben die beiden den betroffenen Unterricht gemeinsam geplant. Somit ist die coachende Lehrperson ebenfalls von dem Problem betroffen.
- *... die Sicht auf das Problem übernimmt:*
Die Schülerin oder der Schüler macht bspw. eine Lehrperson für ein Problem im Englischunterricht verantwortlich, weil diese ein schlechter Englischlehrer sei. Der Coach teilt diese Ansicht und stimmt dem Coachee zu.
- *... Partei ergreift für den Coachee oder weitere beteiligte Personen:*
Der Coach findet bspw. den Unterricht der Lehrperson im Englischunterricht nach der Beschreibung des Coachees ebenfalls unangemessen und bestätigt den Coachee damit in seiner Sicht. Dieser Fall kann vor allem auch dann eintreten, wenn mehrere Personen am Gespräch beteiligt sind, wie z. B. bei einem Konfliktcoaching bzw. einer Mediation (z. B. ebd., 190ff.). Wenn in einem solchen Fall der Coach die Sicht einer Konfliktpartei unterstützt und sich so der anderen entgegenstellt, werden die Prinzipien der Neutralität und der Allparteilichkeit in einer solchen Situation verletzt.

Gleichzeitig birgt eine gewisse Systemkenntnis seitens eines Coachs natürlich auch den Vorteil, dass er sich mit dem Problem ggf. gut auskennt und tatsächlich eigene sinnvolle Vorschläge einbringen kann. Allerdings besteht die Gefahr, dass der Coach dem Ratsuchenden einen Ratschlag »überstülpt« (ebd., 63; vgl. auch Fischer-Epe 2016, 258). Schlippe und Schweitzer (2016) formulieren diesbezüglich die Bedeutung von Neutralität in Bezug auf das Ziel, Coachings auf Augenhöhe durchzuführen:

> »Neutralität begünstigt eine Haltung respektvoller Neugier, im Gegensatz zur Gewissheit der Kausalität und zur moralischen ›One-up‹-Position« (ebd., 207).

Betrachten wir rückblickend noch einmal die vier angeführten Aspekte professionellen Coachings lässt sich feststellen: Bei der Einhaltung dieser Prinzipien bestehen bei Coachings mit Schülerinnen und Schülern durch Lehrpersonen ganz besondere Herausforderungen. Daher geben wir dieser Thematik in Kapitel 4 noch einmal einen gesonderten Raum.

2.3 Systemtheoretische Grundlagen

Wie wir auf Situationen, Probleme und Ähnliches schauen und wie wir darauf reagieren, hängt immer davon ab, wie wir unser eigenes Denken, Verhalten und Handeln, aber auch das anderer Menschen erklären. Hier knüpfen verschiedene Erklärungsmodelle menschlichen Handelns (vgl. König/Volmer 2014, 13ff.) an, die noch einmal verdeutlichen, wie das Verhalten von Personen unterschiedlich erklärt werden kann und dementsprechend – und das ist das Bedeutsame – unterschiedlich mit Konflikten, Problemen u. Ä. umgegangen wird.

> Begegnet uns bspw. der Schüler Max, der seine Hausaufgaben nicht macht, kann sein Umfeld, je nach Erklärungsmodell, unterschiedlich darauf reagieren:
>
> - *Eigenschaftsmodell – Zuschreibung fester persönlicher Eigenschaften*
>   Ich bin hilflos, denn ich kann daran nichts ändern. Max ist eben einfach faul.
> - *Verhaltensmodell – Unterstellung eines Reiz-Reaktions-Verhaltens*
>   Ich versuche ihn zu belohnen (z. B. mit einem Stempel im Heft oder einer guten Note, wenn er die Hausaufgaben macht) oder zu bestrafen (z. B. mit einer Zusatzaufgabe), denn ich gehe davon aus, dass Max das Verhalten gelernt hat und wieder verlernen kann.
> - *Handlungsmodell – Handlungen als Ergebnis von Gedanken und Deutungen*
>   Ich versuche ihn zu überreden und zu überzeugen, dass er die Hausaufgaben kann. Denn ich gehe davon aus, dass er negative Gedanken über die Hausaufgaben hat und auch über seine Kompetenz, diese zu erledigen.

Diesen Erklärungsmodellen ist eins gemeinsam: Es sind lineare Erklärungsmodelle. Wir schließen von einer Ursache (Eigenschaft, Reiz, Gedanken) auf eine Wirkung (das gezeigte Verhalten). Je nachdem, welches Erklärungsmodell für menschliches Handeln genutzt wird, hat dies wesentlichen Einfluss auf das Menschenbild, auf die Haltung, mit der Personen bspw. in pädagogischen Situationen agieren. Als Weiterentwicklung dieser linearen Erklärungen betrachten systemtheoretische Ansätze menschliche Handlungen als vernetzt und zirkulär:

> »Probleme sind nicht nur aus einer Ursache [...] zu erklären, sondern aus dem Zusammenwirken verschiedener Faktoren eines komplexen Systems« (ebd., 32).

Folgen wir diesem systemischen Erklärungsmodell, beeinflusst dies die Gestaltung von Coachingprozessen mit Schülerinnen und Schülern wesentlich. Dies betrifft alle am Coaching beteiligten Personen. Zum einen unterstützt der Coach den Coachee darin, seine linearen Erklärungsmuster aufzubrechen und die Situation, in der er sich befindet, aus anderen Perspektiven zu betrachten. Des Weiteren hinterfragt sich der Coach in einer selbstkritischen Haltung, an welchen Stellen er starre, ggf. festgefahrene Erklärungsmuster für die Erzählungen seiner Klientinnen und Klienten nutzt. In der klaren Abgrenzung von den drei oben genannten Erklärungsmodellen scheint es umso wichtiger, sich im Detail damit zu beschäftigen, welche Grundthesen mit systemischem Denken einhergehen. Daher greifen wir in diesem Kapitel wesentliche Thesen dieses Denkens auf und erläutern sie näher. Dies soll eine erste Auseinandersetzung mit systemischem Denken anstoßen.

2.3.1 Ein System als subjektive und begrenzte Konstruktion

Systemisches Denken bezieht sich auf soziale Systeme. Schon vom Wortursprung her wird der Blick auf ein mehrteiliges Ganzes gerichtet: »Im ursprünglichen Wortsinn bedeutet ›System‹ etwas, das zusammen- (syn) -steht (stamein) oder -liegt (histamein)« (Schmidt 2017, 19). Ein System bezeichnet also eine Zusammenstellung. Übertragen auf soziale Systeme bedeutet dies, dass sich jede Person in ihrer Lebenswelt in gewissen ›Zusammenstellungen‹ bewegt, die ihr eigenes Denken und Handeln beeinflussen. Wenn Personen mit Problemen ihres eigenen Denkens und Handelns konfrontiert sind, hilft eine systemische Auseinandersetzung, Veränderungen bzw. gestaltbare Räume für hilfreiche Veränderungen innerhalb eines Systems zu finden. Der folgende Teil soll einer systemtheoretischen, konstruktivistischen Annäherung an Wirkmechanismen innerhalb sozialer Systemen dienen.

> Um die Komplexität von Abhängigkeiten und Zusammenhängen innerhalb eines Systems zu veranschaulichen, werden wir im Folgenden immer wieder auf das fiktive System des 14-jährigen Max verweisen: Max ist 14 Jahre alt und lebt gemeinsam mit seinem kleinen Bruder Hannes (11), seiner großen Schwester Mia (17) und seinen beiden berufstätigen Eltern in einer Mietwohnung. Er besucht eine achte Klasse einer Gesamtschule (8c), die insgesamt von 29 Schülerinnen und Schülern besucht wird. Gudrun Schulz und Heiko Meyer teilen sich die Klassenleitung als Team. Der Freundeskreis von Max besteht vor allem aus vier weiteren Jungen (im Alter von 13 bis 15 Jahren), die mit ihm die Klasse 8c besuchen. Über diese Clique hinaus mag Max Hanna ganz besonders, ein Mädchen aus der Nachbarklasse 8a.

2 Systemisches Coaching mit Schülerinnen und Schülern – einige Grundlagen

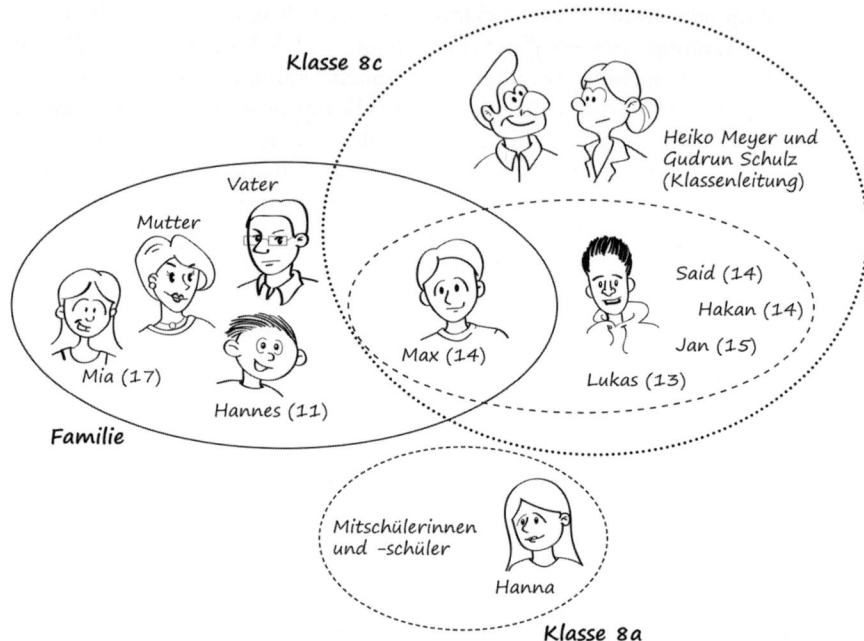

Abb. 2: Systemausschnitt aus der Perspektive von Max

Schlippe und Schweitzer (vgl. 2016, 146ff.) erläutern, dass ›das System‹, bspw. in Bezug auf eine Problemstellung, immer durch dessen Betrachter festgelegt, also konstruiert wird. Die Abbildung 2, wie sie z. B. in einem Coaching mit Max entstanden sein könnte, stellt nur einen Ausschnitt und eine vollkommen subjektive Deutung von relevanten und nicht relevanten Personen aus Max' Perspektive dar. Sie könnte ins Unendliche weitergedacht werden. Hinter jeder der oben abgebildeten Person stehen weitere komplexe Beziehungen zu wieder anderen Personen. Demnach gibt es nicht ›das‹ System.

> »Ein System wird nicht als etwas angesehen, das es ›gibt‹, sondern als etwas, von dem nur dann sinnvoll gesprochen werden kann, wenn man es in Beziehung zu demjenigen sieht, der es erkennt« (ebd., 146).

Wir betrachten also immer nur einen Ausschnitt eines Systems, der durch uns subjektiv gefärbt ist. Eine solche Abbildung sagt also viel mehr etwas über die Betrachtungsweise, also über die Perspektive der beobachtenden Person aus, statt das System ›wahrheitsgemäß‹ darzustellen.

Tragen Max und Lukas z. B. einen Konflikt aus, sieht Lukas' Darstellung des Systems wahrscheinlich deutlich anders aus als die von Max, bspw. so:

2.3 Systemtheoretische Grundlagen

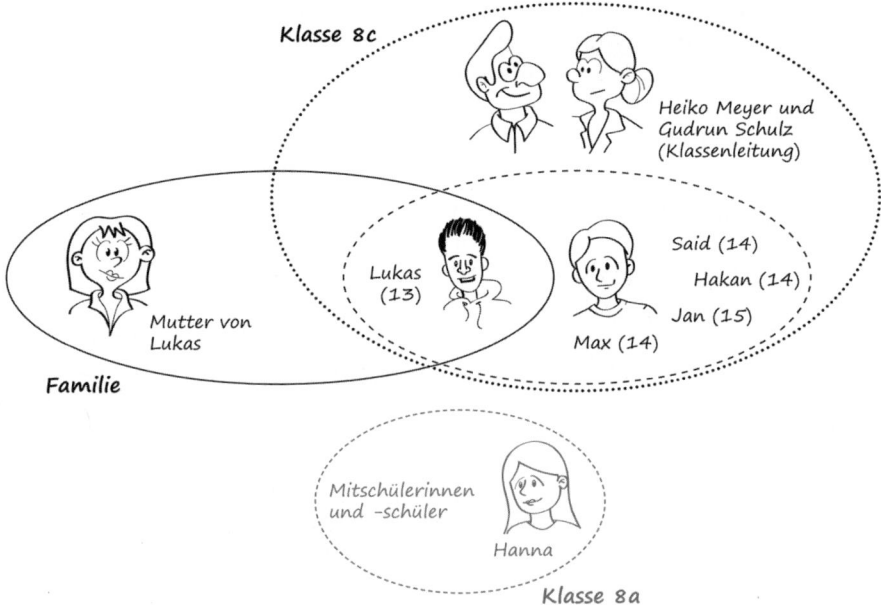

Abb. 3: Systemausschnitt aus der Perspektive von Lukas

Während eines Coachings sollte immer wieder die Frage bedeutsam werden, inwiefern die subjektive Perspektive eines Systems einen Veränderungsprozess einschränkt. Scheint dies der Fall zu sein, kann der Coach den Coachee zu einer Öffnung oder Erweiterung seiner Systemsicht anregen. Dies verstehen König und Volmer (vgl. 2012, 16ff.) unter einer Perspektiverweiterung, die in einem Coaching angestrebt werden soll.

> Falls Max seinen Konflikt mit Lukas in den Blick nehmen möchte, kann es also unter Umständen sinnvoll sein, ihn dazu anzuregen, sein Systemkonstrukt um Lukas' Mutter zu erweitern. Wenn diese z. B. regelmäßig schlecht über die Familie von Max spricht, könnte dies – bewusst oder unbewusst – den Umgang zwischen Max und Lukas beeinflussen.

In diesem Kontext ist es wichtig, sich die Sinnhaftigkeit und den Nutzen von Systemkonstruktionen anzuschauen. Durch die Begrenzung eines Systems auf einen bestimmten Ausschnitt wird die Beschäftigung mit demselben – bspw. im Rahmen eines Coachings – handhabbar gemacht. »Wir sind darauf angewiesen, Konzepte, ›Landkarten‹ über die Welt zu entwickeln, die uns das Zurechtfinden erleichtern« (Schlippe/Schweitzer 2016, 147). Ein System wird beim Entwickeln einer solchen Landkarte in seiner Komplexität reduziert, bleibt aber nach wie vor ein Konstrukt, das hilft, sich der Welt anzunähern, in der sich der Coachee bewegt. Daher sollte die Konstruktion eines Systems niemals als ›wahr‹ hingenommen werden (z. B. Luhmann 2017, 59). Da in einem solchen konstruktivistischen Grundverständnis »Wirklichkeit … nie … von ihrem Betrachter losgelöst gesehen werden [kann]« (Schlippe/Schweitzer 2016, 146, vgl. auch Renoldner et al. 2014, 10), ist es umso wichtiger, dass immer der Coachee selbst die Eingrenzung seines Systems vornimmt.

> Wenn Max also im Kontext eines schulischen Problems gecoacht wird, darf der Coach bzw. die coachende Lehrperson in der Gesprächsführung nicht glauben, er resp. sie würde das System oder besser die Systemsicht von Max in Gänze verstehen. Der Coach schätzt den Systemausschnitt, wie oben dargestellt, anders, aber sicherlich nicht ›richtig‹ ein. Die Perspektive des Coachs und das Hintergrundwissen über das System, in dem Max sich bewegt, kann im Kontext eines Coachings höchstens helfen, eine Perspektiverweiterung beim Coachee anzustoßen, indem mögliche ›blinde Flecken‹ oder festgefahrene, lineare Deutungen in Max' Systemausschnitt verändert werden. Ein blinder Fleck könnte bspw. sein, dass Max eine Person, die für einen Konflikt sehr relevant sein könnte, in seiner Schilderung der Situation gar nicht wahrnimmt.

Im Sinne einer systemischen Coachinghaltung müssen wir uns als Coach immer wieder klarmachen, dass die Ratsuchenden Expertinnen und Experten für das eigene System resp. dessen Konstruktion sind. Wir können den Coachee jedoch einladen, ein flexibles Systemverständnis zu entwickeln. Dies ist ein wichtiger Schritt, um bei Ratsuchenden eine Perspektiverweiterung anzuregen. Auch Schlippe und Schweitzer (2016) greifen diesen Gedanken auf:

> »Es ging nun zunehmend mehr darum, festgefahrene, starre Mono- und Dialoge in Systemen durch sprachlich bewegliche Angebote zu öffnen, gemeinsam mit dem System daran zu arbeiten, eine Vielfalt von Perspektiven zuzulassen – und nicht die eine durch die eine andere zu ersetzen« (ebd., 54).

> Im Sinne einer systemischen Auseinandersetzung mit sich selbst und der eigenen Umwelt entscheidet der Coachee, wie weit das zu betrachtende System reicht. Als Konsequenz dieses Gedankens sollte die Haltung des Coachs durch Akzeptanz gegenüber der Sichtweise des Coachees und durch Rücknahme der eigenen Sichtweise auf das System geprägt sein. Eine wesentliche Aufgabe als Coach ist es, eingefahrene Sichtweisen bzgl. der Frage, durch wen ein System beeinflusst wird, zu hinterfragen und somit ggf. aufzubrechen.

2.3.2 Eigenschaften eines Systems

Es gibt bestimmte Wirkweisen, die die Konstellation eines Systems insgesamt und das Handeln der Personen in diesem beeinflussen. Im Sinne einer systemtheoretischen Annäherung möchten wir diese hier kurz vorstellen.

Zirkularität. Grundlegend für Zirkularität ist folgende These:

> »In einem System, dessen Teile oder Elemente miteinander vernetzt sind und in Wechselbeziehung stehen, ist die Frage, was Ursache und was Wirkung ist, nicht objektiv entscheidbar« (Simon 2017, 15; vgl. auch Sautter 2016, 21).

Um diesen Gedanken einer zirkulären Verbundenheit zu verdeutlichen, nutzen wir in Anlehnung an Renoldner et al. (2014, 11ff.) den anschaulichen Vergleich zwischen einem sozialen System und einem Mobile. Dieser Vergleich bricht die Komplexität systemischen Denkens auf eine hilfreiche Art und Weise herunter, die gerade für eine erste Auseinandersetzung mit dem Thema hilfreich ist. An diesem Bild lassen sich vor allem systemimmanente Abhängigkeiten und wesentliche Mechanismen in den Blick nehmen.

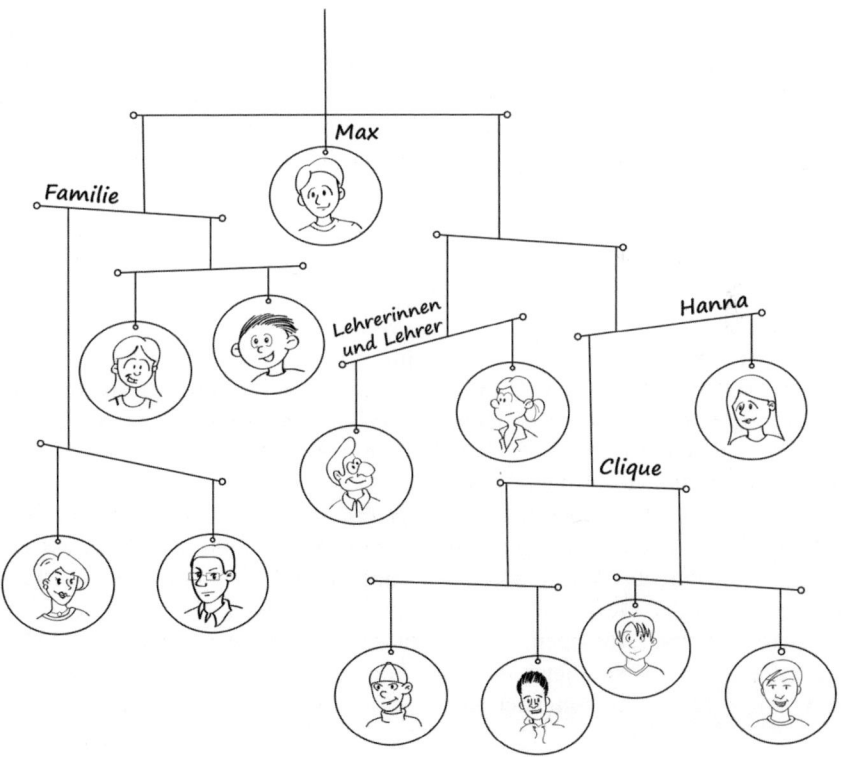

Abb. 4: Max' Systeme als Mobile

Wie bei einem Mobile verändert sich bei der Bewegung eines Elementes im System das ganze System. Wie genau sich Veränderungen auswirken, wie sich das System bewegt, ist nicht vorhersehbar. Auch lässt sich nicht eindeutig rekonstruieren, an welcher Stelle eine Veränderung angestoßen und wodurch sie verursacht wurde. Diese Annahme hat Auswirkungen auf die systemische Betrachtungsweise und die aus diesem Gedanken resultierende Grundhaltung des Betrachters an sich: Wenn es in der Konsequenz der Abwendung von linearen Erklärungsmustern (s. o.) nicht *die eine* Ursache für ein Problem gibt, können wir ein Problem auch gar nicht bis ins Letzte verstehen. Wir können aber versuchen, uns den Wirkweisen eines Systems anzunähern, indem wir es aus unterschiedlichen Perspektiven betrachten. Der Charakter bzw. die Auswirkungen eines Systems sind aber nicht zu erkennen, indem man es in seine Teile zerlegt. Stattdessen werden dessen

> »Eigenschaften […] erst dann sichtbar, wenn das ganze System arbeitet. Um herauszufinden, was diese Eigenschaften sind, muß man das System ›laufen lassen‹« (O'Connor/McDermott 2006, 27).

Steht eine Person in einem Konflikt mit sich selbst bzw. ihrer Umwelt, soll sie daher im systemischen Grundgedanken nicht isoliert, sondern im Kontext ihres Systems betrachtet werden.

Auch in unserem Beispiel können Beeinflussungen auf unterschiedlichsten Ebenen stattfinden. Wenn wir nur eine einzelne Person, zum Beispiel Max, mit seinen Eigenschaften in den Blick nehmen, wird die Systemdynamik nicht deutlich und lässt sich auch nicht erklären. Erst durch eine möglichst vielseitige Betrachtung eines Systems werden Ansätze einer solchen Dynamik erkennbar. Um im Bild des Mobile zu bleiben: Wenn sich Max in seinem System verändert, verändert sich mehr oder weniger das ganze System. Es bewegen sich alle anderen Figuren im System – wie in einem Mobile –, indem sie auf die besagte Veränderung von Max reagieren.

> Max' Mutter schimpft täglich mit ihm, da er seine Hausaufgaben nicht macht. Auch Max' Lehrerin, Frau Schulz, droht ihm mit Zusatzaufgaben und Eintragungen ins Klassenbuch. Eines Tages verändert Max sein Verhalten und macht seine Hausaufgaben. Sowohl seine Mutter als auch seine Lehrerin sind erfreut und loben Max. Veränderungen, die im System vielleicht recht gut vorhersehbar waren. Allerdings ergeben sich noch andere – unvorhergesehene – Veränderungen im System: Max' Freunde reagieren mit Häme: »Na, hat das Muttersöhnchen endlich gemacht, was ihm die Mama gesagt hat?« oder »Jetzt willst du wohl der Lieblingsschüler von Frau Schulz werden?!«. Diese Aussagen seiner Mitschüler nehmen Einfluss auf Max' Verhalten. Er wird sich jetzt noch schwerer damit tun, seine Hausaufgaben zu erledigen und sich damit der Kritik seiner Mitschüler auszusetzen.

Es ist hilfreich, solche wechselseitigen Abhängigkeiten im Kontext von Veränderung zu berücksichtigen (▶ Kap. 2.3.3). Somit stellt sich in einem Coaching die Frage, welche Auswirkungen eine bestimmte Systemkonstellation hat, und wie diese Auswirkungen zum Besseren hin verändert bzw. ausgelegt werden können. Um im Beispiel zu bleiben, könnte es während eines Coachings sinnvoll sein, einen Handlungsplan im Hinblick darauf zu entwickeln, wie Max mit der Reaktion seiner Clique umgehen kann. Typische Eigenschaften (z. B. Zirkularität, Autopoiesis) innerhalb eines Systems können hierzu aufgeschlüsselt und erklärbarer gemacht werden, ohne dabei den Eindruck zu erwecken, es gäbe eine ›einfache‹ Ursache und daher eine simple Lösung für das Problem eines Klienten.

> Im systemischen Denken ist es nicht möglich, eine Person und ihre Handlungen losgelöst von ihrer Umwelt zu betrachten. Dies ist von besonderer Bedeutung für angestrebte Veränderungsprozesse im Kontext von systemischem Coaching.

Autopoiese. Soziale Systeme erhalten sich selbst (sind autopoietisch) und verändern sich – wenn keine Veränderungen angestoßen werden – nur sehr langsam, bleiben also eher stabil. Auch in Bezug auf diesen Gedanken ist es hilfreich, noch einmal das Bild des Mobile (Renoldner et al. 2014, 11ff.) aufzugreifen: Je nachdem, wie viele Figuren ein Mobile umfasst und welche Größe, welches Gewicht diese Figuren haben, hat ein Mobile ein ganz spezifisches Gleichgewicht. In diesem Gleichgewicht wird es sich auch nach einem Windzug oder einem bewussten Anstoß von außen immer wieder einrichten. In der Systemtheorie wird dieser Umstand mit dem ursprünglich in der Biologie genutzten Begriff der Autopoiese (›selbsterschaffend‹, ›selbsterhaltend‹) beschrieben (z. B. Maturana/Varela 2015).

> »Autopoiese bedeutet: Ein Lebewesen erzeugt sich selbst immer wieder neu aus seinem eigenen Bestandteilen heraus, ohne dass Ordnung von außen zugeführt werden muss« (Schlippe/Schweitzer 2016, 94).

In der Übertragung auf soziale Systeme heißt das, dass auch diese sich aus sich selbst heraus ordnen. Sie sind nicht ›einfach‹ veränderbar. Viele Verhaltens- und Handlungsweisen von Personen sind fester Bestandteil ihres Systems und dessen Selbsterhaltung. Ähnlich wie ein Mobile strebt es immer wieder danach, zu seinem alten Zustand, zu einem ganz spezifischen Gleichgewicht zurückzukehren.

> Das unterlassene Erledigen der Hausaufgaben kann vorschnell als Problem (›Faulheit‹) interpretiert werden, tatsächlich stabilisiert es aber v. a. das System ›Max-Freundeskreis‹ und ist somit systemerhaltend. Weiterhin ist aber auch denkbar, dass sein Verhalten die Stabilisierung seines Familiensystems bedeutet, da Max' Mutter ihm mehr Zeit schenkt, seit Max seine Hausaufgaben seltener macht.

2 Systemisches Coaching mit Schülerinnen und Schülern – einige Grundlagen

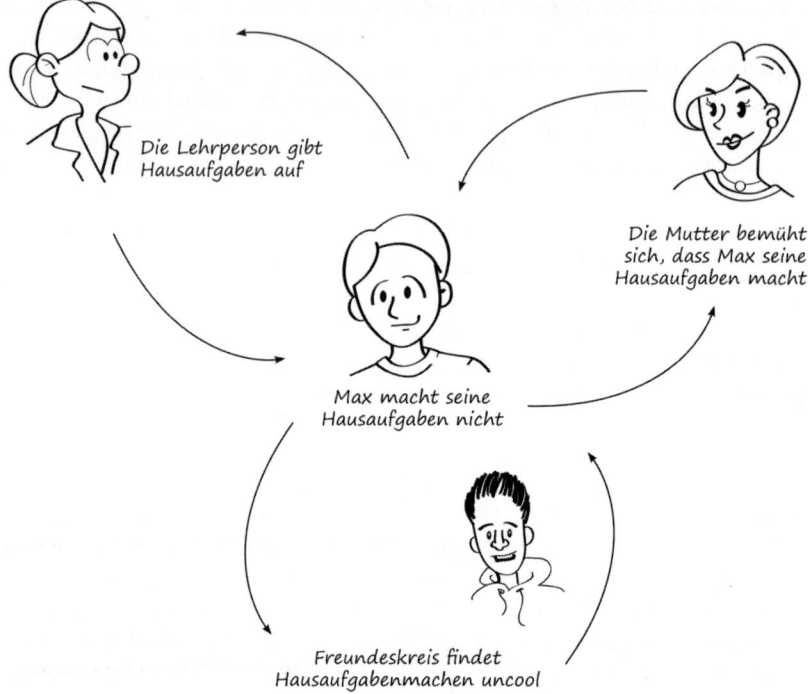

Abb. 5: Komplexität systemischer Zusammenhänge

Im autopoetischen Gedanken erhält der Begriff ›Problem‹ hierdurch eine ganz neue Bedeutung: Die Tatsache, dass Max seine Hausaufgaben nicht erledigt, wird in systemischen Kontexten eher als Symptom bezeichnet: »Das Symptom hat eine positive Funktion, es trägt zur Stabilisierung und damit zum Überleben des Systems bei« (Palmowski 2007, 55). Dies ist ein praktisches Beispiel dafür, dass im systemischen Verständnis eine Abkehr von einfachen, linearen Ursache-Wirkungs-Erklärungen umso nötiger scheint. Und folgt man diesem Ansatz konsequent, wird schnell klar, dass sich aus solch einer zirkulären Perspektive andere Interventionsansätze ergeben (z. B. ebd., 55).

> Indem wir Max z. B. nicht die Eigenschaft ›Er ist faul‹ und die daraus folgende Konsequenz ›und deshalb macht er seine Hausaufgaben nicht‹ zuschreiben, können wir viel eher Räume zur Veränderung suchen, wie er auf der einen Seite seine Hausaufgaben erledigen kann und auf der anderen Seite trotzdem die enge Bindung zu seinem Freundeskreis bzw. seiner Mutter aufrechterhalten kann.

2.3.3 Veränderungen im System

Im Sinne des autopoetischen Grundgedankens sind Veränderungen eines sozialen Systems nicht trivial und lassen sich nicht unmittelbar von außen durch eine direkte Intervention initiieren. Im Folgenden wollen wir auf drei für Veränderungen in Systemen relevante systemische Grundsätze näher eingehen.

- Die Veränderung eines sozialen Systems kann nur von innen heraus geschehen und kann durch Irritation (Perturbation) von außen lediglich angestoßen werden.
- Jede Veränderung geht immer mit Instabilität einher und braucht eine tragende Beziehung.
- Veränderungen können in Bezug auf alle Elemente sozialer Systeme angestoßen werden.

Veränderung von innen. In pädagogischen Kontexten werden Veränderungen regelmäßig durch direkte Interventionen angeregt. Oder zumindest wird dies versucht. Eine Irritation (systemisch auch ›Perturbation‹[2] genannt), die eine Veränderung anregen soll, kann im systemischen Sinn jedoch keine einfache ›Ansage‹ durch einen Pädagogen sein, sondern wird in Beratungs- und Coachinggesprächen meistens durch Perspektiv- und Kontextwechsel mit Hilfe von bspw. zirkulären Fragen, Reframing angeregt (▶ Kap. 5.2.1; Schlippe/Schweitzer 2016, 204ff.; Webers 2015, 33f.).

> »Da jeder Mensch seine eigene Wirklichkeit erschafft, ist es sinnlos und unmöglich, aus einer anderen Wirklichkeit heraus (der des Beraters etwa), Instruktionen, Lösungen, Vorschläge oder Interventionen zu unterbreiten, in der Erwartung, dass sie mit der Wirklichkeit des Klienten übereinstimmen« (Palmowski 2007, 75).

Aus systemischer Sicht kann eine Lehrperson also versuchen, Veränderungen von Sichtweisen und Verhaltensweisen bei Schülerinnen und Schülern durch direkte Interventionen von außen zu initiieren, allerdings ist es sehr fragwürdig, wie tiefgreifend solche Interventionen sein können.

> Max nutzt während des Unterrichts zum wiederholten Mal sein Handy. Frau Schulz, seine Lehrerin, bittet ihn, dies zu lassen. Kleinere Veränderungen kann Frau Schulz mit dieser Bitte sicherlich anstoßen. Max wird sein Handy vermutlich zunächst in die Tasche packen. Aber es kann sein, dass sich das Problem oder Symptom ›Max nutzt sein Handy während des Unterrichts‹ damit nicht langfristig verändert.
> Wir sehen in dieser Unterrichtssituation nur ein ganz bestimmtes Symptom aus dem System. So könnte es sein, dass die Herausnahme seines Handys nicht allein, wie von der Lehrerin vermutet, auf mangelndes Interesse

---

2 ursprünglich aus dem Autopoiesis-Konzept (Maturana/Varela 2015, 27; vgl. auch Schlippe/Schweitzer 2016, 111ff.; Webers 2015, 33f.)

> am Unterrichtsgeschehen zurückzuführen ist. Es wäre auch möglich, dass sich Max' Verhalten auf ein anderes, viel tiefergehendes Problem bezieht.
>
> Mia, Max' Schwester, mit der er sich sehr gut versteht und die ihm während der wiederkehrenden, starken Elternkonflikte immer eine Hilfe war, ist für mehrere Monate im Ausland. Aufgrund der Zeitverschiebung kann sie nur vormittags mit ihm kommunizieren. Da Max' Eltern gerade wieder einen großen Konflikt austragen, fehlt ihm Mias Unterstützung besonders. Durch die Ermahnung steckt er also sein Handy weg. Dieses Verhalten löst allerdings nicht Max' Grundproblem. Für den Unterricht ist es vollkommen richtig, dass Max, wie alle seine Mitschülerinnen und -schüler in dieser Situation auch sein Handy wegpacken muss. Aus systemischer Perspektive ist es jedoch fragwürdig, wie dauerhaft diese Veränderung ist und inwiefern sie Max hilft, seine Situation besser zu meistern.

Dies gilt natürlich auch für den Coach im Coaching. Auch hier sollte sich der systemische Coach vielmehr auf die Wirklichkeitskonstruktion der Coachees einlassen. Im Sinne einer Veränderung von ›innen‹ ist es wichtig, dass Max sich damit auseinandersetzt, was zu seinem Verhalten führt, und vor allem, was eine Veränderung in seinem System verhindert:

> »Anstatt Energie damit zu verschwenden, daß Sie Druck ausüben oder an dem Gewünschten zerren (was möglicherweise sowieso nur Sie und das System auslaugt), sollten Sie sich die Frage stellen: Was verhindert die Veränderung?« (O'Connor/McDermott 2006, 40).

Da nicht Frau Schulz, sondern Max selber der Experte für sein System ist, kann auch nur er zu erklären versuchen, was die Veränderungen in seinem System verhindert. Im Sinne von O'Connor und McDermott (ebd.) würde ein Coaching genau hier ansetzen. Wenn Max also äußert, dass er den Kontakt zu seiner Schwester sucht, könnte im Coaching geschaut werden, wie Max außerhalb des Unterrichts mit seiner Schwester Kontakt aufnehmen kann oder auch wo er sich alternativ zu seiner Schwester Unterstützung suchen kann. Aber auch ein solches Coaching stellt nur einen ersten Schritt auf dem Weg zur Veränderung dar. Es kann ein hilfreicher Impuls von außen sein. Inwiefern Max z. B. eine Beziehung zu einer anderen Person als seiner Schwester aufbauen kann, die ihm bei der Bewältigung seiner Konflikte hilft, hängt zwangsläufig davon ab, wie Max die Beziehung zu einer anderen Vertrauensperson in seinem System etablieren kann und will, und wird v. a. nicht im Coaching ›von außen‹ entschieden. Wir können als Coach oder als Lehrperson an Max ›zerren‹ und Druck ausüben, dass er sein Handy nicht während des Unterrichts nutzt. Allerdings wird dieser Druck von außen wahrscheinlich nicht zu einer Behebung des eigentlichen Problems, sondern ggf. sogar zu einer Verhärtung des Problems führen: Max könnte neue Vorgehensweisen entwickeln, um den Kontakt mit seiner Schwester aufzunehmen. In Abhängigkeit vom Leidensdruck, den Max durch den Konflikt seiner Eltern spürt, könnte es z. B. sein, dass er den Unterricht schwänzt, um mit seiner Schwester zu sprechen. Diese Art der Zuspitzung widerspricht ganz klar dem eigentlichen Ziel der Intervention der Lehrerin, dass Max aktiv am Unterricht teilnimmt.

Veränderung braucht eine tragende Beziehung. Da bei einer Veränderung im System die einstige Stabilität aufgegeben werden muss – das Mobile sozusagen in Bewegung kommt –, geht diese immer mit einer Instabilität und damit meistens mit großer Unsicherheit einher. Veränderungen können daher häufig mit einer Phase von geringerem Selbstbewusstsein und gesunkenen Selbstwirksamkeitsüberzeugungen des Coachees einhergehen (z. B. Wiethoff 2011, 51ff.; Lindemann 2010, 332ff.). Aus diesem Wissen können zwei Konsequenzen für Coachingprozesse gezogen werden:

> »Es ist erstens wichtig, sich (und manchmal auch den Ratsuchenden) bewusst zu machen, dass einer Veränderung in der Regel eine Phase der Instabilität vorhergeht. Um diese Instabilität auszuhalten, braucht es zugleich den stabilen Rahmen einer tragenden Beziehung. Es gibt zweitens günstige und ungünstige Momente für Veränderungen [günstige Momente werden als ›Kairos‹ bezeichnet] ... Deshalb kann man ›systemisch begründetes Nichtstun‹ und achtsames Warten auf den ›Kairos‹ manchmal sinnvoller sein« (Schlippe/Schweitzer 2016, 181).

Diesen systemischen Ansatz von Schlippe und Schweitzer fassen wir in folgendem Kreislauf zusammen, der sowohl die Beziehung zwischen Coach und Coachee in den Blick nimmt als auch den Begriff des ›Kairos‹ aufgreift:

Abb. 6: Tragfähige Beziehung als Basis für Veränderungen

Positive Beziehung. Wenn wir uns der Unsicherheiten beim Coachee im Kontext von angestrebten Veränderungen klar werden, verleiht dies einer unterstützenden Beziehungsebene zwischen Coach und Coachee eine noch größere Bedeutung. Daher ist es in Coachingprozessen grundsätzlich ratsam, genau auf eine positive Beziehung zu achten und diese zu pflegen (z. B. Knafla et al. 2016, 74ff.; Wiethoff 2011, 161ff.). Wir gehen davon aus, dass eine solche positive Beziehung dazu führt, dass sich der Coachee Irritationen und damit einer Perspektiverweiterung seiner Systemanschauung öffnet. Die Beziehung zwischen Coach und Coachee soll zu einer »tragenden Beziehung« (Schlippe/Schweitzer 2016, 181) werden, die dem Coachee mit Blick auf Unsicherheiten bei Veränderungsprozessen eine gewisse Stabilität zusichert, die die Veränderungen selbst trägt. Gerade beim Coaching mit Jugendlichen ist dies von besonderer Bedeutung, da sie vor vielen Entwicklungs- und somit Veränderungsaufgaben stehen (▶ Kap. 3) und folglich besonders vielen instabilen Veränderungsprozessen ausgesetzt sind.

Kairos erkennen und nutzen. Im systemischen Verständnis von Interventionen und Veränderungsprozessen gehen wir davon aus, dass Veränderungen nie in einem »konstanten Tempo, Schritt für Schritt und linear« (ebd., 181) verlaufen. Eine Veränderung beim Coachee braucht »den richtigen Moment« (Martens-Schmid 2011, 68). Für diesen richtigen Moment wird der Begriff ›Kairos‹ aus der griechischen Mythologie herangezogen. ›Kairos‹ ist der Gott der besonderen Chance, während ›Chronos‹ der Gott der Zeit ist. Diesem Bild folgend vollziehen sich Veränderungen in Systemen nicht kontinuierlich, nicht chronologisch, sondern geschehen in kairotischen Momenten (ebd., 70; vgl. auch Fischer et al. 2016, 70ff.; Schiepek et al. 2013, 45f.; Rufer 2013, 39). Solche kairotischen Augenblicke gilt es als Coach zu erkennen und zu nutzen: Der Coachee soll irritiert und so zu Veränderungen bewegt werden.

> »Für das Stellen von hilfreichen Fragen im Coaching-Prozess sind auch das Timing und die Einschätzung des Coachs entscheidend ... Daher fällt unter das Element der Passung von Interventionen auch das Erkennen und Nutzen sog. Kairos-Momente, also von Momenten, in denen Musteränderungen des Coachees leicht angestoßen werden können (Friesenhahn 2017, 139).

Irritationen können auf unterschiedliche Weisen, z. B. durch die Nutzung angemessen ungewöhnlicher Fragen (▶ Kap. 5.2; Andersen 2011, 65ff.) oder anderer Methoden angeregt werden. Wesentlich für das Aufkommen kairotischer Momente ist, wie eben beschrieben, eine positive, wertschätzende und tragfähige Beziehung zwischen Coachee und Coach. Nur innerhalb eines solchen Beziehungsgefüges eröffnet sich ein Kairos und kann vom Coach wahrgenommen werden. Dies betont noch einmal die Bedeutung des oben genannten und in Abbildung 6 dargestellten Regelkreises.

Veränderung in Bezug auf alle Elemente sozialer Systeme. Gehen wir davon aus, dass wir durch das System, in dem wir uns bewegen, beeinflusst werden, liegt die Frage nahe, welche Faktoren sich dort auswirken. Dies ist gerade im Kontext von Veränderungsprozessen bedeutsam: Wenn ich weiß, welche Merkmale das Handeln in sozialen Systemen beeinflussen, kann ich versuchen, dort bewusst nach Spielräumen für Veränderungen zu suchen. Hierbei kann es hilfreich sein, mehr als die Personen zu betrachten, die sich auswirken. Es gibt verschiedene Ansichten darüber, welche Merkmale systemimmanente Auswirkungen haben. In der Tradition von Gregory Bateson (2014) beschreiben Eckard König und Gerda Volmer (2016; 1993) im Rahmen der personalen Systemtheorie sechs Merkmale sozialer Systeme, die die Handlungen innerhalb eines sozialen Systems bestimmen (König/Volmer 2016, 14ff):

1. Die im System beteiligten *Personen*,
2. deren Gedanken über die Situation, die als ›*subjektive Deutungen*‹ bezeichnet werden,
3. *soziale Regeln*, die (nur) innerhalb des Systems gelten,
4. *Regelkreise*, also wiederkehrende Verhaltensmuster zwischen den beteiligten Personen,
5. die materielle oder soziale Umwelt des Systems,
6. die Entwicklung, die das System bislang genommen hat.

In der Auseinandersetzung mit diesen Merkmalen sollen die Ratsuchenden ihre Systeme aus unterschiedlichen, teils neuen Perspektiven betrachten, um so potentielle Veränderungsideen für ihre Situation zu entwickeln. Bei diesem Ansatz geht es also nicht darum, ein System bis ins Letzte analysieren zu wollen. Dies wäre wohl eine Rückkehr zu linearen Modellen, wie sie zu Beginn von Kapitel 2.3 erläutert wurden. Um dem systemischen Ansatz treu zu bleiben, sollte bedacht werden, dass es sich bei jeder Übertragung dieser Merkmale auf ein bestehendes System um eine ganz subjektive Deutungsweise der betrachtenden Person handelt. In Bezug auf diesen Grundsatz stellen wir die genannten sechs Merkmale näher vor und konkretisieren diese zudem in einer beispielhaften Übertragung auf Max' Hausaufgaben-System. Im fünften Kapitel gehen wir dann auf deren mögliche Einbindung in einen Coachingprozess ein.

Entwicklung. Dieses Merkmal greift ein zentrales Element systemischen Denkens auf: Systeme sind keine starren Konstrukte, sondern verändern sich ständig, sie sind von »seiner Geschichte beeinflusst« (König 2005, 32). Dies betrifft jegliche Ebenen bzw. Merkmale eines Systems. Alle folgenden Merkmale unterstehen quasi dem Prinzip der Entwicklung. Umso konsequenter scheint es, noch einmal auf den oben genannten Gedanken einzugehen, dass wir uns allen Systemmerkmalen lediglich annähern können, statt sie eindeutig zu identifizieren: Systeme waren gestern anders, als sie es heute sind und morgen sein werden. Wir können sie also nicht eindeutig definieren.

Darüber hinaus kann die Auseinandersetzung mit dem Merkmal ›Entwicklung‹ bei der Suche nach Situationen helfen, in denen bestimmte Probleme in der Vergangenheit einmal nicht aufgetaucht sind oder sich weniger unangenehm ausgewirkt haben. In Bezug auf zukünftige Entwicklungen kann zudem die Frage bedeutsam werden, was passieren könnte, damit ein Problem nicht mehr da ist oder als weniger schlimm empfunden würde. So kann der Blick des Coachees auf mögliche Handlungsspielräume in Bezug auf dessen Situation gelegt werden.

2 Systemisches Coaching mit Schülerinnen und Schülern – einige Grundlagen

Abb. 7: Darstellung einiger Systemmerkmale in Max' Hausaufgaben-System

In einem Coachinggespräch könnte z. B. herauskommen, dass Max seine Hausaufgaben immer gemacht hat, als er noch einen eigenen Schreibtisch im Büro seines Vaters stehen hatte und die beiden gemeinsam gearbeitet haben. Genauso wäre es denkbar, dass er sich vorstellen könnte, beim Hausaufgabenmachen in Zukunft mit einem Kopfhörer Musik zu hören, damit er sich nicht von seinem kleinen Bruder gestört fühlt.

Personen. Die in einem System handelnden und für bestimmte Situationen relevanten Personen und deren Konstellation beeinflussen alle Elemente eines Systems. Gegebenenfalls gibt es Personen, deren Auswirkungen auf ein System nicht im ersten Moment offensichtlich sind, die sich also eher verdeckt auswirken. Im Laufe eines Coachingprozesses kann sich die Zuschreibung eines Coachees bzgl. der Bedeutung anderer Personen für eine bestimmte Situation also durchaus verändern.

In unserem Beispiel sind Max, seine Mutter, die Lehrperson und Max' Freundeskreis, im Speziellen Max' bester Freund Lukas wichtig. All diese

> Personen wirken sich auf das System aus. Zudem wird es aber auch immer Personen geben, deren Auswirkungen auf das System nicht offensichtlich sind. So wird Frau Schulz zum Beispiel nicht unbedingt im Blick haben, dass auch Max' kleiner Bruder, den sie nicht weiter kennt, Einfluss auf Max' Verhalten hat.

Subjektive Deutungen. »Das Verhalten eines sozialen Systems ist bestimmt durch die subjektiven Deutungen der jeweiligen Personen. ... [Diese] These ... markiert den entscheidenden Grundsatz der Personalen Systemtheorie und zugleich die Abgrenzung sozialer Systeme von technischen und biologischen« (König 2005, 24; 27). Subjektive Deutungen, was Personen übereinander denken, welche Werte sie in sich tragen und was für Gefühle sie diesbezüglich haben, beeinflussen das Verhalten sowie das Handeln von Personen stark. Im Kontext dieses Systemmerkmals – bspw. bei der Auseinandersetzung mit subjektiven Deutungen dritter Personen innerhalb eines Coachings – ist es besonders wichtig, sich an den hypothetisierenden Charakter jeglicher Annäherungen an subjektive Deutungen zu erinnern. Wir können nur erahnen, welche Deutungen andere Personen bewegen. Daher können unsere Vorstellungen im Sinne des Konstruktivismus niemals den Anspruch der Wahrheit in sich tragen. Sich über diese Deutungen Gedanken zu machen bzw. sich in sie hineinzuversetzen kann im Rahmen eines Veränderungsprozesses trotz allem hilfreich sein. Dies kann zur Erweiterung der eigenen Perspektiven und subjektiven Deutungen führen. Das heißt wir stellen ggf. jeweils mehrere Hypothesen darüber auf, welche subjektiven Deutungen bei der betrachteten Person gerade eine Rolle spielen könnten. Mithilfe solcher Hypothesen verändern sich – im Sinne des Reframings – ggf. die subjektiven Deutungen des Coachees sodass neue Handlungsmöglichkeiten entstehen können. Es geht also nicht darum, wie stark sich der Coachee in seinen Überlegungen den subjektiven Deutungen der anderen Person tatsächlich annähern konnte.

> So erkennt Max die Bemühungen seiner Mutter, fragt sich jedoch gleichzeitig, wie ihn seine Freunde sehen, falls er seine Hausaufgaben macht, und Lukas findet es cool, dass Max sich nichts von anderen sagen lässt (▶ Abb. 7). Zudem glaubt die Lehrperson, dass ihr aufgrund des mangelnden Engagements von Max' Mutter bzgl. der Hausaufgabenproblematik die Hände gebunden sind. Alle subjektiven Deutungen und das daraus resultierende Verhalten dieser Personen beeinflussen das System.

Regelkreise. Dieses Merkmal beschreibt König (ebd., 29ff.) im Anschluss an Watzlawicks drittes Axiom menschlicher Kommunikation: »Die Natur einer Beziehung ist durch die Interpunktion der Kommunikationsabläufe bestimmt« (Watzlawick et al. 2017, 61). ›Interpunktion‹ meint dabei die »wechselseitigen Deutungen der Situation« (König 2005, 30). Diese wechselseitigen Deutungen führen dazu, dass sich die Verhaltensweisen oder Handlungen von Personen im

System gegenseitig verstärken. Watzlawick et al. (2017, 58f.) führen das Nörgler-Rückzugs-Beispiel zu Verdeutlichung an. Dabei zieht sich der Ehemann zurück, weil seine Frau nörgelt (Deutung des Ehemanns) und die Ehefrau nörgelt, weil ihr Mann sich so zurückzieht (Deutung der Ehefrau). Die jeweiligen Deutungen und Verhaltensweisen sorgen dafür, dass sich diese Situation stabilisiert. Wenn solche Interaktionsstrukturen wie in dem genannten Beispiel einen dysfunktionalen Charakter haben, können sie die Beziehung zwischen Personen im System erschweren und sogar zu größeren Konflikten führen.

> Wenn Max seine Hausaufgaben nicht macht, wächst der Respekt seiner Freunde für ihn. Weil Max immer wieder Sorge davor hat, in seiner Clique an Anerkennung zu verlieren, macht er noch seltener Hausaufgaben, wodurch wiederrum die Anerkennung seiner Freunde für ihn wächst. Dieser wechselseitige Regelkreis stabilisiert also zum einen die Freundschaft zwischen den Jugendlichen (funktionaler Regelkreis) aber zudem auch die Hausaufgabenproblematik (dysfunktionaler Regelkreis).

Soziale Regeln. Soziale Regeln sind Handlungsanweisungen und »geben in einem sozialen System Orientierung und Verhaltenssicherheit« (König 2005, 29). Das heißt, sie »legen fest, was man tun soll, tun darf, nicht tun darf« (König/Volmer 2016, 52). Zu unterscheiden ist dabei zwischen expliziten und impliziten Regeln. Explizite Regeln sind schriftlich fixierte oder zumindest offizielle Regeln wie bspw. Gesetze oder Klassenregeln. Implizite Regeln wirken eher »unter der Oberfläche« (ebd., 53). Ein weiteres Merkmal von Regeln ist die Verbindung zu jeweiligen Sanktionen. Eine Regel (implizit wie explizit) wird erst dadurch zu einer solchen, dass die Personen im System wissen, welche Sanktionen eintreten, wenn sie sich nicht an die Handlungsanweisung halten.

> Im ›Hausaufgaben-System‹ von Max gilt die explizite, offizielle Regel »Wir machen unsere Hausaufgaben«. Diese wurde innerhalb der Klasse klar formuliert. Als Sanktion ist eine Notiz im Klassenbuch festgelegt. Zudem besteht im Freundeskreis von Max jedoch die implizite Regel »Hausaufgaben machen ist uncool; wir machen, was wir wollen«. Diese implizite Regel in seinem Freundeskreis hält Max ein, indem er seine Hausaufgaben nicht macht und eher Zeit mit seinen Freunden verbringt. Sollte er diese Regel doch einmal brechen, wird er hierfür z. B. mit Häme seines Freundeskreises bestraft. Sein Verhalten stabilisiert also sein System ›Freundeskreis‹.

Materielle und soziale Umwelt. »Das Verhalten eines sozialen Systems ist von der materiellen und sozialen Umwelt beeinflusst« (König 2005, 31). Zur materiellen Umwelt eines Systems gehören Räumlichkeiten, Technik u. Ä., zur sozialen Umwelt andere Personen oder soziale Systeme, die vom betrachteten System mehr oder weniger abgegrenzt sind.

> Bei Max gehören zur materiellen Umwelt in Bezug auf die Hausaufgabenproblematik unter anderem die Orte, an denen er die Hausaufgaben macht (sein Zimmer, die Küche o. Ä.) und die Gegenstände, mit denen diese Orte ausgestattet sind (sein Schreibtisch, Arbeitsmaterialien o. Ä.).
> Wenn die oben genannten Personen zu Max' ›Hausaufgaben-System‹ gehören und Einfluss auf sein Handeln nehmen, könnte ebenso auch noch die soziale Umwelt, z. B. in Form von Hanna, Einfluss nehmen. Max merkt, dass Hanna beeindruckt ist, wenn ihm seine Freunde dafür auf die Schulter klopfen, dass er seine Hausaufgaben nicht gemacht hat.

Betrachtet man die vorangegangenen Ausführungen und gerade die Übertragung der Systemmerkmale auf Max' ›Hausaufgaben-System‹ ist zu erkennen, wie verzahnt die einzelnen Merkmale zu verstehen sind. So können z. B. Hannas Auswirkungen oder der Ort, an dem Max seine Hausaufgaben macht, gleich im Hinblick auf mehrere Merkmale (Personen, soziale und materielle Umwelt) angeschaut werden. Auch diese Feststellung bestärkt die Idee, dass dieses oder ähnliche Modelle von Systemmerkmalen lediglich einer Annäherung an bestehende Systeme dienen können.

> Die bis hierhin angeführten Grundthesen systemischen Denkens sollen einem ersten Zugang zur Thematik dienen. Für eine noch intensivere Auseinandersetzung mit verschiedenen systemtheoretischen Zugängen empfehlen wir folgende Veröffentlichungen:
>
> Barthelmess, M. (2016): Die systemische Haltung. Was systemisches Arbeiten im Kern ausmacht. Göttingen: Vandenhoeck & Ruprecht.
> König, E./Volmer, G. (2016): Einführung in das systemische Denken und Handeln. Weinheim/Basel: Beltz.
> Sautter, C. (2016): Systemische Beratungskompetenz. Ein Lehrbuch (2. Aufl.). Ravensburg: Verlag für systemische Konzepte, 11ff.
> Schlippe, A. von/Schweitzer, J. (2016): Lehrbuch der systemischen Therapie und Beratung I. Das Grundlagenwissen (3. Aufl.). Göttingen: Vandenhoeck & Ruprecht, Kap. 6ff.

2.4 Die Haltung des Coachs im systemischen Coaching

In der Auseinandersetzung mit systemischen Grundlagen, wie sie bis hierhin erfolgt ist, wird immer wieder auf die Bedeutung der Haltung des Coachs verwiesen. Daher möchten wir an dieser Stelle zuerst den Begriff ›Haltung‹ klären:

> »Haltungen sind ›tradierte und verinnerlichte Denk- und Verhaltensmuster‹ (Niemeyer 2010, 21), sind zentrale Glaubenssätze oder kognitive Schemata, die das eigene Handeln leiten. Haltung bedeutet, ... das [eigene] ... Menschenbild und die daraus resultierenden Werte zu reflektieren, in das eigene Bild der Wirklichkeit zu integrieren und für das Handeln als Orientierung zu nutzen« (König/Volmer 2014, 432).

König und Volmer (2010) schreiben hier der Reflexion des eigenen Menschenbildes im Kontext ›Haltung‹ eine zentrale Bedeutung zu. Dies begründen sie dadurch, dass das eigene Menschenbild unsere Werte und unser Handeln wesentlich beeinflusst. In diesem Gedanken ist auch Niemeyers Idee zu verstehen, dass »die Arbeit an der Haltung ... eine prioritäre, aber auch permanente Aufgabe« (ebd., 21) als Coach ist. So wird die Haltung des Coachs auch aus systemischer Sicht – gerade in der Beziehung zum Coachee – als fundamental eingeschätzt:

> »Systemische Praxis ist nicht beschreibbar als direkte Umsetzung systemtheoretischer Konzepte und auch nicht als rein handwerklicher Satz von Techniken. Die Person des systemischen Praktikers und die Beziehung zum Ratsuchenden ... spielt eine ebenso entscheidende Rolle wie der Kontext, in dem systemisch gearbeitet wird« (Schlippe/Schweitzer 2016, 199).

In diesem Gedanken reicht es nicht aus, sich als Coach bestimmte Techniken anzueignen, um in einem Coaching systemisch zu arbeiten. Daher möchten wir uns an dieser Stelle dem Thema der systemischen Haltung widmen. Dabei soll betont werden: Es gibt nicht ›das Rezept‹ für ›die eine‹ systemische Haltung, die wie ein Coachingtool zu erlernen ist. Vielmehr sollen die folgenden Teilkapitel und die darin aufgeführten Praxisbeispiele eine Grundlage sein, auf der die u. a. von König und Volmer (2014, 432) und Niemeyer (2010, 21) geforderte Selbstreflexion als Coach angestoßen werden kann. Hierfür greifen wir zum einen die klassischen Grundhaltungen für helfende Beziehungen nach Carl R. Rogers (z. B. 2017, 21ff.) und zum anderen explizit systemische Haltungen, wie sie z. B. von Barthelmess (2016) und Schlippe/Schweitzer (2016, 199ff.) zusammentragen werden, auf.

2.4.1 Aufbau einer helfenden Beziehung: Echtheit, Empathie und Wertschätzung

Carl R. Rogers entwickelte in den 1970er Jahren im Rahmen seiner personzentrierten Gesprächspsychotherapie die drei sogenannten Therapeutenvariablen: Echtheit, Empathie und Wertschätzung (z. B. Rogers 2016). Diese Haltungen seitens des Beraters sah er als notwendige und sogar hinreichende Bedingung für menschliche Veränderungsprozesse an. Die Haltungen bezogen sich zunächst auf Therapiegespräche. Rogers selbst beschrieb allerdings auch die konstruktive Wirkung für jegliche andere (helfende) Beziehung:

> »Psychotherapie [ist] nur ein Sonderfall aller konstruktiven zwischenmenschlichen Beziehungen ... infolgedessen [lassen sich] sämtliche Erkenntnisse ... verallgemeinern« (Rogers 2017, 22).

In dieser Annahme lassen sich Echtheit, Empathie und Wertschätzung auf verschiedenste Beratungs- und Coachingverfahren übertragen – ganz gleich, welcher theoretische Hintergrund dem jeweiligen Verfahren zugrunde liegt (z. B. Bachmair et al. 2014; König/Volmer 2012; Hertel/Schmitz 2010). Daher regen wir im Folgenden die Auseinandersetzung mit diesen drei Variablen an.

Kongruenz (Echtheit). Echtheit bedeutet, dass der Coach sich seiner Gedanken und Gefühle bewusst ist und sie dem Gesprächspartner gegenüber echt formulieren kann. Zu dieser Haltung, die für Rogers (2017, 30) die grundlegendste ist, formuliert er, »daß der Therapeut sich dessen, was er erlebt oder ... empfindet, deutlich gewahr wird..., so daß er sie dem Klienten mitzuteilen vermag, wenn es angemessen ist« (Rogers 2017, 31). Der Coach darf dies allerdings nicht falsch verstehen. Er sollte seine Gedanken und Gefühle nicht jederzeit und ungefiltert dem Coachee offenbaren.

> »Dieses Konzept könnte leicht mißverstanden werden. Es besagt gewiß nicht, daß der Therapeut den Klienten mit all seinen Problemen oder Empfindungen belasten soll. Oder daß er mit jeder Regung, die ihm durch den Sinn geht, unbeherrscht herausplatzen soll. Aber er soll die Gefühle, die er erlebt, nicht vor sich selbst verleugnen und Gefühle, die in der Beziehung permanent wieder auftauchen, akzeptieren und auch äußern. Er soll der Versuchung widerstehen, sich hinter einer professionellen Maske zu verbergen« (ebd., 32).

Es geht also vielmehr um eine ›selektive Authentizität‹. Dieser Begriff wurde ursprünglich Mitte der 1970er Jahre von Ruth Cohn geprägt (Cohn 2016, 125). Wenn sich der Coach entscheidet, sich zu öffnen, weil ein Gedanke oder ein Gefühl gerade ›obenauf liegt‹ und unausgesprochen den Coachingprozess stören würde, dann ist dies nicht grundsätzlich schlimm, sondern dient ggf. der Fortführung eines gelingenden Coachingprozesses. Dieser Schritt der Offenlegung kann vor allem notwendig werden, um verbal und nonverbal kongruent zu kommunizieren: Die Körpersprache des Coachs sollte mit dem, was er sagt, übereinstimmen. Inkongruente Kommunikation kann den Coachee verunsichern, wodurch die Beziehung zum Ratsuchenden belastet und somit der gesamte Coachingprozess gestört würde. Auch aus diesem Grund ist es wichtig, im Sinne der selektiven Authentizität zu kommunizieren.

> Wenn sich bspw. die Lehrperson in einem Coaching mit Max Sorgen darüber macht, dass Max' Noten bei einem bestimmten Lösungsversuch leiden könnten und er diesen Gedanken nicht aus dem Kopf bekommt, sollte er dies formulieren, bevor Max ihm diese Sorgen ansieht, diese aber höchstwahrscheinlich nicht einordnen kann.
> Max: »Ich könnte ja eigentlich nur kurz vor dem Test die Vokabeln lernen, dann mache ich mir auch nicht schon Wochen vor dem Vokabeltest die Sorgen. Ja, wenn ich einfach nicht darüber nachdenke und weiß, ich lerne einfach nur direkt vor dem Test, dann könnte das meine Angst verbessern.«
> Coach: »Bei deinem letzten Vorschlag habe ich irgendwie ein komisches Bauchgefühl. Ich kann mir vorstellen, dass die Angst dann nicht mehr so oft in dir aufkommt, bin mir aber unsicher, wie weit es dir

2 Systemisches Coaching mit Schülerinnen und Schülern – einige Grundlagen

> hilft, die Vokabeln gut genug für den Test zu lernen. Wie siehst du das?«
> Eine solche Äußerung sollte jedoch nicht darauf abzielen, Max seinen Lösungsvorschlag auszureden. Vielmehr dient die Äußerung als Impuls für die Weiterarbeit mit Max. Die Gedanken bzw. Gefühle des Coachs werden an diese Stelle quasi für den Coachingprozess ›nutzbar‹ gemacht. Die Autonomie des Coachees wird also auch in Bezug auf die Auswahl von Lösungsvorschlägen gewahrt.

Empathie (Einfühlendes Verstehen). Der Coach soll empathisch sein, sich in die Gefühlswelt des Gesprächspartners versetzen und versuchen, dessen Empfindungen nachzuvollziehen und zu verstehen. Rogers beschreibt dies als »in der Welt des Klienten zu Hause [sein]« (Rogers 2017, 23). So gelingt es dem Coach, die Sicht und die Gefühle des Coachees nachzuvollziehen. In der Konsequenz fühlt sich der Coachee verstanden und es fällt ihm wiederum leichter, sich dem Gespräch zu öffnen. Wenn der Coach dem Coachee die ›herausgehörten‹ Gefühle zurückspiegelt (vgl. auch ›Aktives Zuhören‹, ▶ Kap. 5), kann dies dem Coachee helfen, sich der eigenen Gefühle bewusst zu werden und an diesen zu arbeiten bzw. diese in die Lösungssuche einzubeziehen. Dabei ist wichtig, dass Gefühle vorsichtig und als Frage formuliert widergespiegelt werden, damit dem Coachee nichts übergestülpt und ihm keine Emotion ›eingeredet‹ wird.

> Wenn der Coach bestimmte Gefühle in der Erzählung des Coachees heraushört, könnte der Coach als Frage z. B. wie folgt zurückspiegeln:
> Max: »Am Montag fragt Frau Schulz dann die Vokabeln ab, das ist immer doof.«
> Coach: »Kann es sein, dass du Angst davor hast, abgefragt zu werden?«
> Max: »Ne, ich hab keine Angst, dass die mich abfragt – die Vokabeln kann ich ja. Aber Lukas und Hakan nennen mich dann immer einen Streber, wenn ich die Vokabeln aufsagen kann. Und das nervt voll.«
> Mit der vorsichtigen Nachfrage lässt der Coach Max die Freiheit, die Wahrnehmung, wie sie der Coach beschrieben hat, zu korrigieren und das zu Max passende Gefühl herauszuarbeiten.

Wertschätzung (bedingungsfreie Akzeptanz). Der Coach akzeptiert die Gesprächspartnerin oder den Gesprächspartner bedingungsfrei so, ›wie er bzw. sie ist‹:

> »Wenn die Zuwendung frei ist von Beurteilungen und Bewertungen der Gedanken, der Gefühle und Verhaltensweisen … verdient sie die Bezeichnung ›Bedingungsfreies Akzeptieren‹« (ebd., 27).

Auch diese bedingungsfreie Wertschätzung ist für Rogers eine notwendige Voraussetzung für die Unterstützung von Veränderungsprozessen. Diese Haltung ist aber sicherlich eine, die nicht in jeder Situation leichtfällt.

> Wenn z. B. die Lehrperson ein Gespräch mit Max führen soll, nachdem dieser gerade einen Mitschüler geschlagen hat, so fällt es der Lehrperson vielleicht schwer, Max Wertschätzung entgegenzubringen. An dieser Stelle kann es helfen, die Handlung des Schülers (Schlagen) von der Person des Schülers (Max, der gerade ärgerlich auf einen Mitschüler ist) getrennt zu betrachten.

Das Beispiel verdeutlicht das Verständnis Rogers' von bedingungsfreier Wertschätzung. Er vergleicht sie mit der Liebe der Eltern zum Kind (Rogers 2017, 27). Diese Liebe ist auch nicht geschmälert, wenn bspw. das eigene Kind inakzeptables Verhalten (z. B. Schlagen) zeigt. Das Verhalten an sich muss aber keinesfalls akzeptiert werden und kann von den Eltern kritisiert werden.

Im Sinne einer authentischen Haltung (s. o.) kann der Coach also durchaus signalisieren, dass er ein bestimmtes Verhalten des Coachees unangenehme Gefühle in ihm auslöst. Der Coach sollte weiter darum bemüht sein, dem Coachee als Person Wertschätzung bzw. bedingungslose Akzeptanz entgegenzubringen. Die Wertschätzung des Coachs ist für den Coachee wichtig, um sich für neue Perspektiven öffnen zu können: »… eine tragfähige Beziehung kann nur der eingehen, der den andern in seinem Anderssein respektiert« (Hubrig/Herrmann 2014, 110).

Weiter ist es wichtig, dass der Coach auch die subjektiven Deutungen des Coachees – als wesentlichen Teil seiner Person – akzeptiert und wertschätzt. Hier zeigt sich ein Berührungspunkt von Wertschätzung, Akzeptanz und Empathie.

> »Empathie bedeutet, das Bild der Wirklichkeit des Klienten als dessen Bild zu akzeptieren, nachzuvollziehen und wertzuschätzen – und nicht sein ›wirkliches Problem‹ besser zu wissen als er selbst« (König/Volmer 2014, 431).

Die konstruktive Wirkung dieser drei grundlegenden Haltungen für eine helfende Beziehung wurde von Rogers selbst, aber auch von seinen Schülern untersucht und weitgehend nachgewiesen (Rogers 2016a, 53ff.; Tausch/Tausch 1990, 98ff.). Auch wenn wir diese drei Haltungen als notwendig für Coachinggespräche mit jugendlichen Coachees halten, möchten wir darauf hinweisen, dass die Einhaltung von echter Empathie und Akzeptanz einen hohen Anspruch darstellt, dem man nicht vollständig und in jedem Gespräch gleichermaßen nachkommen kann. Nicolaisen (2017) formuliert hierzu:

> »… jene Haltung [ähnelt] einem inneren Austarieren, das sich im Kontakt mit dem Gegenüber vollzieht und situativ immer wieder hergestellt werden muss … Der beständige Anspruch… in jeder Situation empathisch, akzeptierend und kongruent zu sein, kann schnell zu einer Überforderung und zu einem hohlen Ideal werden« (ebd., 69).

Die Annäherung an diese drei Haltungen sollte in jedem Gespräch angestrebt und im Hinblick darauf regelmäßig reflektiert werden, an welchen Stellen uns dies schwergefallen oder nicht gelungen ist. Schließlich wird eine Haltung erst durch die regelmäßige Reflexion zu einer solchen (König/Volmer 2014, 432). Eine permanent perfekte Haltung ist demnach per Definition niemals ganz zu erreichen. »Haltung steuert unsere Denk- und Verhaltensweisen, liegt ihnen zugrunde, ist aber auch wieder ihr Ergebnis« (Königswieser/Hillebrand 2009, 74).

2.4.2 Merkmale einer systemisch-konstruktivistischen Haltung

Neben den ›klassischen‹ Gesprächshaltungen nach Rogers, die auch als Kern einer systemischen Haltung (Niemeyer 2010, 22) bezeichnet werden, möchten wir hier noch einige weitere Haltungen vorstellen, die explizit durch ein systemisch-konstruktivistisches Menschenbild geprägt sind.

Die Haltung des Nichtwissens. Bei der Haltung des Nichtwissens geht es darum, auf ›Besserwisserei‹ zu verzichten. Wenn der Coach im Gesprächsprozess das Gefühl hat, genau zu wissen, worin das Problem liegt und wie eine gute Lösung aussehen kann, ist die Haltung des Nichtwissens in Gefahr. Dies kann schnell dazu führen, dass der Coach weniger offen nachfragt und damit ggf. den Klärungsprozess für den Coachee unterbricht. Ein Coach sollte sich also klarmachen, dass er im Sinne des Konstruktivismus nichts über die Sichtweise des Coachees wirklich ›weiß‹: Der Coachee ist als Expertin bzw. Experte für das eigene System – besser gesagt für die Konstruktion des eigenen Systems – zu sehen. Wie bereits dargestellt wurde, kann das ›Steuern‹ eines Systems immer nur bedeuten, dass der Coach die Selbststeuerung des Coacheesystems anregt (Barthelmess 2016, 89). Daraus ergibt sich, dass der Coach die Konstruktion des Coachees mit Hilfe von Prozessfragen durch diesen selbst überprüfen lassen kann.

> »Indem der professionell Tätige eine Position des Nichtwissens einnimmt, nachfragt, Eindrücke, Gefühle und Sichtweisenmöglichkeiten als solche deklariert wiedergibt, jedoch nicht Wissen im klassischen Sinne (z. B. in Form von Tipps, Handlungsvorschlägen) zur Verfügung stellt, gestaltet er die Kommunikation« (ebd., 91).

Diese Haltung des Nichtwissens zeigt sich bspw. in der konsequenten Anwendung von Methoden zur Verflüssigung von Eigenschaften und in der Relativierung von Wirklichkeitskonstruktionen, z. B. Reframing (▶ Kap. 5.2.1; ebd., 94ff.).

Die Haltung des Nichtverstehens. Auch wenn das Einfühlungsvermögen (vgl. Empathie nach Rogers, s. o.) eine grundlegende Fähigkeit und Haltung des Coachs darstellt, nimmt der systemische Coach gleichzeitig und damit paradoxer Weise eine Haltung des »Im Zweifel habe ich immer noch nicht ganz verstanden« (Barthelmess 2016, 103) ein. Gerade wenn der Coach im Gespräch das Gefühl hat, »Ja, ich weiß genau, wie du dich fühlst« oder »... was du meinst«, besteht die große Gefahr, dass er zu gut versteht und sich damit auf seiner scheinbaren Erkenntnis ›ausruht‹. Damit geht eine wichtige Voraussetzung der systemischen Fragetechniken verloren: unvoreingenommene Neugier.

> »Ich gehe davon aus, dass von mir geleitete erfolgreiche Beratungsprozesse zu Ende gehen, bevor ich meine Klienten so richtig verstanden habe. Warum? Diese Sichtweise erhält mir meine Neugier, und meine Neugier ermöglicht mir ein kreatives Nachfragen und Intervenieren« (Barthelmess 2016, 104).

Ein Coach sollte somit immer neugierig bleiben, denn nur so stellen wir weiterhin Fragen, die den Coachee in seiner Sicht der Wirklichkeit irritieren können (Hubrig/Herrmann 2014, 112f.). Methodisch ergibt sich unter anderem die Konsequenz, die verschiedenen Fragetechniken bspw. aus der Tradition des Metamodells der Sprache zu nutzen (Bandler/Grinder 2005, 46ff., ▶ Kap. 5.2).

Die Haltung des Nichtwissens und die des Nichtverstehens kann verdeutlicht werden an der Situation, in der Max davon berichtet, Lukas und Hakan würden ihn einen Streber nennen. So könnte das Gespräch wie folgt weiter verlaufen, wenn der Coach sich (unbewusst) von der Haltung des Nichtwissens und Nichtverstehens gelöst hat:

Max: »… Aber Lukas und Hakan nennen mich dann immer einen Streber, wenn ich die Vokabeln aufsagen kann. Und das nervt voll.«
Coach: »Ja, das kann ich mir gut vorstellen, die beiden nerven mich auch schnell. Das würde ich denen mal ganz klar sagen, dass sie dich nerven!«
Max: »Hä? Nein, das kann ich nicht.« (schweigt)

Hier fällt der Coach ›ins System‹ und fragt nicht mehr nichtwissend nach. Stattdessen hat er das Gefühl, genau zu verstehen, was in Max vorgeht. Er verletzt in dieser Situation sowohl die Haltung des Nichtwissens als auch die des Nichtverstehens, die ein deutlich anderes Vorgehen mit sich bringen würden. Mögliche Antworten oder Nachfragen durch den Coach, der davon ausgeht, weder die Situation genau zu kennen noch vollständig verstanden zu haben, könnten z. B. sein:

V_1: »Was genau heißt ›nerven‹ für dich?«
V_2: »Gibt es Situationen, bei denen du die Vokabeln aufsagst, und sie dich nicht einen Streber nennen? Was glaubst du, hat dazu geführt, dass sie es in dieser Situation nicht gesagt haben?«

Die Haltung des Eingebundenseins. Ein systemischer Coach sollte sich bewusstmachen, dass er mit dem Coachee gemeinsam in ein Coachingsystem eingebunden ist. Innerhalb dieses kleinen Systems wirken sich die beiden Personen zwangsläufig aufeinander aus. Daher sollte der Coach diese Auswirkungen immer wieder hinterfragen. Bei der Haltung des Eingebundenseins geht es darum,

> »sich selbst gleichsam von oben zu beobachten, wie man auf bestimmte Klienten reagiert, was sie in einem auslösen … Spezifische Charaktere, bestimmte Handlungen eines Klienten oder eigenartig anmutende Wertmaßstäbe können in uns Widerstand … oder eine Tendenz, belehren zu wollen, auslösen« (Barthelmess 2016, 118).

Die Eingebundenheit in das Coachingsystem kann sich in zwei Extremen negativ auswirken: In einer zu starken Identifikation mit der Situation des Coachee oder ebenso in einer zu starken Ablehnung – wie hier von Barthelmess beschrieben. Im ersten Fall würde sich der Coach ›ins System hineinziehen lassen‹. Im zweiten Fall belastet die Ablehnung des Coachs mit großer Wahrscheinlichkeit die Beziehung zum Coachee, wodurch ein gewinnbringender Coachingprozess unwahrscheinlicher wird.

> Auch eine solche Eingebundenheit kann man in dem oben aufgegriffenen Beispiel beobachten. Die Lehrperson bezieht Max' Erzählung plötzlich auf sich und überträgt damit sein eigenes Gefühl auf das von Max, indem er sagt, »Ja, das kann ich mir gut vorstellen, die beiden nerven mich auch schnell«, fragt er weder offen nach noch hält er sich mit eigenen Lösungsvorschlägen zurück. In unserem Beispiel stülpt der Coach Max in der Konsequenz seine Lösung über: »Das würde ich denen mal ganz klar sagen, dass sie dich nerven!« Auf diese Aussage reagiert Max mit Schweigen, entzieht sich also dem Beratungsprozess. Folgende Reaktionen Herrn Meyers hätten eine solche Reaktion von Max wahrscheinlich vermeiden können, da sie Empathie für die Situation des Coachees transportieren, gleichzeitig aber auch die Offenheit im weiteren Prozess anregen.
> V_1: »Ich kann mir vorstellen, dass dich das nervt. Gab es denn schonmal Situationen, in denen dich ihre Kommentare nicht gestört haben? Was hat damals dazu beigetragen, dass es dich nicht so sehr gestört hat?«
> V_2: »Wenn du dir vorstellst, Lukas könnte hören, wie du mir von deiner Situation erzählst, was glaubst du, wie er sich fühlen würde?«

Nimmt der systemische Coach Widerstand beim Coachee wahr, in unserem Beispiel die Reaktion und das Schweigen von Max, sollte dies nicht einfach abgetan werden. Vielmehr sollte der Coach schauen, was er bei sich selbst verändern kann und das Verhalten des Coachees nicht voreilig als eine grundsätzliche Verweigerungshaltung verstehen. Dies ist auch dann bedeutsam, wenn der Eindruck entsteht, dass ein Schüler oder eine Schülerin nicht gecoacht werden möchte oder kann (häufig sprechen Lehrpersonen dann vom ›beratungsresistenten Schüler‹).

> Zieht sich ein Coachee, in diesem Fall Max, also im Gespräch zurück, sollte dies im Gespräch thematisiert werden. Zum Beispiel könnte der Coach das Gespräch u. a. so weiterführen:
> V_1: »Entschuldige Max, da war ich etwas voreilig. Vielleicht beschreibst du mir einmal eine konkrete Situation, in der dich die beiden genervt haben und wie sich das für dich angefühlt hat.«
> V_2: »Kann es sein, dass dich meine Reaktion gerade ein bisschen überrumpelt hat? Das war keine Absicht. Entschuldige bitte. Was müsste denn passieren, damit dich die Reaktion der beiden beim nächsten Mal nicht aufregt?«

Die Haltung des Vertrauens. Diese Haltung bezieht sich auf das Vertrauen in die Selbstorganisationskompetenzen unseres Coachees. In Supervisionen hören wir immer wieder Aussagen wie bspw. ›Da wusste ich dann auch nicht mehr, was ich dem Schüler noch sagen sollte‹ oder ›… wie ich dem Schüler noch helfen könnte‹. Hier zeigt sich ein fehlendes Vertrauen in die Kompetenz der Schülerinnen und Schüler, ihr Problem selbst zu lösen bzw. ihre Frage selbst zu beantworten. Systemisch betrachtet gehen wir sogar noch einen Schritt weiter: Wie bereits erläutert, kann ein Coach durch eine Information oder Intervention keine direkte Lösung im System des Coachees erwirken. Daher vertrauen wir den Fähigkeiten des Coachees und lassen die Verantwortung für die Lösung des Problems bei ebendiesem. Nur so wird die Autonomie des Ratsuchenden gewahrt und gefördert. Ideen im Sinne von Expertenberatung verstehen wir vielmehr als Impuls, dessen Wirksamkeit allein durch den Coachee definiert wird.

> »Hilfesuchende werden daher konsequent als autonom, als nichtinstruierbar und als Experten ihres eigenen Lebens angesehen. … Das systemische Selbstverständnis besteht darin, professionell angemessene Rahmenbedingungen für konstruktive Veränderungen bereitzustellen und zugleich auf die Idee gezielter und geplanter Veränderung zu verzichten« (Schlippe/Schweitzer 2016, 201f.).

Schenken wir diesem Gedanken keine Beachtung, nehmen wir den Schülerinnen und Schülern im Coaching die Möglichkeit, Eigenverantwortung zu übernehmen und die eigenen Lösungsmöglichkeiten zu ergreifen. Diese Verantwortung übernimmt unser Gegenüber nur, wenn wir ihm bzw. ihr dies auch zutrauen.

Gerade hierin besteht unserer Erfahrung nach eine der größten Herausforderungen bei Beratungs- und Coachingprozessen mit Jugendlichen durch Lehrpersonen. An vielen Stellen fällt es coachenden Lehrpersonen schwer, ein grundlegendes Vertrauen in die Potentiale des Coachees im Coachingprozess zu leben. Dies ist bis zu einem gewissen Punkt nachvollziehbar. Sicherlich sind Jugendliche altersbedingt und aufgrund ihres Entwicklungsstands (▶ Kap. 3) deutlicher auf gewisse Hilfen von außen angewiesen, als es bei Erwachsenen der Fall ist. Allerdings sind wir im Sinne des systemischen Denkens davon überzeugt, dass sie an jeglichen Ebenen von Veränderungsprozessen eigenverantwortlich beteiligt sein sollten. Dass wir ihnen als Coachs helfen, und zu gegebenem Zeitpunkt auch als Expertenberaterinnen oder berater zur Seite stehen können, steht dabei jedoch außer Frage (▶ Kap. 5.3.2).

Methodisch ergibt sich daraus die Konsequenz, stark lösungs- und ressourcenorientiert zu arbeiten: Welche Stärken, welche Fähigkeiten hat ein Coachee, um seine Situation zu verändern? Wir unterstützten den Ratsuchenden darin, aus seiner ›Problemtrance‹ – also einer Fokussierung ausschließlich auf das Problem – herauszukommen (Barthelmess 2016, 131ff.). Damit einher geht selbstverständlich eine Haltung, für die im Anschluss an die Lösungs- und Ressourcenorientierung gilt: Das vorliegende Problem ist lösbar und nur durch den Coachee selbst zu lösen. »Wer ein Problem hat, hat auch eine Lösung« (Hubrig/Herrmann 2014, 111). Und da jedes System, das ein Problem innehat, auch bereits eine Lösung beinhaltet – ohne diese derzeit zu nutzen – wird beim lösungsorientierten Arbeiten der Fokus nicht auf das Problem, sondern auf die

Suche nach Lösungen gelegt (Schlippe/Schweitzer 2016, 209f.). Dafür ist die Haltung des Vertrauens in den Coachee und sein System äußerst wichtig, damit die Lehrperson als Coach nicht doch in ein Ratschlag-Geben verfällt.

> Auch ein fehlendes Vertrauen lässt sich in unserem Beispiel beim Coach ausmachen. Er scheint Max die Kompetenz abzusprechen, eigene Lösungsideen für die beschriebene Situation zu erarbeiten:
> Max: »...Und das nervt voll.«
> Coach: »Ja, das kann ich mir gut vorstellen, die beiden nerven mich auch schnell. Das würde ich denen mal ganz klar sagen, dass sie dich nerven!«
> Solche Lösungsvorstöße sind von Seiten der Lehrperson bzw. des Coachs immer gut gemeint und wollen helfen. Im Coaching werden diese Versuche allerdings meistens nicht zum Erfolg führen oder gar den Coachee verschrecken.

Dass wir im Kontext des Themas systemisch-konstruktivistische Haltung des Coachs immer wieder das gleiche Beispiel genutzt haben, verdeutlicht, wie eng die genannten Haltungen miteinander verwoben sind und wie sie alle den dargestellten Gesprächsausschnitt beeinflussen. Daher scheint es umso wichtiger, das eigene Denken und Handeln immer wieder bzgl. deren Einhaltung zu hinterfragen und ggf. deutlicher danach auszurichten.

> Eine systemische Coachinghaltung macht aus, dass wir als Coach uns regelmäßig selbst reflektieren und hinterfragen, inwiefern wir
>
> - ... *kongruent* im Gespräch mit dem jugendlichen Coachee auftreten,
> - ... uns in die Situation des Coachees *einfühlen*,
> - ... den Coachee und dessen Problemsituation in der wahrgenommenen Relevanz und Schwere *akzeptieren und wertschätzen*,
> - ... wissen, dass wir die geschilderte (Problem-)Situation mit allen Facetten *nicht kennen und nicht verstehen können*, wie diese sich aus Sicht des Coachees darstellt,
> - ... selbst in die Coachingsituation *eingebunden* sind und daher immer wieder die eigene Distanz überprüfen und
> - ... vollstes *Vertrauen* haben, dass der jugendliche Coachee alle Ressourcen besitzt, sein Problem selbst zu lösen.
>
> Weichen wir von diesen Haltungen ab, ist die Frage zentral, welche alternativen Vorgehensweisen sich ggf. daraus ergeben.

Wie bereits erwähnt sollte eine solche reflektierende Grundhaltung (»Inwiefern sind Nähe und Distanz ausgewogen?«, »Gelingt mir die Wertschätzung meines Gesprächspartners mit dessen Sicht auf die Problemsituation?« o. Ä.) im

Coachingprozess möglichst durchgehend gelebt werden. Es gibt jedoch einige Situationen im Gesprächsprozess, in denen es sich besonders anbietet, sich explizit auf die eigene Haltung zu besinnen und das eigene Verhalten zu hinterfragen. So sollte sich der Coach vor Beginn des Coachingprozesses ausdrücklich auf diesen einstellen und bewusst die Coachinghaltung einnehmen. Im Coachingprozess sollte er oder sie eine wahrgenommene Inkongruenz im Coachingprozess ansprechen. Außerdem möchten wir ein klares Plädoyer für Reflexions- und Austauschsituationen über die eigene Rolle und Haltung mit Dritten (z.B. mit Hilfe von Kollegialer Supervision und/oder Beratung) aussprechen (Niemeyer 2010, 25). Positionen und Sichtweisen anderer können helfen, die eigene Rolle und die eigene Haltung kritischer zu hinterfragen, Perspektiven zu erweitern und somit dem Anspruch an eine reflexive Haltung gerecht zu werden. Königswieser und Hillebrand (2009) beschreiben den Anspruch in einem Zitat, mit dem wir unsere Ausführungen über das regelmäßige Austarieren der eigenen Coachinghaltung beschließen möchten:

»Diese Haltung ist nicht einfach. Sie bedeutet permanente Arbeit auch an sich selbst, Distanz zur Situation bei gleichzeitig intensivem Sicheinlassen, die eigene emotionale Resonanz als Information nutzend. Ohne Reflexion, Bewusstheit, d.h., ohne sich selbst, die eigenen blinden Flecken, Fehler, Werte, Grenzen zu kennen und zu akzeptieren, ist dieses paradoxe Oszillieren [im Sinne von regelmäßigem Ausbalancieren, Anm. d. Verf.] zwischen Nähe und Distanz kaum auszuhalten. Das Aushalten der Paradoxie und Unsicherheit gibt Sicherheit, Stabilität auf einem höheren Niveau, macht Professionalität aus« (ebd., 77).

Wer sich intensiver mit einer systemischen Haltung im Coaching auseinandersetzen möchte, dem seien folgende Veröffentlichungen empfohlen:

Barthelmess, M. (2016): Die systemische Haltung. Was systemisches Arbeiten im Kern ausmacht. Göttingen: Vandenhoeck & Ruprecht.
Erpenbeck, M. (2017): Wirksam werden im Kontakt. Die systemische Haltung im Coaching. Heidelberg: Carl-Auer.
Königswieser, R./Hillebrand, M. (2009): Haltung in der systemischen Beratung. In: Tomaschek, N. (Hrsg.): Systemische Organisationsentwicklung und Beratung bei Veränderungsprozessen. Ein Handbuch (2. Aufl.). Heidelberg: Carl-Auer, 74–82.
Niemeyer, J. (2010): Reflexionen zur systemischen Haltung. In: Zimmermann, C./Muhler, B. (Hrsg.): Ressourcen der systemischen Organisationsentwicklung. Heidelberg: Carl-Auer, S. 21–36.
Schlippe, A. von/Schweitzer, J. (2016): Lehrbuch der systemischen Therapie und Beratung I. Das Grundlagenwissen (3. Aufl.). Göttingen: Vandenhoeck & Ruprecht, S. 199–211.

3 Jugendliche Schülerinnen und Schüler als besondere Zielgruppe von Coachinggesprächen

Nachdem wir dargestellt haben, was wir unter Coaching und insbesondere Systemischem Coaching verstehen, möchten wir nun auf die Besonderheiten der Zielgruppe der Jugendlichen im Coaching eingehen. Sowohl aus theoretischen als auch empirischen Perspektiven zur Adoleszenz werden wir auf den folgenden Seiten verdeutlichen, welche Besonderheiten diese Lebensphase ausmachen und welche Konsequenzen sich hieraus für die Arbeit mit Jugendlichen als Zielgruppe von Coachingprozessen ergeben können. Dazu beleuchten wir zunächst die vielseitigen Entwicklungsaufgaben sowie körperliche, kognitive und emotionale Entwicklungsprozesse von Jugendlichen. Auf Forschungsbefunde zum Coaching mit Jugendlichen gehen wir anschließend ein. Zusammenfassend leiten wir hieraus Konsequenzen für die Gestaltung von Coachinggesprächen mit Jugendlichen ab, die wir abschließend nochmals zusammenfassen.

3.1 Entwicklungsaufgaben von Jugendlichen

Die Adoleszenz ist von zahlreichen Entwicklungsaufgaben und damit von großen Herausforderungen gekennzeichnet, die auch bei einem Coaching mit Jugendlichen berücksichtigt werden sollten, da sie sich häufig – zumindest implizit – in den Anliegen der Coachees widerspiegeln. Daher möchten wir an dieser Stelle auf einige Entwicklungsaufgaben von Jugendlichen eingehen. Dabei widmen wir uns ausgewählten entwicklungspsychologischen Perspektiven, aus denen Konsequenzen für Coachinggespräche mit jugendlichen Schülerinnen und Schülern abgeleitet werden können. Die folgende Übersicht (▶ Abb. 8) zeigt verschiedene Entwicklungsaufgaben in der Adoleszenz auf.

Das Zurechtfinden in diesen verschiedenen Lebenskontexten (▶ Abb. 9) zählt zu den zentralen Herausforderungen von jugendlichen Schülerinnen und Schülern. Sie bewegen sich in verschiedenen sozialen Systemen: ihrer Familie, der Peergroup, ersten romantischen Beziehungen, der Schule.

3.1 Entwicklungsaufgaben von Jugendlichen

BEZIEHUNG:
Engere Beziehungen zu einem Freund bzw. einer Freundin aufbauen.

PARTNERSCHAFT/FAMILIE:
Vorstellungen entwickeln, wie man die eigene zukünftige Familie bzw. Partnerschaft gestalten möchte.

SELBST:
Sich selbst kennenlernen und wissen, wie andere einen sehen, d.h. Klarheit über sich selbst gewinnen.

PEER:
Einen Freundeskreis aufbauen, d.h. zu Altersgenossen beiderlei Geschlechts neue, tiefere Beziehungen herstellen.

BERUF:
Überlegen, welche Ausbildung man ergreifen will und was man dafür können bzw. lernen muss.

ENTWICKLUNGSAUFGABEN IM JUGENDALTER

ROLLE:
Sich in der eigenen Rolle innerhalb der Gesellschaft zurechtfinden.

ABLÖSUNG:
Sich von den Eltern ablösen, d.h. von den Eltern unabhängiger werden.

WERTE:
Eine eigene Weltanschauung entwickeln: Nach welchen Werten und Prinzipien richtet man das eigene Handeln aus? Beruf.

ZUKUNFT:
Eine Zukunftsperspektive entwickeln: Sein Leben planen und Ziele ansteuern, von denen man annimmt, dass man sie erreichen kann.

KÖRPER:
Veränderungen des Körpers und des eigenen Aussehens akzeptieren.

Abb. 8: Entwicklungsaufgaben im Jugendalter (in Anlehnung an Wiethoff 2011, 23)

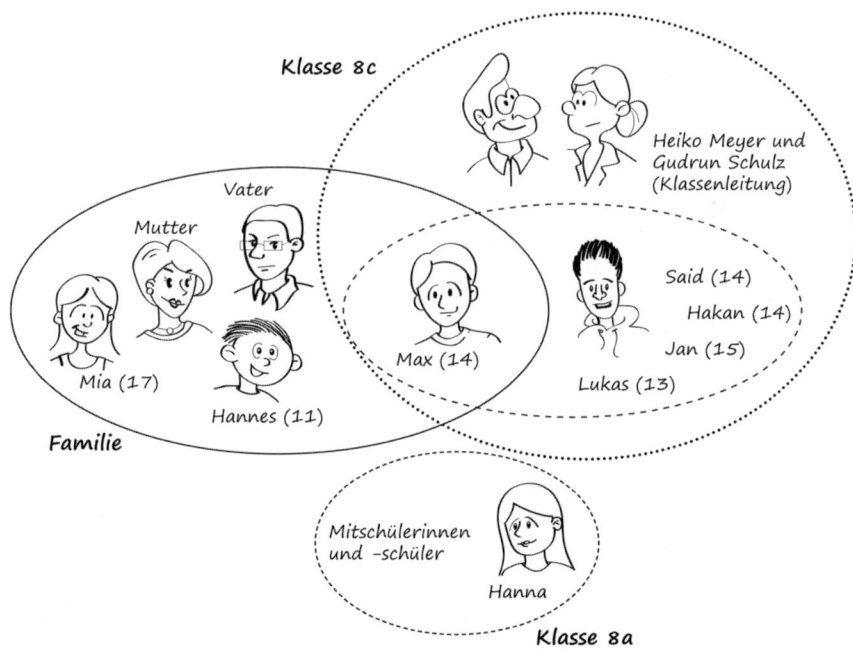

Abb. 9: Verschiedene Lebenskontexte (Systeme) von Max

In jedem dieser Bereiche stehen sie vor unterschiedlichen Herausforderungen. Hurrelmann und Quenzel (2016) sprechen von einer

> »übergeordnete[n] Schlüsselaufgabe des Jugendalters, die im Austarieren der persönlichen Individuation mit der sozialen Integration und in der darauf aufbauenden Bildung der Ich-Identität besteht« (ebd., 222).

Wir müssen uns klarmachen, dass in dieser Schlüsselaufgabe sich teilweise widersprechende Tendenzen enthalten sind. So findet z. B. in der eigenen Familie ein Bindungs- und gleichzeitig auch ein Ablösungsprozess statt. Hubrig und Herrmann beschreiben dies als »Dialektik von Bezogenheit und Autonomie« (Hubrig/Herrmann 2014, 39; vgl. auch Papastefanou 1995, 99ff.). Während die Jugendlichen in ihrer Entwicklung ihre Herkunftsfamilie als sehr wichtigen und zentralen Bezugspunkt empfinden und benötigen, stellen sie sich gleichzeitig einem Ablösungsprozess und lernen mit der eigenen Freiheit umzugehen (Weinberger/Papastefanou 2008, 33f.). Dieser besondere Prozess der »bezogenen Individuation« (Stierlin 1994, 159) lässt sich auf unterschiedlichste Beziehungen in dem in Abbildung 9 dargestellten System ausweiten, z. B. auch auf (erste) Paarbeziehungen sowie bestehende Freundschaften. So ist es auch für diese Arten der Beziehung wichtig, sich im Prozess der eigenen Individuation gleichzeitig immer wieder aufeinander zu beziehen, um das Verbindende zu bewahren.

In der Ausbildung von Selbstständigkeit besteht eine weitere zentrale Entwicklungsaufgabe von Jugendlichen, da sie übergreifend zu allen in Abbildung 8 dargestellten Aufgaben zu verstehen ist.

> »Das Konzept der ›handelnden Bewältigung von Entwicklungsaufgaben‹ ist zwar eine theoretische Perspektive. Sie läßt sich aber schwellenlos in die pädagogische Leitidee übersetzen, daß es im Prozeß der Entwicklung um eine immer stärkere ›Ermächtigung‹ der Person geht, selbstverantwortlich ihre Entwicklung zu gestalten« (Fend 2005, 205.).

In Bezug zu dieser Aussage sehen wir das Instrument Coaching – gerade in der klienten- und prozessorientierten Haltung des Coachs (▶ Kap. 2.4) – als einen geeigneten Ansatz zur Unterstützung von Jugendlichen bei der Bewältigung ihrer Entwicklungsaufgaben. Es kann ein wichtiges Unterstützungsformat sein, das den Jugendlichen Raum gibt, ihre eigenen Lösungswege zu finden und diese selbstständig zu erproben. Aktuell scheint solch ein Freiraum umso wichtiger zu sein. In einer von Pluralismus und hohem Obsolenztempo geprägten Gesellschaft bietet sich Jugendlichen die sehr

> »frühe Chance, eigene Wege zu gehen und einen höchst individuellen Lebensstil aufzubauen ... Zugleich steigen hiermit auch die Anforderungen an die persönlichen Kompetenzen der Lebensgestaltung und der Stabilisierung einer eigenen Identität« (Hurrelmann 1995, 44).

Bei diesen erhöhten Anforderungen können Jugendliche hilfreiche Unterstützung durch Erwachsene erfahren, die sich vom ›alltäglichen Belehren durch Ältere‹ abgrenzt und die Eigenverantwortung und Selbstwirksamkeit der Jugendlichen in den Mittelpunkt des Unterstützungsprozesses stellt. Gerade in der Schule als einem zentralen Lebenskontext von Jugendlichen (Fend 2005, 153) und somit einem zentralen Ort für die Bewältigung von Entwicklungsaufgaben, sollten Unterstützungsformate vorhanden sein, die jugendlichen Schülerinnen und Schülern das Finden dieses persönlichen Weges ermöglichen.

> »Feste Vorgaben für die Art und Weise der Bewältigung einer Entwicklungsaufgabe gibt es in den heutigen offenen, individualistischen Gesellschaften nicht. Jede und jeder einzelne Jugendliche kann vielmehr einen persönlichen Weg wählen, der den eigenen Voraussetzungen am besten gerecht wird« (Hurrelmann/Quenzel 2016, 223).

Durch diese Aussage bekommt die individuelle, klientenzentrierte Idee von Coaching gerade im Kontext von Entwicklungsaufgaben von Jugendlichen und der Ausbildung von Selbstständigkeit noch einmal eine besondere Bedeutung. Die Adoleszenten sollten in ihren individuellen Situationen ernst genommen und begleitet werden, ohne ihnen die Verantwortung für ihre Situation abzunehmen. Wie bereits in Kapitel 2.2.2 dargestellt ist dies ein wesentlicher Ansatz des systemischen Coachings. Dem Coachee sollen keine Lösungen übergestülpt werden:

> »Coaching bedeutet, andere Menschen zu unterstützen,
> - die Situation aus einer neuen Perspektive zu sehen
> - und selbst neue Lösungen zu finden« (König/Volmer 2012, 16).

Nimmt der Coach in der Zusammenarbeit mit jugendlichen Schülerinnen und Schülern diesen Ansatz ernst, werden Coachinggespräche eher den diversen Entwicklungsaufgaben von Jugendlichen – vor allem unter dem Aspekt der Individuation – gerecht. John Whitmore fasst in diesem Kontext jedoch eine wesentliche Herausforderung – gerade für Lehrpersonen – zusammen: »Es ist vermutlich schwieriger, das Unterweisen aufzugeben, als das Coaching zu lernen« (Whitmore 2011, 17). Auf das hier angesprochene Rollendilemma der Lehrer- vs. Coach-Rolle gehen wir in Kapitel 4 ausführlich ein.

3.2 Körperliche, kognitive und emotionale Entwicklung von Jugendlichen

Jugendliche Coachees gehen teilweise mit einer grundlegenden Unsicherheit in Coachinggespräche mit Erwachsenen. Da Erwachsene einen Wissens- bzw. Entwicklungsvorsprung haben, können sich die Jugendlichen in Gesprächen unterlegen fühlen. Erwachsene sind bspw. kompetenter im Führen von Gesprächen und erfahrener im Umgang mit Herausforderungen (Weinberger/Papastefanou 2008, 21). Dies kann auch dazu führen, dass Jugendliche ungern oder erst bei sehr hohem Leidensdruck ein Coaching aufsuchen. Daher sollten wir uns als Coachs zumindest in Grundzügen mit unterschiedlichen Entwicklungsständen von Jugendlichen auseinandersetzen, um ihnen im Coaching gerecht werden zu können. Betrachtet man den durchschnittlichen kognitiven und emotionalen Entwicklungsstand von Adoleszenten, wird deutlich, dass jugendliche Gesprächspartner von den Voraussetzungen her zumeist in der Lage sind, einen Meta-Blick auf die eigenen Handlungen zu werfen und eigenständige Problemlösungen zu entwickeln. Gleichermaßen sollte der Coach aber auch im Blick haben, dass diese Kompetenzen im Aufbau sind (z. B. Knafla et al. 2016, 32ff.). Im Coaching mit Jugendlichen sollten wir daher offen, sensibel und individuell mit den Jugendlichen arbeiten, sie aber nicht unterschätzen. Die folgenden Ebenen der Entwicklung in der Adoleszenz sollte der Coach berücksichtigen, da sie den Verlauf eines Coachings, je nach Entwicklungsstand des Jugendlichen, wesentlich beeinflussen können.

> Wir gehen nun auf ausgewählte Aspekte ein, die den Entwicklungsstand in der Adoleszenz charakterisieren. Dabei handelt es sich jedoch nicht um einen Stand im wörtlichen Sinn. Die körperliche, kognitive und emotionale Entwicklung von Jugendlichen ist als individueller Prozess zu verstehen, der sich ca. über den Zeitraum vom 12. bis 19. Lebensjahr entfaltet (Silbereisen/Weichold 2012). Wie alle Prozessmodelle der menschlichen Entwicklung verläuft auch die Adoleszenz nicht linear. Die Individualität jedes bzw. jeder einzelnen Jugendlichen ist dabei immer zu beachten.

3.2.1 Jugendliches Denken

Jugendliche entwickeln in der Adoleszenz viele für einen Coachingprozess zuträgliche kognitive Fähigkeiten. Diesbezüglich fasst Fend (2005, 125ff.) Besonderheiten zusammen, welche die Entwicklung im Denken Jugendlicher ausmachen. Hierzu gehört die Fähigkeit, in Möglichkeiten und abstrakten Begriffen zu denken. Die Jugendlichen können über mehrere mögliche Realitäten nachdenken und sich so von ihrer aktuell ›existierenden‹ Realität lösen. Diese Fähigkeit ist wichtig für die Entwicklung von möglichen alternativen Handlungsweisen und Lösungsideen im Sinne eines flexiblen Systemverständnisses durch die jugendlichen Coachees.

Zudem entwickelt sich eine »Dezentrierung des Denkens« (ebd., 126). Jugendliche können nun zwischen dem eigenen und dem Denken anderer Personen unterscheiden. So wird es möglich, sich in die Sichtweise anderer hineinzuversetzen, die Handlungen anderer einzuordnen etc. Mit diesen Entwicklungen hängt auch die Fähigkeit der Jugendlichen zusammen, eigene Gedanken zu reflektieren und diese von den Gedanken anderer (über den Jugendlichen) zu unterscheiden. Solche metakognitiven Möglichkeiten sind für Coachingprozesse zuträglich:

> »Metakognition ist die Bedingung für die Fähigkeit zur Introspektion und Selbstreflexion und fördert den Erwerb wirksamer Strategien zum Wissenserwerb und Problemlösen« (Weinberger/Papastefanou 2008, 28).

Die letzte Besonderheit, die Fend beschreibt, ist die neu entwickelte Fähigkeit, »der Realität gegenüber einen kritischen Standpunkt einzunehmen« (Fend

2005, 127). Diese Entwicklungsebene ist eine Voraussetzung, um im Coaching die eigene Perspektive kritisch zu reflektieren, Sichtweisen auf die eigene Wahrnehmung zu verändern und so einen Perspektivwechsel bzw. eine Perspektiverweiterung anstreben zu können.

3.2.2 Entwicklung der eigenen Identität

Durch die eben beschriebenen Entwicklungen im Denken von Jugendlichen kommt es zur (Weiter-)Entwicklung der eigenen Identität und des Selbstkonzepts:

> »Die neuen Möglichkeiten der Selbstreflexion, die zunehmende Einbindung in Peergroups und die Neigung, durch große Experimentierfreude neue Verhaltensweisen zu versuchen, bieten vielfältige Möglichkeiten, Perspektiven für eine Identität zu entwickeln« (Knafla et al. 2016, 38).

Dies birgt Chancen, zugleich aber auch Herausforderungen für Jugendliche. Die kognitive Selbstwahrnehmung wird differenzierter, es kommt aber auch verstärkt zu sozialen Vergleichsprozessen mit anderen Personen, die auf affektiver Ebene zu Schwankungen im Selbstwertgefühl führen können (Weinberger/Papastefanou 2008, 32f.). Durch die parallel verlaufende kognitive und körperliche Entwicklung geht die Adoleszenz einher mit zum Teil großer Unsicherheit und Selbstzweifeln. Im Kontext eines Coachings scheint eine tragende Beziehung zum Coach also umso wichtiger für jugendliche Coachees. Durch eine tragfähige und unterstützende Beziehung erfahren Jugendliche (Selbst-)Sicherheit und können so leichter an der Entwicklung des eigenen Selbst weiterarbeiten.

3.2.3 Soziale Kompetenzen

Im Jugendalter wächst die Bedeutung der Peergroup stark an. Gleichzeitig entwickelt sich, wie oben bereits beschrieben, die empathische Fähigkeit, sich in das Gegenüber hineinzuversetzen. Mit solchen neuen Fähigkeiten lernen die Jugendlichen in ihrer Peergroup Kooperationsfähigkeit, die Wichtigkeit sozialer Regeln, den kooperativen Umgang mit Konflikten etc. (Weinberger/Papastefanou 2008, 34). Zudem bewegen sich Jugendliche zunehmend in symmetrischen Peerbeziehungen. Neben der Funktion eines ›sozialen Übungsfeldes‹ nehmen erste Paarbeziehungen und die Peergroup aber auch eine soziale Unterstützungsfunktion ein. Die Jugendlichen tauschen sich mit Gleichaltrigen über ihre Fragen und Probleme aus und öffnen sich ihnen gegenüber eher als Erwachsenen – »zumindest bei Fragen der Freizeitgestaltung und bei intimen Themen« (ebd., 34). Im Kontext von Coachinggesprächen muss sich der Coach daher klarmachen, dass die Jugendlichen nicht mit jedem Thema offen in Gespräche mit erwachsenen Coachs gehen, sondern für bestimmte Themen eher die Peergroup als Ansprechpartner nutzen werden. Im Coaching bietet die Suche nach

Unterstützungsmöglichkeiten innerhalb der Peergroup daher u. U. eine große Chance.

3.2.4 Emotionale Entwicklung

Aufgrund der körperlichen und kognitiven Entwicklungen haben es Jugendliche gehäuft mit starken Emotionsschwankungen zu tun (Holodynski/Oerter 2012, 511). Erschwerend kommt hinzu, dass sie erst während der Adoleszenz sukzessive eine Emotionsregulation und den Umgang mit diesen Gefühlen lernen. Gleichzeitig besteht nach außen hin der Drang die Emotionen eher zu verstecken und cool zu wirken (Weinberger/Papastefanou 2008, 35). Dieses Auf und Ab kann sich im Coachinggespräch auf verschiedene Weisen zeigen, von einer großen Verschlossenheit bis hin zu aufbrausenden Emotionen. Entsprechende Situationen innerhalb eines Coachings sollten im Kontext der körperlichen, geistigen sowie emotionalen Entwicklung eingeordnet werden. Wenn Jugendliche also z. B. sehr emotionslos über eine herausfordernde Situation berichten oder, im Gegenteil dazu, mit stärkerer Emotion reagieren, als es der Coach in dieser Situation erwartet, sollte die besondere entwicklungsbezogene Lage berücksichtigt werden.

> Für einen tiefergehenden Überblick über die Lebensphase ›Jugend‹ und die Entwicklungsaufgaben von Jugendlichen aus psychologischer und soziologischer Sicht empfehlen wir folgende Literatur:
>
> Fend, H. (2005): Entwicklungspsychologie des Jugendalters (3. Aufl.). Wiesbaden: VS, S. 210ff.
> Hurrelmann, K./Quenzel, G. (2016): Lebensphase Jugend: Eine Einführung in die sozialwissenschaftliche Jugendforschung (13. Aufl.). Weinheim/München: Beltz Juventa.
> Pinquart, M./Silbereisen, R. K. (2002): Persönlichkeitsentwicklung im Jugendalter. In: Jüttemann, G./Thomae, H. (Hrsg.): Persönlichkeit und Entwicklung. Weinheim/Basel: Beltz, S. 103ff.
> Siegler, R./Eisenberg, N./De Loache, J./Saffran, J. (2016): Entwicklungspsychologie im Kindes- und Jugendalter (4. Aufl.) Berlin/Heidelberg: Springer.
> Silbereisen, R. K./Weichold, K. (2012): Jugend (12–19 Jahre). In: Schneider, W./Lindenberger, U. (Hrsg.): Entwicklungspsychologie (7. Aufl.). Weinheim/Basel: Beltz, S. 235–258.
> Weinberger, S./Papastefanou, C. (2008): Wege durchs Labyrinth. Personzentrierte Beratung und Psychotherapie mit Jugendlichen. Weinheim/München: Juventa, S. 21–37.

3.3 Forschungsbefunde zum Coaching mit Jugendlichen

In den letzten 20 Jahren hat sich die empirische Forschung zunehmend mit dem Thema Coaching beschäftigt. Dabei geht es meistenteils um die klassische Form des Führungskräftecoachings (z.B. Greif 2008; Künzli 2013; Böning/Kegel 2015; Wegener et al. 2016; 2016a). Zum Coaching mit der besonderen Zielgruppe der jugendlichen Schülerinnen und Schüler ist die empirische Datenbasis noch nicht allzu breit (Wiethoff 2011, 32ff.; 104ff.). Einzelne Studien zeigen allerdings spezielle Erfolgs- und Wirkfaktoren für diese Zielgruppe auf. An dieser Stelle werden zentrale Ergebnisse und Konsequenzen – meistenteils aus Sicht der Coachees selbst – für Coachings mit Jugendlichen dargestellt.

Im Vergleich zu den Ergebnissen der (Führungskräfte-)Forschung mit erwachsenen Coachees fällt auf, dass zentrale Wirkfaktoren auch für Coachings mit Jugendlichen zu gelten scheinen. So finden sich bspw. die *Beziehungsqualität* sowie die *Passung* zwischen Coach und Coachee als zentrale Erfolgsfaktoren von Coachings mit Jugendlichen sowie mit Erwachsenen (z.B. Wiethoff 2011, 120ff.; Greif 2008, 263ff.). Besondere Erfolgsfaktoren, die v.a. im Zusammenhang von Coachings mit Jugendlichen erhoben wurden, sollen hingegen die *soziale Unterstützung* durch den Coach, die Expertenberatung sowie Coachings durch eine *externe Person* (im Vergleich zur eigenen Lehrperson) sein (z.B. Wiethoff 2011, 32ff.; 101ff.). Im Folgenden werden diese besonderen Wirkfaktoren von Coachings mit Jugendlichen näher vorgestellt.

3.3.1 Beziehungsqualität: Haltung des Coachs sowie Passung zwischen Coach und Coachee

> »Die Verbindlichkeit, mit der die Jugendlichen sich auf den Prozess einlassen, beruht auf dem Vertrauensverhältnis und der gegenseitigen Wertschätzung von Coach und Coachee« (Kühling/Knauer 2006, 12).

So bewerten Jugendliche eine positive, vertrauensvolle Beziehung zum Coach als wichtige Voraussetzung und wichtiges Merkmal erfolgreicher Coachingprozesse (z.B. ebd., 12; Helmken 2007, 118). Von den Äußerungen der befragten Coachees lassen sich zum Aufbau einer solchen Beziehung die folgenden Kompetenzen des Coachs als bedeutsam ableiten (Kühling/Knauer 2006, 7ff.): Zum einen nimmt der Coach entsprechend den Therapeutenvariablen nach Rogers (2016) eine Haltung von Akzeptanz, Empathie und Kongruenz ein. Zum anderen beschreiben jugendliche Coachees, die an einem Projekt zum Coaching beim Übergang von der Schule in die Ausbildung teilgenommen haben, dass für eine positive Beziehung im Coaching die Offenheit des Coachs wichtig ist und mit einer guten Beziehung auch die Aufgeschlossenheit der jugendlichen Coachs zu begründen ist (Wiethoff 2011, 109f.). Des Weiteren stellen Kühling und Knauer (2006, 8) das Auswahlprinzip durch die jugendlichen Coachees als zentral heraus, d. h. die Entscheidung, mit welchem Coach die jugendlichen Schülerinnen und Schüler arbeiten, sollte bei ihnen selbst liegen.

Auf den Aspekt› was im Coaching für eine gute Beziehungsgestaltung getan werden kann, wird in Kapitel 5.1 weiterführend eingegangen.

3.3.2 Soziale Unterstützung durch den Coach

In der Befragung jugendlicher Coachees im Projekt ›Erfolgreich in Ausbildung‹ weisen die Schülerinnen und Schüler auf den von ihnen positiv eingeschätzten Aspekt der sozialen Unterstützung durch ein Coaching hin (Wiethoff 2011, 111ff.). Im Anschluss an das Verständnis sozialer Unterstützung (Social Support) nach House (1983) werden vier Arten unterschieden: emotionale, interpretativ-rückmeldende, instrumentell-materielle sowie informatorisch-beratende Unterstützung. Die befragten Schülerinnen und Schüler nannten v. a. Beispiele, die sich den ersten beiden Formen zuordnen lassen.

Emotionale Unterstützung. Die befragten Jugendlichen berichten von einer ermutigenden und motivierenden Wirkung des Coachings und davon, dass es ihnen hilft, eine Bezugsperson zu haben, die sich bei bestimmten Themen – in diesem Fall beim Übergang in eine Ausbildung – Zeit für sie nimmt. Die Coachees schreiben den Coachings eine Wirkung zu, die sie »auch persönlich aufgebaut [hat]« (Wiethoff 2011, 113). Auch durch eine Schulleitung im Projekt wurde dieser Eindruck bestätigt, da sich die Schülerinnen und Schüler aus deren Perspektive aufgehoben fühlten »bei einer Person, die sie kennen und die sich für sie einsetzt« (ebd.).

Interpretativ-rückmeldende Unterstützung. Die jugendlichen Coachees bewerten es größtenteils als positiv, ehrliches Feedback im Hinblick auf ihre erarbeiteten Lösungen durch den Coach zu bekommen. So schätzen die Jugendlichen an einem Coach eine ehrliche Rückmeldung bezüglich ihrer Möglichkeiten im Kontext ihrer Berufsorientierung: »Der Übergangscoach sagt schon ehrlich, was geht und was nicht« (ebd., 114). Gleichzeitig ist für sie aber auch die motivierende Haltung im Sinne des folgenden Zitats bedeutsam: »Aber der lässt einen auch nicht so hängen und sagt: ›Wenn du das willst, dann schaffst du das auch…‹« (ebd.).

3.3.3 Expertenberatung

Es gibt Hinweise aus Gruppendiskussionen und Interviews mit jugendlichen Coachees, dass der Faktor ›Expertenberatung‹ für sie eine größere Rolle spielt, als es in der einschlägigen Coachingliteratur (z. B. König/Volmer 2012, 62f.) der Fall ist (z. B. Helmken 2007, 113f.; Wiethoff 2011, 104ff.). Vor allem aber beim Coaching mit Jugendlichen ist es wichtig zu beachten, dass Expertenberatung in einem Coachingprozess die Gefahr birgt, dem Coachee Lösungen überzustülpen. Dies kann gerade dann passieren, wenn Ratsuchende auf Ratschläge und Lösungsansätze seitens des Coachs warten. Im Unterschied hierzu erachten jugendliche Coachees den Aspekt der Expertenberatung jedoch als wichtig (z. B. Helmken 2007, 114; Wiethoff 2011, 107). Für ein Coaching mit Jugendlichen ist eine Fachkompetenz in Bezug auf den Inhalt der Problembewältigung beim Coach daher in jedem Fall hilfreich (Pool Maag/Baumhoer-Marti 2016, 130ff.). Im Sinne eines Prozesscoachings sollte allerdings die Erwartungshaltung eines jugendlichen Coachees in Bezug auf durch den Coach vorgeschlagene Lösungsideen thematisiert werden, damit Lösungsvorschläge nicht einfach unreflektiert übernommen werden. Nähere Ausführungen hierzu sind in Kapitel 5.3 zu finden.

3.3.4 Coach als neutrale, externe Person

Die Vor- bzw. Nachteile externer versus interner Coachs werden in der einschlägigen Literatur kontrovers diskutiert (z. B. Lippmann 2013a, 96ff.; Migge 2018, 39ff.; König/Volmer 2012, 247ff.; Schnebel 2017, 177ff.). Zahlreiche Aussagen jugendlicher Coachees sowie deren Coachs belegen, dass die eigenen Lehrpersonen nicht als geeignete Berater resp. Coachs gesehen werden (Helmken 2007, 123; vgl. auch Wiethoff 2011, 108f.). Ein Grund hierfür wird in der Abwesenheit des Drucks gesehen, dass die Schülerinnen und Schüler sich »irgendwie notenrelevant ... verhalten« (Wiethoff 2011, 108) müssen. Zudem sehen Lehrpersonen die Neutralität, die aus ihrer Perspektive mit ihrer Rolle einhergeht, gefährdet. Durch die Teilhabe an zu persönlichen Informationen über die Jugendlichen sei diese Neutralität beeinflusst, was ein Hindernis für die zusätzliche Funktion als Coach darstelle (ebd., 108).

Kühling und Knauer (2006) formulieren explizit, dass

> »Coachs und Coachees über das Coachingverhältnis hinaus durch keine andere institutionelle Klammer verbunden sein [sollten]. Diese führt sonst mit hoher Wahrscheinlichkeit zu Rollenkonfusion und Rollenüberlappung. Sie steht dem Auswahlprinzip durch den Coachee entgegen und sie schafft Vertrauensbarrieren« (Kühling/Knauer 2006, 12).

Ein Coaching durch Lehrpersonen kann dennoch möglich bzw. sehr sinnvoll sein (ebd., 8). Die oben benannte Rollenkonfusion und -überlappung ist zwar eine zentrale Herausforderung beim Coaching mit Schülerinnen und Schülern durch eine schuleigene Lehrperson, macht ein Coaching durch diesen Personenkreis aber nicht unmöglich. Den Fragen, was für eine gelingende Umsetzung von Coachings durch Lehrkräfte bedeutsam ist und welche Herausforderungen durch solche internen Coachs an Schulen entstehen, widmen wir uns ausführlich in Kapitel 4.

3.4 Konsequenzen für die Gestaltung von Coachinggesprächen mit Jugendlichen

Aus den bisherigen Erkenntnissen dieses Kapitels zu den Entwicklungsaufgaben sowie Entwicklungsphasen von Jugendlichen und die Benennung grundlegender Forschungsbefunde zum Coaching mit Jugendlichen lassen sich Konsequenzen für die Gestaltung von Coachingprozessen ableiten. Diese werden abschließend vorgestellt.

3.4.1 Gespräch auf Augenhöhe und Zutrauen in die Gesprächskompetenz der Jugendlichen

Coaching sollte immer als Dialog auf Augenhöhe stattfinden, in dem dominante Strukturen vermieden werden (Knafla et al. 2016, 46). Mit Rogers (2016) gesprochen, sollen Jugendlichen Akzeptanz und Wertschätzung entgegengebracht und sie sollen »... als eigenständige Person gehört und wichtig genommen werden« (Langer/Langer 2005, 69). Somit muss sich ein Coach individuell und offen auf den jeweiligen Coachee einlassen. Dies sollte sich auch sprachlich widerspiegeln. Im Gespräch sollten Formulierungen nicht zu lang und kompliziert sein. Vielmehr sollte sich der erwachsene Coach dem Sprachniveau der Jugendlichen anpassen, ohne es zu übernehmen oder zu imitieren. Dies könnte zu einer Irritation führen, da die Jugendlichen ihre Jugendsprache zur Abgrenzung von den Erwachsenen nutzen (Weinberger/Papastefanou 2008, 37). In diesem Zusammenhang kann die Gesprächstechnik des Pacings auf sprachlicher Ebene hilfreich sein (▶ Kap. 5.1.2).

Hinzu kommt ein zweiter wesentlicher Aspekt: Jugendliche müssen im Coaching als kompetente Gesprächspartner wahr- und angenommen werden. Sie können zumeist über sich selbst und die Beziehung zu anderen reflektieren und differenziert ihre Gefühle und Gedanken verbalisieren (ebd., 36). Aus entwicklungspsychologischer Perspektive erlangen Jugendliche sukzessive die Kompetenz, sich selbst sowie die Beziehung zu anderen zu reflektieren. Hierfür muss der erwachsene Coach dem jugendlichen Coachee den nötigen Freiraum einräumen.

> »So werden Jugendliche Angebote nur dann annehmen, wenn diese ihre zentralen Anliegen und Bedürfnisse berücksichtigen. Kompetenz, Vertrauen, Bindung, Charakterstärken und Sorge für andere ... sind die Kernkonzepten der positiven Jugendpsychologie« (Steinebach 2013, 53).

Wenn sich eine jugendliche Person auf ein Coaching einlässt, kann davon ausgegangen werden, dass sie oder er einem längeren Gesprächsverlauf folgen kann. Allerdings sollte beachtet werden, dass »Jugendliche schnell die Lust [verlieren], wenn das Gespräch nicht abwechslungsreich gestaltet oder nicht hinreichend auf ihre Bedürfnisse eingegangen wird« (Weinberger/Papastefanou 2008, 37). Indem der Coach auch methodisch auf die Bedürfnisse des Coachees eingeht, trägt dies zum einen zu einer guten Beziehung bei und steigert zum anderen ggf. die Attraktivität des Coachingprozesses selbst. Dementsprechend spielt auch die methodische Kompetenz des Coachs – gerade im Kontext längerer Coachingprozesse – eine zentrale Rolle.

3.4.2 Coaching als soziale Unterstützung

Coaching, einhergehend mit dem Aufbau einer positiven Beziehung zum Coachee, wird von Schülerinnen und Schülern als soziale Unterstützung empfunden und positiv eingeschätzt. Das heißt, dass die Erarbeitung von Lösungen einen wichtigen Teil des Coachings ausmacht, aber nicht das einzige wichtige Resultat eines Coachinggesprächs sein muss. Bleiben Lösungsideen in Bezug auf das Problem eines Coachees aus, entsteht für den Coach schnell der Eindruck, nicht erfolgreich gewesen zu sein. Dieser Eindruck muss sich aber keinesfalls zwangsläufig mit der Wahrnehmung des Coachees decken. In solchen Situationen ist es hilfreich, sich noch einmal auf wesentliche systemische Grundsätze zu besinnen. In dem Gedanken, dass wir den prozesshaften Charakter von systemischen Coachings und den Coachee als Experten für seine Situation in den Mittelpunkt stellen, können wir uns klarmachen, dass Veränderungen beim Jugendlichen stattfinden, ohne dass sie vom Coach wahrgenommen werden. Allein der (v. a. emotionale) Rückhalt durch den Coach stellt für viele jugendliche Coachees einen wichtigen Mehrwert des Gesprächsverfahrens und ggf. einen ersten Schritt zu kleinen oder größeren Veränderungen in seinem bzw. ihrem Verhalten dar.

3.4.3 Entwicklung zwischen Individuation und Integration

Ein Coach sollte realisieren und akzeptieren, dass sich Jugendliche permanent zwischen Individuation und Integration bewegen. Sie können in verschiedenen Situationen die Unterstützung von Erwachsenen gebrauchen und greifen auch darauf zurück, allerdings kann es auch zu Situationen kommen, in denen sie lieber Distanz zu den Erwachsenen aufbauen und Fragen zunächst mit den Peers besprechen möchten. Daher sollte der Coach sich nicht zwangsläufig über Distanzierungen – zumindest temporärer Art – wundern. »Manchmal geht es auch darum, Abstandsbewegungen auszuhalten« (Rönnau-Böse/Fröhlich-Gildhoff 2015, 112). Neben einer distanzierten Haltung bzw. dem Unterdrücken oder Verleugnen von Emotionen kann es bei jugendlichen Coachees aber auch recht unerwartet zu Gefühlsausbrüchen kommen. Beides sollte immer im Zusammenhang mit der Entwicklungsphase der Adoleszenz mit allen genannten Herausforderungen eingeordnet und nicht unreflektiert allein auf den einzelnen Coachingprozess projiziert werden. Umso wichtiger erscheint in solchen Momenten die Erinnerung an wesentliche Prinzipien professionellen Coachings, wie die Freiwilligkeit und die Autonomie im Coachingprozess, sowie eine empathische Haltung des Coachs.

3.4.4 Bereitstellung von Informationen

Jugendliche erwarten von erwachsenen Coachs häufig Expertenratschläge. Das Bereitstellen von Informationen, wie bspw. Lösungsvorschlägen, kann somit durchaus angebracht und wichtig für den Coachingprozess sein. Die Prozessberatung im Gedanken einer prozessorientierten Unterstützung durch den Coach darf in diesem Zusammenhang aber keinesfalls vernachlässigt werden. Die jugendlichen Coachees können dazu tendieren, Lösungen schnell zu übernehmen, wenn sie von einem vermeintlichen Experten vorgeschlagen werden. Dies führt nicht zu einer Förderung der Problemlösekompetenz der Jugendlichen, sondern viel eher zu einer Enttäuschung bzw. Frustration über das Coaching an sich, wenn die vorgegebene Lösung nicht im Sinne des Jugendlichen funktioniert. Trotz disparater empirischer wie auch theoretischer Hinweise sollte der Coach u. E. in der Zusammenarbeit mit jugendlichen Coachees also keine reine oder im Vordergrund stehende Expertenberatung anbieten, sondern vielmehr bewusst und punktuell als Experte agieren. Coaching darf nicht zu einem reinen ›Ich-sag-dir-wie's-geht‹ werden – auch wenn einige Schülerinnen und Schüler dies explizit als Erwartung formulieren. Schülerinnen und Schüler sollten in unserem Verständnis im Coaching als selbstständige Personen voller Ressourcen zum Umgang mit herausfordernden Situationen ernst genommen werden (vgl. Haltung des Vertrauens, ▶ Kap. 2.4.2).

3.4.5 Absprachen und Rollenklarheit

Gerade wenn Lehrpersonen in ein Coachinggespräch mit einer Schülerin bzw. einem Schüler treten, gehen die jugendlichen Coachees häufig von Regeln und Beziehungsdefinitionen aus, die sie aus dem Unterricht mit dieser Lehrperson kennen und gewohnt sind, die aber nicht zwangsläufig für ein Coachingsetting gelten sollten. Das unterrichtliche Rollenbild ist dabei meistens von Komplementarität und Hierarchie gekennzeichnet, Regeln sind bspw., dass die Lehrperson einen Wissensvorsprung hat und diesem Wissen Folge zu leisten ist. Im Coachinggespräch sollen aber andere Voraussetzungen gelten. Wichtig ist also, dies zu Beginn des Prozesses deutlich zu machen: »… die Jugendlichen müssen wissen, was Ziele der Beratung [bzw. des Coachings] sind, welche Methoden eingesetzt werden, wer welche Rolle innehat und ganz allgemein welche Spielregeln gelten« (Knafla et al. 2016, 50). Hiermit wird klaren Absprachen über das Vorgehen im Coaching und vor allem der Rolle des Coachs in Abgrenzung von der Rolle der Lehrperson ein großer Wert zugesprochen. Daher widmen wir das gesamte nächste Kapitel der Frage, wie Coachings mit Schülerinnen und Schülern durch die eigenen Lehrpersonen – u. a. unter dem Aspekt der Rollenklarheit – durchgeführt werden können bzw. welche Möglichkeiten und Herausforderungen dies mit sich bringt.

4 Die Lehrperson als Coach

In diesem Kapitel gehen wir auf den Konflikt ein, der innerhalb einer Person zwischen der Rolle als Lehrperson auf der einen und der Rolle als Coach auf der anderen Seite besteht. Dieser Rollenkonflikt kann Coachings mit Schülerinnen und Schülern wesentlich beeinflussen, wurde aber lange Zeit in der einschlägigen Literatur zu Beratung und Coaching mit Jugendlichen nicht oder nur am Rande behandelt. Allerdings wird ihm zunehmend größere Aufmerksamkeit geschenkt (z. B. Bennewitz 2016, 206; Perkhofer-Czapek/Potzmann 2016). Nachdem wir für die Problematik sensibilisieren, möchten wir im Anschluss Vorschläge zum Umgang mit dieser Herausforderung vorstellen.

4.1 Rollendiffusion Lehrperson vs. Coach

Um den Rollenkonflikt zwischen Coach und Lehrperson im Detail zu betrachten, möchten wir in einem ersten Schritt aufgreifen, was unter Rolle und insbesondere unter der Lehrerrolle zu verstehen ist:

> »In Anlehnung an die soziologische Rollentheorie wird die Lehrerrolle ... durch die Summe der öffentlichen Verhaltenserwartungen unterschiedlicher Bezugsgruppen konstituiert. Die Erwartungen und die ihnen zugrunde liegenden Interessen sind heterogen und können widersprüchlich sein, sodass aufgrund unterschiedlicher Erwartungen Intra-Rollenkonflikte entstehen« (Rothland 2013, 30).

Hier wird ›Rolle‹ aus der Perspektive der Erwartungen von Gesellschaft an bestimmte Rollen – hier die Lehrerrolle – definiert. Es ist zu entnehmen, dass sich aus unterschiedlichen Erwartungen an die Lehrerrolle zahlreiche, teils divergierende Rollenbestandteile oder Rollensektoren (z. B. Jung-Strauß 2000, 114) ergeben.

Rollenerwartungen, wie die hier dargestellten, sind nicht immer einfach miteinander zu vereinbaren, so dass »Rollenkonflikte und Handlungsdilemmata ... zum Berufsalltag von Lehrerinnen und Lehrern [gehören]« (Perkhofer-Czapek/Potzmann 2016, 35). Je konträrer die Erwartungen an eine Lehrperson sind, desto größer ist der Rollenkonflikt, den die Lehrperson, an die sich die Erwartungen richten, durchlebt. Hier kann noch einen Schritt weitergegangen werden. Mit einem ganz zentralen pädagogischen Dilemma sind Lehrerinnen

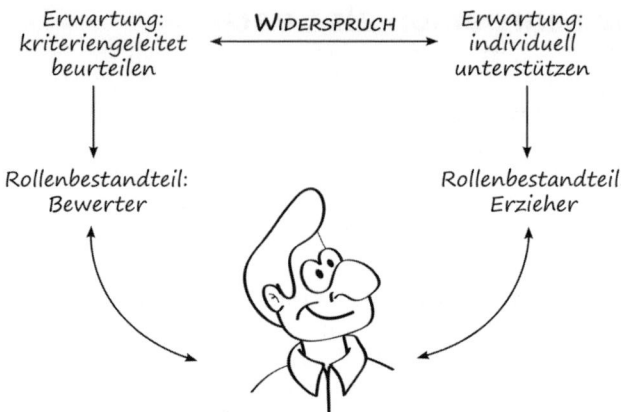

Abb. 10: Divergierende Rollenbestandteile der Lehrerrolle

und Lehrer unabhängig von einzelnen Personen, sondern vielmehr schon durch die verschiedenen Erwartungen an das schulische System konfrontiert. Es gibt eine

> »zumindest aus pädagogischer Sicht ungeklärte Doppelfunktion der Schule ..., einerseits wirtschaftlichen und staatlichen Interessen zuzuarbeiten und andererseits eine allgemeine Bildung und damit eine weitgehend autonome und selbstbestimmte Lebensführung der Heranwachsenden zu ermöglichen« (Schratz/Schrittesser 2011, 184).

Unter wirtschaftlichen und staatlichen Interessen verstehen Schratz und Schrittesser an dieser Stelle das Bestreben von Schule, junge Menschen durch ihre Ausbildung zu Personen zu erziehen, die sich möglichst problemlos in die Gesellschaft integrieren lassen und sich in ihr zurecht finden. Dieses Bestreben kann jedoch ggf. einer absolut freien und am Individuum orientierten Entfaltung der Schülerinnen und Schüler – z. B. in Bezug auf die Berufswahl als Musikerin oder Schauspieler – entgegenstehen. Diese Doppelfunktion und der daraus resultierende Rollenkonflikt spitzt sich für Lehrpersonen, die ihre Schülerinnen und Schüler coachen wollen, in besonderer Form zu, denn ein Coach soll seine Coachees darin unterstützten, sich zu autonomen Persönlichkeiten zu entwickeln und eigene Entscheidungen treffen zu können.

Darüber hinaus beschreiben Bachmair et al. (2014) den Rollenkonflikt für Lehrpersonen im Kontext von Beratungen und Coachings auf einer ähnlichen Ebene:

> »Die erworbene Berufsrolle des Lehrers und sein Selbstverständnis als professioneller ›Belehrer‹ hindern ihn geradezu [daran] ein guter Berater zu sein ... Die pädagogische Funktion des Lehrers legt fest, dass er ›im Besitz von Wissen‹ dieses an andere weiterzugeben hat. Diese primäre Funktion des ›Belehrens‹ fließt auch in die Art der Beratungsgespräche, die er mit Schülern oder deren Eltern führt, ein« (ebd., 11).

Hier wird darauf hingedeutet, dass Lehrerinnen und Lehrer grundsätzlich vor dem Problem stehen, die belehrende Ebene als Person mit Fachexpertise aus Beratungen herauszuhalten. Zudem steht nicht nur der belehrenden Rolle die der

Rolle eines Coachs gegenüber. Auch die der bewertenden Person lässt sich nicht ohne weiteres mit den dargestellten Haltungen eines Coachs und den Merkmalen von Coaching (▶ Kap. 2) vereinbaren. Allerdings werden die Bereiche Beurteilen und Beraten in den Standards für die Lehrerbildung von der Kultusministerkonferenz klar als Kompetenzbereiche ausgewiesen. In diesem Kontext fällt folgender Satz besonders auf:

> »Die Absolventinnen und Absolventen [in der Lehrerbildung, Anm. d. Verf.] ... setzen unterschiedliche Beratungsformen situationsgerecht ein und unterscheiden zwischen Beratungsfunktion und Beurteilungsfunktion« (KMK 2014, 11).

Der hier beschriebene Kompetenzbereich entkräftet die von Bachmair et al. (2014, s. o.) aufgestellte These gewissermaßen. Auch wenn die genannten Widersprüche im Kern bestehen bleiben, muss festgestellt werden, dass nach den KMK-Standards (2014) grundsätzlich jede Lehrperson die Fähigkeit besitzen sollte, sowohl beratend als auch beurteilend aktiv zu werden. Lehrpersonen wird somit neben der Lehrenden- und Beurteilenden-Rolle auch die Beratenden-Rolle zugeschrieben (z. B. BASS 2016/2017, 12-21 Nr. 4, MSW NRW 2016). Außerdem kann dem oben genannten Zitat entnommen werden, dass diese beiden Rollenaspekte bewusst voneinander unterschieden werden sollen. Hieraus wird deutlich, dass sich Lehrpersonen, auch wenn sie nicht explizit coachen wollen, zumindest mit ihrer Rollenvielfalt auseinandersetzen müssen und eine reflektierte Auseinandersetzung mit ihren verschiedenen Rollen(bestandteilen) zu den Kompetenzen von Lehrpersonen gehört (Perkhofer-Czapek/Potzmann 2016, 37).

Daher lohnt es sich aus unserer Perspektive im Zusammenhang dieser Diskussion den Ansatz von Jung-Strauß (2000, 110ff.) genauer zu betrachten. Sie differenziert zwischen sogenannten Rollensektoren. Hierbei handelt es sich um verschiedene – teilweise widersprüchliche – Sektoren der Lehrerrolle wie bspw. Fachexpertin, Bewerter, Erzieher, Beraterin. In der Rolle Lehrperson sind damit verschiedene Facetten vereint[3]. Kommt es in einzelnen Rollensektoren zu Widersprüchen und somit zu Konflikten (bspw. zwischen Bewertungs- und Beratungssektor), so wird von Intra-Rollenkonflikten innerhalb der Lehrerrolle gesprochen.

Die folgende Tabelle führt grundsätzliche Widersprüche zwischen den Rollen Coach und Lehrperson im Allgemeinen auf und soll Ausgangspunkt sein, um in einem nächsten Schritt zu schauen, wie die Rolle des Coachs als Rollensektor in der Rolle der Lehrperson gedacht und gelebt werden kann.

---

3 Einen guten Überblick über die verschiedenen Rollen bzw. Rollensektoren einer Lehrperson in Verbindung mit den an sie gestellten Erwartungen geben bspw. Jung-Strauß 2000, 114; Rothland 2013, 30f.; Perkhofer-Czapek/Potzmann 2016, 30ff.

4 Die Lehrperson als Coach

Tab. 1: Ausgewählte Aufgaben und Haltungen als Lehrperson und als Coach

Unterschiede in ausgewählten Aufgaben und Haltungen in der Rolle ...	
als Lehrperson	als Coach
Unterrichten – für die gesamte Lerngruppe	Coachen – als Angebot für Einzelne auf Nachfrage
Expertise für Methoden zur Wissensvermittlung	Expertise für den Coachingprozess
Fachliche Expertise (›Wissensinhaberin bzw. -inhaber‹)	Haltung des Nicht-Wissens
Lösungs- und Lernwege aufzeigen und besprechen	Unterstützen, die eigene Lösung zu finden
Unterstützung bei der Entwicklung von fachlichen und überfachlichen Kompetenzen	Unterstützung bei der Entwicklung von Lösungsmöglichkeiten und überfachlichen Kompetenzen
Beurteilen – Noten erteilen	Wertfreie Akzeptanz
Verantwortung für die Gestaltung von Unterricht	Verantwortung für die Einhaltung des Coachingprozesses

Wie dieser Tabelle beispielhaft zu entnehmen ist, sind die beiden Rollen »in wesentlichen Aspekten inkompatibel« (Palmowski 2007, 33). Eine unreflektierte Vermischung dieser Rollen, der Aufgaben und Haltungen ist daher sehr kritisch und kann zu Problemen im Coachingprozess führen. So spricht Hoffmann (2012, 101) von Verstrickungen schulinterner Berater, da sie ein direkter Teil von Schule und somit des Beratungskontextes selbst sind. Bennewitz (2016, 215) konkretisiert ausgehend von diesem Gedanken drei Verstrickungen in der Beratung von Schülerinnen und Schülern durch Lehrpersonen.

Unabhängigkeit und Neutralität. Wie oben dargestellt, sind Lehrpersonen häufig selbst Gegenstand einer Problemsituation aus Schülersicht. Durch Notenvergaben, Empfehlungen für schulische Übergänge und das Steuern des sozialen Miteinanders in der Klasse sind sie wichtiger Bestandteil der Schule als zentralem Lebensbereich der Jugendlichen. Im Coaching sollen sie aber unabhängig und neutral die Selbstklärung und Lösungssuche des Coachees unterstützen und gleichzeitig auch die »Interessen der Institution vertreten« (ebd., 215). Somit erscheint es für Lehrpersonen fast unmöglich, unabhängig und neutral zu agieren.

Autonomie und Freiwilligkeit. Jugendliche Coachees verfügen im schulischen Kontext aufgrund ihres Alters und der in Deutschland bestehenden Schulpflicht nicht über uneingeschränkte Autonomie. Zudem werden häufig (mehr oder weniger verpflichtende) Einladungen zu Beratungs- oder Coachinggesprächen ausgesprochen. Allerdings muss stets beachtet werden, dass es »entgegen der Schulpflicht ... keine Beratungspflicht geben [kann]« (Hoffmann 2012, 102). Und genau hierin liegt eine Verstrickung. So können Lehrpersonen ggf. auch unbewusst dazu beitragen, dass sich Schülerinnen und Schüler verpflichtet fühlen, zu einem Coaching zu gehen, indem Jugendliche immer wieder darauf hingewiesen werden, wie sinnvoll es wäre, ein Coaching aufzusuchen, ohne zu akzeptieren, dass die Jugendlichen das Angebot nicht annehmen möchten. Diese Situationen lassen sich in der Praxis regelmäßig beobachten, auch wenn die beteiligten Lehrpersonen durchaus für das Prinzip der Freiwilligkeit sensibilisiert sind. So besteht die Gefahr, dass sich Lehrpersonen unklar in einem Kontinuum zwischen dem Coachen und dem Erziehen bewegen.

Gleichrangigkeit. Eine Lehrer-Schüler-Beziehung ist in der Regel komplementär. Somit befinden wir uns bereits bei der dritten Verstrickung: »Das in der Schule bestehende Macht- und Hierarchiegefälle ... kann in Beratungssituationen nicht einfach abgestellt werden« (Bennewitz 2016, 215). Daher ist die Umsetzbarkeit der Kommunikation auf Augenhöhe, dieses bei Coachingprozessen so grundlegende und auch nachgewiesene Wirkprinzip, in der Durchführung von Coachings durch Lehrkräfte zu hinterfragen. Fraglich bleibt, inwiefern eine gleichrangige Coachingbeziehung bei einem Gespräch zwischen Lehrperson und Schülerin oder Schüler aufgebaut werden kann.

Gerade wenn man diese drei Verstrickungen im Zusammenhang mit den in Kapitel 2.2 aufgeführten Prinzipien professionellen Coachings betrachtet, wird die Brisanz der Widersprüche deutlich. Unseres Erachtens können Coachings mit Schülerinnen und Schülern zwar sehr wohl durch Lehrkräfte durchgeführt werden, dies bedarf aber eines sensiblen Umgangs mit den eigenen Rollensektoren als Lehrperson bzw. Coach. Um sich der Frage zu nähern, was genau dabei beachtet werden sollte, möchten wir im folgenden Teilkapitel darauf eingehen, welche Konsequenzen aus der bis hierhin angeführten Rollendiffusion zwischen Coach und Lehrkraft gezogen werden können.

4.2 Umgang mit der Rollendiffusion

Durch einen unreflektierten Umgang mit den Konflikten zwischen den Rollen Lehrperson und Coach können sich große Herausforderungen im Coachingprozess ergeben. Daher wollen wir uns mit der Frage auseinandersetzen, wie ein erfolgreicher Umgang mit diesen beiden sehr unterschiedlichen und teils sich widersprechenden Rollen erreicht werden kann. In der einschlägigen Literatur werden vor allem zwei Möglichkeiten diskutiert: Personen- und Rollensplitting (Denner 2000, 63f.; vgl. auch Methner et al. 2013, 26f.; Perkhofer-Czapek/ Potzmann 2016, 132).

Beim *Personensplitting* werden die Rollen auf mindestens zwei Personen verteilt, so dass bspw. die Bewertungs- und die Coachrolle auf keinen Fall in einer Person vereint sind. Palmowski (2007, 33) schlägt für solch ein Vorgehen die Kooperation mehrerer Schulen vor, wobei Schülerinnen und Schüler immer durch Lehrpersonen einer jeweils anderen Schule gecoacht werden. Diese klare

Trennung wird von einigen Autoren und Betroffenen als sinnvollste, wenn nicht sogar einzige Lösung gesehen.[4] In der Praxis zeigt sich allerdings, dass diese Möglichkeit für einzelne Schulen nicht umsetzbar ist.

Beim *Rollensplitting* definiert die betroffene Person für sich und ihre Umgebung sehr genau, in welcher Rolle sie sich im Moment befindet und macht sich bewusst, welche Aufgaben und Funktionen sie in der jeweiligen Rolle besitzt. Im Lehrerberuf wird Rollensplitting einzelner Rollenvarianzen täglich erwartet und ist Teil einer reflexiven Distanz zum eigenen professionellen Handeln (Nicolaisen 2017, 66f.). Dies betrifft u. a. die Rollen als lehrende und bewertende Person. In unserem Beispiel muss Frau Schulz, die Lehrerin von Max, die Rollen Lehrperson, Kollegin, Abteilungsleiterin und weitere ausfüllen und professionell voneinander trennen (s. o.). Im Kontext von Coachings kommt die Rolle eines Coachs mit den jeweiligen Zuschreibungen, Ansprüchen und Erwartungen hinzu.

Wenn Lehrpersonen Coachings mit Schülerinnen und Schülern durchführen, plädieren wir in erster Linie für den Ansatz des Personensplittings, da sich so die diversen Rollen der Lehrpersonen am deutlichsten trennen lassen. Allerdings ist diese Empfehlung in der Praxis nicht immer ohne weiteres umzusetzen. Gleichzeitig ist aus unserer Erfahrung heraus festzuhalten, dass der Ansatz des Rollensplittings mit der nötigen selbstreflexiven Haltung als Coach bzw. Lehrperson handhabbar, wenn auch herausfordernd ist. Zudem berichten uns in Fort- und Weiterbildungen verschiedene Akteure immer wieder von der erfolgreichen Umsetzung von Rollensplittings an ihren Schulen. Nicolaisen (ebd.) weist bezüglich eines Rollensplittings auf eine unserer Meinung nach weitere zentrale Chance hin:

> »Die Trennung der Rollen bringt einen Vorteil mit sich: Aus der Perspektive einer der beiden Positionen lässt sich auf die jeweilig andere schauen. Auf diese Weise ist eine fruchtbare Distanz möglich« (ebd., 66).

> Herr Meyer kann in seiner Rolle als Coach seine Lehrerrolle aus einer anderen Perspektive betrachten, als er es tun könnte, wäre er nur in dieser einen Rolle tätig. Im Coaching bekommt er durch die Perspektive des Coachees einen Blick auf die Gestaltung von Unterricht, die er sonst in dieser Form nicht einnehmen würde. Dies bietet Potenziale für die Reflexion des eigenen Unterrichts und der eigenen Rolle im Unterrichtsgeschehen.

Trotz des Gedankens der Vereinbarkeit der Rollen Coach und Lehrperson sprechen auch wir uns jedoch nicht gänzlich von der Unsicherheit frei, ob es tatsächlich in jedem Moment und langfristig möglich ist, sowohl für den Coach selbst als auch für den Coachee die beiden Rollen voneinander zu trennen (z. B. Methner 2014, 180f.).

---

4 Zur Diskussion und empirischen Ergebnissen empfehlen wir u. a. Bennewitz 2016 sowie Denner 2000, 63f.

Um aufkommenden Konflikten beim Rollensplitting entgegenzuwirken, muss – wie oben bereits beschrieben – auf beiden Seiten, zum einen beim Coach, zum anderen aber auch beim Coachee, Rollenklarheit jeweils für sich selbst und in Bezug auf die Rolle des Gegenübers vorhanden sein. Um diese Idee weiterzudenken, ist es hilfreich, die bis hierhin genutzte Definition des Begriffs Rolle zu erweitern. Bis hierhin haben wir ›Rolle‹ soziologisch, in Bezug zu den Erwartungen unterschiedlicher Erwartungsträger, definiert. Wenn man z. B. die Erwartungen verschiedener Parteien auf die Rollen(sektoren) Herrn Meyers als Lehrperson, Coach und Kollege überträgt, könnte das wie folgt aussehen:

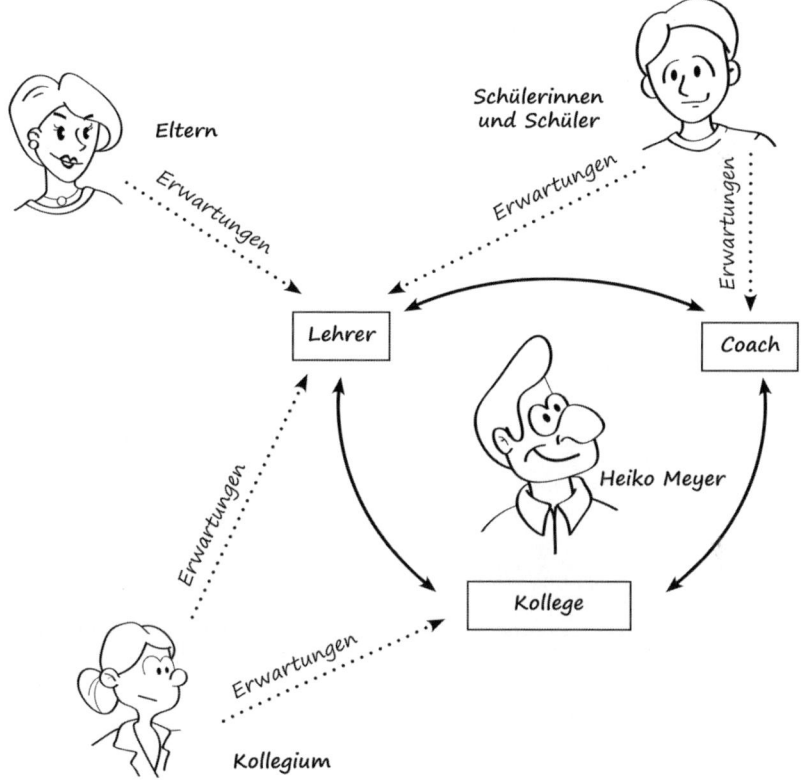

Abb. 11: Erwartungen an unterschiedliche Rollensektoren einer Lehrperson

Diese Abbildung verdeutlicht u. a., dass eine Person unterschiedliche Erwartungen an die diversen Rollensektoren einer Lehrperson haben kann. Daher sollten diese Erwartungen im Sinne der oben geforderten Rollenklarheit möglichst transparent kommuniziert werden. Doch nicht nur die hier dargestellten Erwartungen aller Beteiligten an den Coach sind entscheidend. Auch die eigene Rollenklarheit von Herrn Meyer als Coach wirkt sich auf einen Coachingprozess aus. Dies wird in der Definition von ›Rolle‹ im Beratungszusammenhang nach Schmid (2008) deutlich. Diese ist stärker auf die Perspektive der beratenden bzw. coachenden Person selbst bezogen:

> »Eine Rolle ist ein kohärentes System von Einstellungen, Gefühlen, Verhaltensweisen, Wirklichkeitsvorstellungen und zugehörigen Beziehungen« (ebd., 85).

Auf diese Definition und die Einnahme der Rolle als Coach Bezug nehmend schreiben Veith und Veith (2014): »Mit dem Einnehmen einer Rolle ist ein bestimmtes Set an Denken, Fühlen und Handeln aktiviert« (ebd., 56). Das heißt, durch das bewusste Einnehmen der Rolle des Coachs sollten wir quasi automatisch das entsprechende Handlungs- und Haltungsrepertoire aktivieren.

Im Folgenden wollen wir nun beschreiben, was das für die beiden direkt am Coachingprozess beteiligten Personen (Lehrpersonen als Coach und Jugendliche als Coachee) bedeutet und welchen Herausforderungen sich beide stellen müssen. Dies nehmen wir in loser Anbindung an die Begrifflichkeiten und Verbildlichungen der systemischen Transaktionsanalyse (z. B. Schmid 2008, 85ff.) vor und stellen die Transaktionen zwischen den einzelnen Rollen dar.

Abb. 12: Unterschiedliche Rollenanteile von Max und Herrn Meyer

Die beiden beteiligten Personen müssen – etwas vereinfacht formuliert – darauf achten, dass in der richtigen Situation die richtigen Rollen eingenommen werden und sie aus diesen heraus miteinander sprechen. Im Bild der (systemischen) Transaktionsanalyse sollten die jeweils ›passenden‹ Rollen aktiviert (Schmid 2008, 89f.) und komplementäre Transaktionen angestrebt werden (ebd., 99ff.): Die beteiligten Personen sollten jeweils aus den zusammengehörigen und in den Kontext passenden Rollen heraus miteinander kommunizieren.

4.2 Umgang mit der Rollendiffusion

> Wenn Herr Meyer also bspw. im Coaching mit Max spricht, muss er die Rolle des Coachs einnehmen und mit Max als Coachee arbeiten und mit den entsprechenden Haltungen, Techniken usw. agieren. Auch für Max muss diese Rollenverteilung klar sein, er sollte in Herrn Meyer nicht mehr den Klassenlehrer, sondern seinen Coach sehen. Das heißt, Max streift die Schülerrolle ab und nimmt die Coacheerolle ein.

Entsprechend verhält es sich im Unterricht. Dort nimmt Herr Meyer die Rolle des Klassenlehrers und Max die des Schülers in Herrn Meyers Klasse ein.

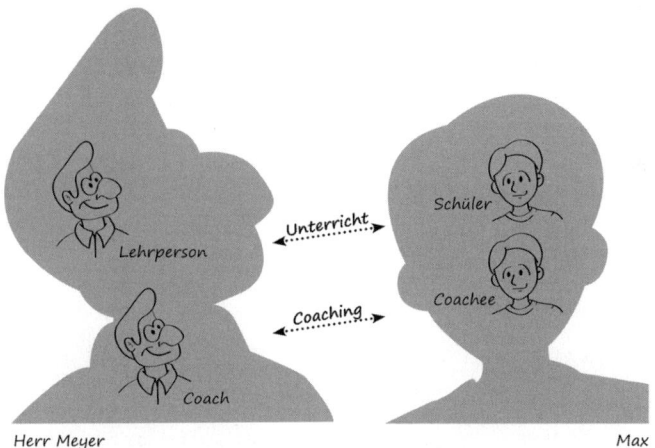

Abb. 13: Max und Herr Meyer kommunizieren in der jeweils passenden Rolle

Problematisch wird es, wenn die verschiedenen Rollen entweder durch die Personen selbst oder durch ihre jeweiligen Gesprächspartner vermischt werden. Dann kommt es zu ›Überkreuz‹- oder ähnlichen problematischen Transaktionen, bei denen nicht die ›richtigen‹ Rollen miteinander in Interaktion treten:

4 Die Lehrperson als Coach

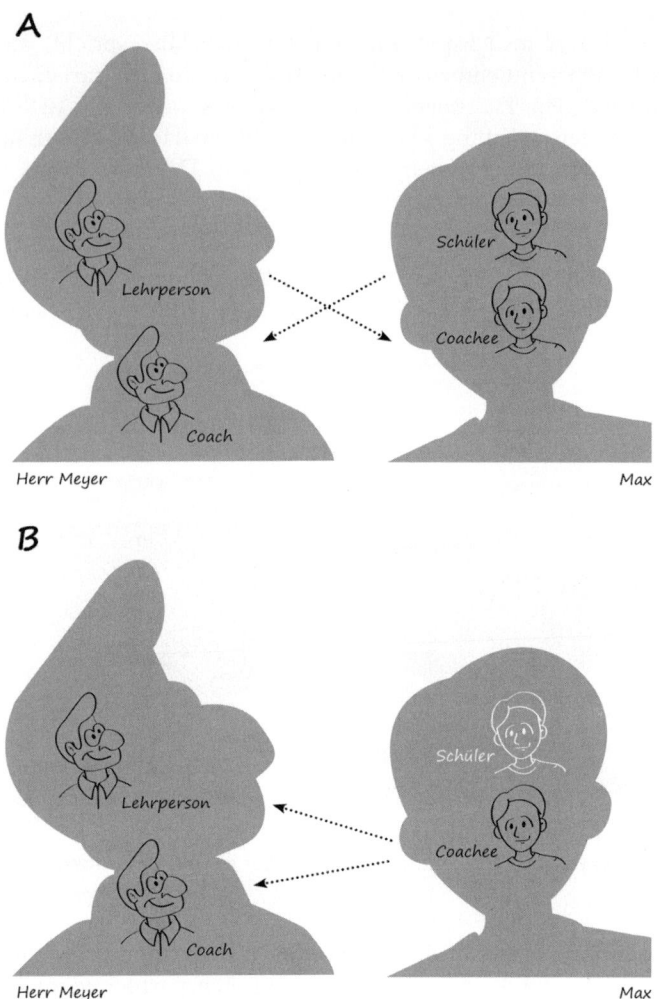

Abb. 14: Ungünstige Rolleneinnahme im Coaching

Solche und ähnliche Formen der Transaktionen im Coachinggespräch sorgen dafür, dass das Coachinggespräch voraussichtlich nicht konstruktiv geführt werden kann und damit nicht sein gesamtes Potenzial entwickeln wird.

Spricht Herr Meyer im Coaching aus seiner Rolle als Lehrperson zu Max (▶ Abb. 14 A), könnte dies wie folgt aussehen:

> Herr Meyer: »Hallo Max, schön, dass du zum Coaching gekommen bist. Worüber möchtest du heute mit mir sprechen?«
> Max: »Ich weiß einfach nicht, wie ich mich in Mathe verbessern kann, obwohl ich mich da wirklich anstrenge.«

> Herr Meyer: »Aber in Mathe bist du doch schon ganz gut – wie wäre es, wenn wir erstmal versuchen, deine Note in Deutsch zu verbessern?«

Herr Meyer hat in diesem Beispiel in seiner Rolle als Coach mehrere Fehler begangen. Er hat bspw. keine Wertschätzung der Fragestellung seines Coachees gegenüber gezeigt. Zudem hat er auch nicht die Haltung des Nicht-Wissens eingenommen. Vermutlich wird er mit diesem Vorgehen erreichen, dass Max sich verschließt und kein offenes Coachinggespräch möglich ist.

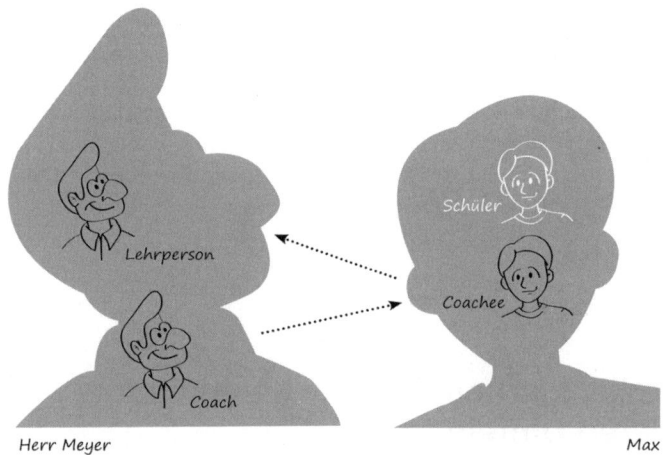

Abb. 15: Mangelnde Rollenklarheit für Max

Aber auch eine Situation, in der Herr Meyer zwar seine Coach-Rolle einnimmt, aber Max ihn in der Rolle der Lehrperson wahrnimmt und anspricht, führt zu Problemen im Coaching (▶ Abb. 15).

> Herr Meyer: »Hallo Max, schön, dass du zum Coaching gekommen bist. Worüber möchtest du heute mit mir sprechen?«
> Max: »Hallo Herr Meyer, ich wollte Sie einmal fragen, was Sie denken, wo ich mich verbessern müsste und wie ich das machen kann.«
> Herr Meyer: »Aber wir sind ja heute im Coaching und da ist es ja unser Ziel, dass ich dich in deinen eigenen Zielen unterstütze. Kannst du sagen, wo du dich aus deiner Sicht verbessern möchtest?«
> Max: »Aber Sie wissen das doch viel besser als ich.«

In diesem Beispiel versucht Herr Meyer seiner Rolle als Coach zu entsprechen. Dadurch, dass Max ihn aber durchgängig in seiner Rolle als Lehrperson anspricht, wird es ihm sehr schwerfallen, einen selbstbestimmten Prozess bei Max anzuregen. Diese Beispiele illustrieren noch recht moderate Stolpersteine, wie sie durch die Vermischung der Rollen entstehen können. Noch ernsthaftere Probleme entstehen, wenn z. B.:

- die Lehrperson ihre Verschwiegenheitspflicht dem Coachee gegenüber in der Zeugniskonferenz nicht einhält und Informationen aus dem Coaching einfließen lässt.
- der Coach bei der Notenvergabe an Max durch das Wissen über dessen Probleme beeinflusst ist.
- Max im Coaching verstummt, weil er diese oder ähnliche Probleme bewusst oder unbewusst befürchtet.

Gerade in Anbetracht solcher Beispiele ist es aus unserer Sicht unerlässlich, sich mit der Frage auseinanderzusetzen, was getan werden kann, um für den Coach, den Coachee, aber auch für deren Umfeld über die Idee des systemischen Coachings und das damit einhergehende Rollenverständnis aller Beteiligten aufzuklären.

4.3 Rollenklarheit für Coach und Coachee sowie deren Umfeld

Es ist deutlich geworden, dass wir im Coaching von Schülerinnen und Schülern sehr sensibel bei der Ausfüllung der eigenen Rolle und auch der Vermittlung spezieller Rolleneigenschaften unserer Umwelt und im Speziellen dem Coachee gegenüber vorgehen sollten. Rollenvarianz, also das Wechseln zwischen verschiedenen Rollen bzw. Rollensektoren, wird im Lehrerberuf täglich – z. B. im Kontext von Coachings durch Lehrpersonen – erwartet und ermöglicht eine größere reflexive Distanz zum eigenen professionellen Handeln (z. B. Nicolaisen 2017, 66f.; Schley/Schley 2010, 27f.). Daher werden im Folgenden Anregungen zur professionellen Rollenübernahme als Coach formuliert. Da sich das »erfolgreiche Einnehmen einer Rolle ... als ein Prozess des Aushandelns von Erwartungen begreifen [lässt]« (Nicolaisen 2017, 61f.), sind für uns in Anlehnung u. a. an Nicolaisen (ebd.) und Veith und Veith (2014) Aushandlungsprozesse in drei Kontexten für den Coach hervorzuheben:

- Klärung der Rolle(n) für den Coach selbst
- Klärung der Rolle(n) für die Coachees und das Umfeld
- Klärung der Rolle(n) im Coachingprozess

4.3.1 Klärung der Rolle(n) für den Coach selbst

Zur Klärung der eigenen Rolle muss der Coach selbst ein Bewusstsein für diese Rolle herstellen. Dieses Bewusstsein ist eine wesentliche Grundlage für die Reflexion der eigenen Rolle. Veith und Veith (2014, 57ff.) beschreiben einige Aspekte, die hierzu beitragen und zur Rollenkompetenz gehören. Diese sollen dem Coach bei der Einnahme seiner Rolle helfen. Hierbei handelt es sich um Rollen-Know-how bzw. -fähigkeit, Rollenstabilität und -flexibilität, Rollenökonomie sowie Rollenbalance und -management.

Mit *Rollen-Know-how und -fähigkeit* ist das Wissen und Können im Bereich des Coachings gemeint. Der Coach weiß, nach welchen Phasen er den Coachingprozess steuert, welche Methoden und Techniken er im Verlauf eines Gesprächs anwendet usw.

Rollenstabilität und -flexibilität meint, dass der Coach sowohl sicher und ›stabil‹ in seiner Rolle (bspw. als Coach) ist und diese entsprechend ausfüllen kann, aber auch flexibel ist und zum angemessenen Moment zurück in eine andere Rolle (bspw. als Lehrperson) wechselt. Rollenstabilität meint auch, dass der Coach im Gespräch mit dem Coachee nicht plötzlich in die Rolle der Lehrperson ›hinüberrutscht‹, weil es sich gerade anbietet – z.B., wenn Herrn Meyer in der Klärungsphase des Coachings aus seiner Lehrerrolle heraus ein guter Tipp für Max einfällt. Falls ein solcher Rollenwechsel in der Coachingsituation angebracht erscheint, sollte der Coach diesen Wechsel zum einen bewusst vornehmen, sich selbst also klarmachen, welchen ›Rollenhut‹ er gerade aufsetzt, und dann bewusst wieder zurück in die Coachrolle wechseln. Zum anderen sollte dieser Wechsel auch dem jugendlichen Coachee gegenüber transparent gemacht werden. Sollte die Gefahr bestehen, dass den Coachee ein solcher Wechsel im Gespräch verwirrt, würden wir eher davon absehen und als Coach den Wechsel bewusst nicht vollziehen.

Rollenökonomie kann gerade bei Coachings durch Lehrpersonen wichtig sein: »Inwieweit gelingt es, den Rollenmix in einer optimalen Ressourcenkombination zu leben?« (ebd., 58). Coacht Herr Meyer Max in einem den Fragestellungen und den eigenen Ressourcen angemessenem Rahmen? Coaching kann ggf. einen großen Kraftaufwand bedeuten. Hier muss die Lehrperson, die gleichzeitig auch Klassenlehrerin oder -lehrer ist und andere Rollen ausfüllt, auf sich Acht geben. Die ohnehin bereits hohe Belastung im Lehrerberuf (z.B. Rothland 2013; Klusmann/Philipp 2014) kann durch das zusätzliche Führen von Coachinggesprächen weiter gesteigert werden.

Rollenbalance und -management sind für eine Lehrperson, die auch die Rolle eines Coachs einnehmen möchte, vermutlich die Hauptherausforderung: die Balance zwischen allen Rollen zu halten, die die Lehrperson einnimmt (u.a. Lehrer und Coach) und diese angemessen zu managen. Das heißt, in der richtigen Situation bewusst die Rolle des Coachs einzunehmen und kurz darauf bereits wieder bewusst in eine andere Rolle (Klassenlehrer, Kollegin etc.) zu wechseln.

Bei der Beschäftigung mit diesen vier Ebenen wird nochmals klar, dass die Rolle als Coach in bewusster Abgrenzung zu anderen Rollen – wie in Tabelle 1 dargestellt – eingenommen werden muss. In einem reflektierten Umgang mit der eigenen Person muss sich ein Coach also zunächst mit den unterschiedlichen Facetten seiner persönlichen Rollen auseinandersetzen. Gerade die Rollen ›Fach- oder Klassenlehrerin bzw. -lehrer‹ und ›Coach‹ sollte der angehende Coach ganz klar unterscheiden. Grundlegende Unterschiede in den Rollen sind Tabelle 1 im ersten Teil dieses Kapitels zu entnehmen (▶ Tab. 1). Wir empfehlen im Kontext einer Übertragung dieser Inhalte auf die persönlichen Rolleneigenschaften einer Lehrperson, die verschiedenen Rollenzuschreibungen ganz individuell und möglichst konkret niederzuschreiben, um zunächst einen Reflexionsprozess bezüglich der eigenen Person anzustoßen und sich bewusst mit eigenen Rollenzuschreibungen auseinanderzusetzen. Hierbei wird, wie von Veith und Veith (2014) gefordert, das Rollen-Know-how und die Rollenfähigkeit gefestigt. Zudem bildet eine Coachingaus- oder Coachingfortbildung oftmals den Startpunkt für die Ausgestaltung der eigenen Rollen. Wenn das eigene Bewusstsein für die Rolle als Coach entwickelt ist, ist eine wichtige Voraussetzung für Rollenstabilität und -flexibilität gegeben. Zudem sollte der Coach zum Abschluss der Überlegungen zur eigenen Rolle auch darüber nachdenken, welche Ressourcen an der Schule zur Verfügung gestellt werden können. Dies können – je nach Umsetzung an der entsprechenden Schule – ggf. Entlastungsstunden, aber insbesondere auch Material und Räumlichkeiten sein. Auch wenn der Coach sich seine verschiedenen Rollen bewusst gemacht hat und sich diesbezüglich eine klare Beschreibung angefertigt hat, sollte er diese Rolle und die Ausgestaltung derselben regelmäßig reflektieren. Für die Reflexion der eigenen Rolle bzw. der Rollenklarheit, aber darüber hinaus auch für die Aufarbeitung spezieller Begegnungen im Coachingprozess empfehlen wir einen regelmäßigen Austausch mit anderen Lehrpersonen oder Kolleginnen und Kollegen, die ebenfalls als Coachs aktiv sind. Es gibt zahlreiche Formate, die sich für solch einen Prozess anbieten. Ein solcher Austausch kann sicherlich informell durchgeführt werden. Grundsätzlich würden wir aber auch für diesen Reflexionsprozess ein strukturiertes, schrittweise ablaufendes Vorgehen vorschlagen. Hierfür bieten sich eine Reihe kollegialer Supervisions- und Beratungsverfahren an, die an dieser Stelle jedoch nicht detailliert vorgestellt und abgegrenzt werden.

Folgende Literaturhinweise können bei der Annäherung an Gruppenreflexionsformate helfen:

Andersen, T. (2011): Das Reflektierende Team. In: Andersen, T. (Hrsg.): Das Reflektierende Team. Dialoge und Dialoge über Dialoge (5. Aufl.). Dortmund: modernes leben, S. 19–110.
Macha, H./Lödermann, A.-M./Bauhofer, W. (2010): Kollegiale Beratung in der Schule: Theoretische, empirische und didaktische Impulse für die Lehrerfortbildung. Weinheim/München: Juventa.
Mutzeck, W./Schlee, J. (Hrsg.) (2008): Kollegiale Unterstützungssysteme für Lehrer. Gemeinsam den Schulalltag bewältigen. Stuttgart: Kohlhammer.
Tietze, K.-O. (2016): Kollegiale Beratung. Problemlösungen gemeinsam entwickeln (8. Aufl.). Reinbek bei Hamburg: Rowohlt.

4.3.2 Klärung der Rolle(n) für die Coachees und das Umfeld

Für alle Beteiligten sollten zunächst das Vorgehen und die Rollen im Coachingprozess geklärt werden. Zudem sind bestimmte Rahmenbedingungen hilfreich zur Abgrenzung und Sicherstellung eines produktiven Coachinggesprächs.

Informationen. Die Niederschrift der Rolle als Coach kann als Grundlage dafür dienen, diese auch für die Beteiligten im Schulumfeld transparent und somit nachvollziehbar zu machen. Wenn ein Coaching (z. B. im Rahmen eines Lerncoachingkonzepts) an der Schule angeboten wird, sollte dies mit einer präzisen Beschreibung der Coach-Rolle, z. B. in Form von Flyern oder Postern, veröffentlicht werden. Zusätzlich sollte es breit aufgestellte Informationen in den Klassen, anlässlich von Lehrerkonferenzen oder Elternabenden geben, so dass alle Schülerinnen und Schüler, Kolleginnen und Kollegen sowie Elternteile über das Verfahren und die Rollen, die dem Coach und dem Coachee zukommen, in Kenntnis gesetzt und offene Fragen geklärt werden. In diesem Zusammenhang sollte an der Schule auch über Ressourcen gesprochen werden, die für das Coaching bereitgestellt werden. Detailliertere Informationen für den Coachee werden dann im Rahmen des Coachinggesprächs vermittelt.

Rahmenbedingungen. Optimal wäre es – als Mindestausstattung – einen speziellen Raum für das Coaching nutzen zu können. Dieser sollte zumindest für die Coachingsitzungen exklusiv nutzbar sein. Wenn schulweit geklärt ist, dass ein solcher Raum für Coachingsitzungen ungestört zur Verfügung steht, ist die Gefahr geringer, dass das Coaching durch Dritte unterbrochen wird und der Coach während einer Sitzung in einer seiner anderen Rollen angesprochen wird. Das Coaching würde damit grundlegend gestört. Ein spezieller Raum für Coachinggespräche (mit entsprechender Ausstattung, ▶ Kap. 5.1) kann zudem als eine Art Anker fungieren, der den Rollenwechsel vom Lehrer bzw. von der Lehrerin zum Coach stark vereinfacht und unterstützt. Dem jugendlichen Coachee hilft dies ebenso, ins Coaching zu finden und dieses von der Unterrichtssituation zu unterscheiden.

Die Technik ›Ankern‹ wurde von Bandler und Grinder (2014, 101ff.) im Rahmen ihres Neurolinguistischen Programmierens (NLP) entwickelt und genutzt. Es handelt sich hierbei um das aus der Verhaltenstheorie bekannte Prinzip der klassischen Konditionierung. Ein zunächst neutraler Reiz (z. B. Schulglocke) wird (regelmäßig) zusammen mit einer bestimmten Reaktion (z. B. Gefühl der Freude darüber, dass die Pause beginnt) präsentiert und die Schüler im genannten Beispiel werden allein durch das Hören der Schulglocke Freude verspüren und sich nicht mehr auf Unterrichtsinhalte konzentrieren können. Wenn eine Lehrperson als Coach das Coaching bspw. im Klassenzimmer am Tisch des Coachees durchführt, ist diese Situation mit allerlei Gefühlen und daraus resultierenden Reaktionen verbunden, die für ein Coaching nicht förderlich sind. Die Lehrperson ist für den Schüler als Person geankert, die lehrt, also Ratschläge erteilt, und damit vielleicht einem Gefühl

> der Unterlegenheit. Zudem hat die Lehrperson vielleicht im Klassenraum Ermahnungen ausgesprochen, was zu geankerter Furcht oder Ärger führen könnte. Auch für die Lehrperson ist die Situation geankert mit Gefühlen, die ihrer Rolle als Coach nicht entgegenkommen. Beispielsweise hat sich die Lehrperson hier schon über Schülerinnen und Schüler geärgert, weil sie nicht dem Folge geleistet haben, was die Lehrperson vorgegeben hat usw. Diesem Prinzip folgend kann ein Raum, der nicht der Klassenraum und zudem noch anders eingerichtet ist (gemütliche Sitzecke etc.) mit der Coachingsituation und entsprechenden Gefühlen geankert werden. Mit dem Betreten dieses Raums werden Coachee und Coach für ein Coaching ›eingestimmt‹. Der Coach kann sich zudem noch bspw. visuelle Anker im Raum platzieren, wie z. B. eine Checkliste mit den Coachingphasen oder einem bestimmten Aufkleber auf seiner Notizmappe (König/Volmer 2012, 205).

Sobald der Klassenlehrer in den Coachingraum tritt, sollte er also grundsätzlich versuchen, die Lehrerrolle abzustreifen und in die Coachrolle zu wechseln. Dementgegen wird der Rollenwechsel schwieriger, wenn der Coach im eigenen Klassenraum nach dem Unterricht auch noch Coachings durchführt. Auch dem jugendlichen Coachee wird die Rollenübernahme leichter fallen, wenn das Coaching nicht im Klassenraum, sondern in einem speziellen Raum stattfindet. Dieser Raum sollte sich von der Atmosphäre des Klassenraums unterscheiden. Beispielsweise würden wir andere Möbel empfehlen. Wenn in der Klasse auf Stühlen am Tisch gearbeitet wird, könnte ein Coachingraum bspw. mit einer gemütlichen Sitzecke ausgestattet sein.

Regeln. Es könnten mit dem Kollegium Absprachen getroffen werden wie bspw.: Die Kolleginnen und Kollegen schicken grundsätzlich keine Schülerinnen und Schüler zum Coaching, oder: Coachingsitzungen werden nicht gestört, sobald das ›Bitte-nicht-stören‹-Schild an der Tür hängt. In der Praxis zeigen sich immer wieder Probleme durch unklare Absprachen innerhalb des Kollegiums.

4.3.3 Klärung der Rolle(n) im Coachingprozess

Auch im Coachingprozess selbst gibt es verschiedene Bereiche, in denen die Rollenklärung explizit Raum einnehmen sollte: vor dem Gespräch, zu Beginn des Gesprächs und punktuell auch im weiteren Verlauf des Gesprächsprozesses.

Auf das Gespräch einstellen. Vor jedem einzelnen Coachinggespräch stellt sich der Coach darauf ein, dass er jetzt in der entsprechenden Rolle auf einen Coachee trifft, und streift dabei die anderen Rollen (z. B. Klassenlehrerin oder -lehrer) ab. Dies ist ein wichtiger Schritt im Rollenmanagement. Mit dem Bild des »inneren Teams« (Schulz von Thun 2017) gesprochen, muss hier das innere »Oberhaupt« (ebd., 67) dafür sorgen, dass die Rolle des Coachs nun eingenommen werden kann und sich alle anderen Anteile, die eher zu anderen Rollen gehören, in den Hintergrund begeben (Schulz von Thun 2017, 67ff.). Auch hierbei kann es in einem ersten Schritt helfen, die eigenen Rollensektoren bzw. Teammitglieder – wie bereits oben beschrieben – noch vor einem Coachinggespräch für sich selbst zu visualisieren und diese damit besser zu separieren.

Kontraktierung. Gerade zu Beginn, aber auch über den gesamten Verlauf eines Coachinggesprächs, ist die Rollentransparenz der coachenden Lehrkraft von großer Wichtigkeit. Nach einem kurzen Einstieg folgt eine Rollenklärung mit dem Coachee (Nicolaisen 2017, 64). Dabei wird dem Jugendlichen die Abgrenzung zur Rolle der Lehrperson verdeutlicht. Auch die Schülerin oder der Schüler sollte hier über die besondere Rolle als Coachee in Abgrenzung zur Schülerrolle aufmerksam gemacht werden. Unter anderem über diese Rollen werden dann anschließend Kontrakte geschlossen. Diese Kontraktierung läuft im Hintergrund über den gesamten Coachingprozess weiter. Der Coach muss sich regelmäßig versichern, ob der Rollenaushandlungsprozess zwischen Coach und Coachee zur Zufriedenheit beider Beteiligten verläuft.

Transparenz über innere Prozesse schaffen. Sollte es im Verlauf eines Coachinggesprächs dazu kommen, dass der Coach Schwierigkeiten bei der Einhaltung der eigenen Rolle bemerkt, sollte er dies dem Coachee offenlegen. Wenn er bspw. die Sicht eines am Fall beteiligten Kollegen teilt und dadurch so voreingenommen ist, dass er nicht mehr neutral über die Situation sprechen kann, sollte er dies kommunizieren und mit dem Coachee gemeinsam das weitere Vorgehen besprechen (vgl. Haltung des Eingebundenseins, ▶ Kap. 2.4.2). Wenn die Situation ›unüberwindbar‹ erscheint, ist es ratsam, das Coaching zu unterbrechen und ggf. – nach Absprache mit dem Coachee – eine Kollegin oder einen Kollegen zur Weiterführung des Coachings anzufragen.

Nachdem wir uns an dieser Stelle diversen Herausforderungen beim Coaching mit Schülerinnen und Schülern durch Lehrpersonen gewidmet haben, möchten wir im folgenden Kapitel das GROW-Modell als möglichen Gesprächsstruktur für Coachings näher vorstellen. Auch hier finden sich konkrete Ideen, wie die Rollenklarheit für den Coach, den Coachee und deren Umfeld hergestellt werden kann.

5 Der Coachingprozess konkret – Coaching mit Schülerinnen und Schülern nach dem GROW-Modell

Wie in Kapitel 2 dargestellt, verstehen wir Coaching mit Schülerinnen und Schülern als einen Prozess, bei dem eine lösungsfokussierte Auseinandersetzung mit bestimmten Problemsituationen der Ratsuchenden im Mittelpunkt steht. Wie genau ein solcher Prozess – gerade im Kontext eines systemischen Coachings – ablaufen kann, möchten wir in diesem Kapitel darstellen. In der Auseinandersetzung mit möglichen Gesprächsstrukturen ist es sinnvoll, noch einmal zu betrachten, worauf genau ein Coaching abzielt. Nach König und Volmer (2012) soll der Coachee darin unterstützt werden,

> »sich über seine Ziele klarer zu werden, die Ausgangssituation zu klären und zu verstehen, ›wo das Problem eigentlich liegt‹, neue Lösungsmöglichkeiten zu finden – sei es durch Prozessberatung, sei es durch Expertenberatung –, eine Entscheidung zwischen verschiedenen Möglichkeiten zu treffen und dafür einen Handlungsplan zu entwickeln« (ebd., 45).

Ähnliche Ziele eines Coachinggesprächs finden sich bspw. auch bei Keller (2015, 27ff.) oder Fischer-Epe (2016, 42ff.). Es gibt allerdings unterschiedliche Vorstellungen dazu, wie stark ein Coachinggespräch strukturiert sein sollte, um diese Ziele zu verfolgen. In diesem Zusammenhang möchten wir noch einmal auf das Prinzip kairotischer Momente im Coaching verweisen. Wie bereits in Kapitel 2.3.3 dargestellt, sollte in einem systemischen Coaching stets versucht werden, kairotische Momente herbeizuführen, in denen der Klient bereit ist, sich auf Veränderungen einzulassen (z. B. Martens-Schmid 2011, 70f.).

> »Der Begriff ›Kairos‹ bezeichnet die qualifizierte Zeit, d.h. Momente, die ... bestimmte Chancen bieten und Innovationen möglich machen. Man muss sie gewissermaßen am Schopf packen« (Schiepek et al. 2013, 45).

Es gibt Gesprächsmodelle, die sehr offen sind und sich sehr stark auf das Aufkommen kairotischer Momente durch die Anwendung einzelner Gesprächstechniken verlassen. Andere wiederum sind durch eher chronologische, zeitlich klar strukturierte Abläufe strukturiert und schreiben den einzelnen Gesprächsphasen spezifische Aufgaben zu.

Von einer chronologischen Strukturierung eines Coachings versprechen wir uns gerade im Schulkontext sowohl für den Coach als auch für den Coachee konkrete Hilfen. So bietet solch eine Strukturierung dem Coach – und dies ist besonders für Coachinganfängerinnen und anfänger hilfreich – eine klare Gesprächsstruktur, an der sie bzw. er sich immer wieder orientieren kann. Zudem kann eine immer wiederkehrende Gesprächsstruktur, die ein Coachee zumindest in Grundzügen kennt, insbesondere für die Schülerinnen und Schüler eine gewisse Verlässlichkeit bedeuten. Hierdurch können gewisse Unsicherheiten ausgeräumt werden, sodass sich die jugendlichen Coachees leichter auf einen Coachingprozess einlassen können. Weiter spielt auch der zumeist stark begrenzte Zeitrahmen für Coachings im Kontext Schule eine entscheidende Rolle. Eine konkrete Gesprächsstruktur kann allen beteiligten Personen helfen, ein Coachinggespräch fokussiert und effizient anzugehen.

Ein oft genutztes Modell, das trotz seiner klaren Strukturierung Platz für mögliche Schleifen, Umwege und auch Kairos hat, ist das vierphasige GROW-Modell nach Whitmore (2015, 58ff.). Die erste Phase, GOAL, dient der persönlichen und inhaltlichen Orientierung von Coach und Coachee sowie der Zielformulierung. In der zweiten Phase, REALITY, steht die Klärung der Situation für den Coachee im Mittelpunkt. In der Options-Phase werden Lösungsideen gesammelt und in einem zweiten Schritt bewertet. Abschließend wird in der WILL-Phase ein möglichst konkreter Handlungsplan entwickelt und das weitere Vorgehen des Coachee näher geplant.

Betrachtet man den Inhalt dieser vier Phasen, lassen sich hierin die zu Beginn dieses Kapitels genannten Unterstützungsebenen für den Ratsuchenden nach König und Volmer (2012, 45) wiedererkennen. Unseres Erachtens ist ein Vorgehen nach dem GROW-Modell daher für den Verlauf eines Coachings (mit Schülerinnen und Schülern) sehr geeignet. Aus diesem Grund stellen wir es in diesem Kapitel detailliert vor und führen Gesprächstechniken auf, die zu einer Anwendung dieses Coachingmodells im Sinne einer offenen und klientenzentrierten Haltung beitragen. Zudem gehen wir abschließend darauf ein, welche Besonderheiten bei Folgegesprächen im Sinne eines über mehrere Treffen andauernden Coachingprozesses zu berücksichtigen sind.

An dieser Stelle möchten wir noch einmal deutlich darauf hinweisen, dass eine klare Gesprächsstruktur niemals in einer falsch verstandenen Manualtreue (Rufer 2013, 68) umgesetzt werden darf. Die Autonomie des Klienten während eines Coachings muss immer an zentraler Stelle stehen. Nur so kann einer Flexibilität im Sinne der Forderung der Deutschen Gesellschaft für Coaching e. V. nachgekommen werden, »Schleifen, Umwege, Rückschritte und Widersprüchlichkeiten (zuzulassen und) … nicht als störend und hinderlich zu bewerten, sondern sie als Teil des Entwicklungsprozesses zu sehen« (Deutsche Gesellschaft für Coaching e. V. 2013, 3).

5.1 Goal: Orientierung und Zielvereinbarung

> In der ersten der vier Coachingphasen nach Whitmore (2015, 58ff.) ist die Orientierung auf persönlicher und inhaltlicher Ebene bei Coach und Coachee zentral.

Wenn wir im Anschluss an Watzlawick et al. (2017) davon ausgehen, dass »jede Kommunikation ... einen Inhalts- und einen Beziehungsaspekt [hat], derart, dass letzterer den ersteren bestimmt und daher eine Metakommunikation ist« (ebd., 54), müssen wir auch in Coachings beiden Ebenen (Beziehung und Inhalt) gerecht werden. Umso wichtiger ist es, zu Beginn eines Coachingprozesses Zeit auf den Beziehungsaufbau zwischen Coach und Coachee zu verwenden. Allerdings wäre es im Kontext eines professionellen Coachings deutlich zu kurz gefasst, allein auf eine gute Beziehungsebene zwischen Coach und Coachee zu vertrauen. Daher soll in dieser Phase auch eine erste inhaltliche Orientierung stattfinden. Im Kontext des GROW-Modells ist vor allem die Formulierung eines Gesprächs- bzw. eines Coachingziels (engl. ›Goal‹) wichtig.

Um aufzuzeigen, was konkret für die persönliche und inhaltliche Orientierung getan werden kann, ist es hilfreich, die Goal-Phase in vier Schritte zu unterteilen:

1. Vorbereitungen zum Gespräch: Vorbereitung der Umgebung und des Coachs
2. Orientierung auf der Beziehungsebene: Herstellung einer guten Beziehung
3. Orientierung auf der Inhaltsebene: Was ist das Ziel des Coachingprozesses?
4. Kontrakte bzgl. des Coachingprozesses

5.1.1 Vorbereitungen zum Gespräch

Raumsuche. Gerade im Umfeld Schule kann es eine erste Herausforderung darstellen, einen Ort zu finden, an dem ein vertrauliches Coachinggespräch stattfinden kann. Es gibt hierbei einige Aspekte, die bei der Suche berücksichtigt werden sollten. Durch die Nutzung eines eher abgelegenen Raums entstehen gleich mehrere Vorteile für die Coachingsituation selbst. Zum einen kann ein Coaching unbemerkt von Mitschülerinnen und -schülern, aber auch von anderen Lehrerinnen und Lehrern stattfinden. Die so gewonnene Anonymität kann dazu beitragen, die Hemmschwelle für die Teilnahme an einem Coaching herabzusetzen. Zum anderen wird der Coachee nicht so schnell von Klassenraumwechseln oder Pausenaktivitäten anderer Schülerinnen und Schüler abgelenkt. Bei der Suche nach einem geeigneten Raum sollte außerdem darauf geachtet werden, dass ein Beratungssetting auch von außen nicht einsehbar ist. Wenn ein Coaching, z. B. durch eine große Fensterfassade, von Dritten eingesehen werden kann, stellt dies eine wesentliche Einschränkung der Privatsphäre des Coachees dar. Neben Gardinen könnte z. B. das Aufstellen eines Paravents den nötigen Sichtschutz bieten.

Vorbereitete Umgebung. Die Vorbereitung des Coachingraums nimmt einen wichtigen Teil des Coachings ein. Die Bedingungen im Raum nehmen wesentlichen Einfluss auf das Coaching und sein Resultat:

> »Wenn man sich in dem Raum nicht wohlfühlt, dann fehlt die Energie, es wird anstrengend, zu arbeiten – und nicht selten schlägt sich das auf das Ergebnis nieder« (König/Volmer 2012, 48).

Demnach sollte ein Raum möglichst einladend wirken. So kann es nötig sein, gewisse Gegenstände, wie z. B. lagernde Kisten, wegzuräumen und stattdessen einige Pflanzen oder andere dekorative Elemente aufzustellen. Zudem sollten potentielle Störungsquellen wie z. B. Telefone, Netzwerkdrucker o. Ä. beseitigt bzw. ausgeschaltet werden. Das Anbringen eines ›Bitte-nicht-stören‹-Schildes an der Tür kann Unterbrechungen von außen vorbeugen.

Bereitstellung von Materialien. Die Visualisierung einzelner Coaching-Elemente kann im Verlauf eines Coachings zentral werden. In jedem Fall sollten das Coachingziel und die Lösungsideen sichtbar festgehalten werden (ebd., 53; 66). Für die Arbeit mit dem Coachee empfehlen wir hierzu die Nutzung von Flipcharts und Moderationskarten. Im Unterschied zur Tafel können diese Materialien flexibler genutzt werden. Sie können während eines Prozesses z. B. ab- oder umgehängt werden, was der Strukturierung einzelner Notizen und der Ergebnissicherung zuträglich sein kann. Zudem kann der Coachee die Notizen abschließend mitnehmen. Wir empfehlen, all diese Materialien im Coachingraum vorliegen zu haben, da die Auswahlmöglichkeit zwischen verschiedenen Materialien der individuellen Ausgestaltung eines Coachings zuträglich ist. Zudem empfehlen wir, als Coach während des Coachings immer eine Möglichkeit für persönliche Notizen zu haben (Block und Stift o. ä.). Notizen können vor allem während der Klärungsphase (vgl. Reality-Phase) dabei helfen, Gesprächstechniken gezielter anwenden zu können. Allerdings sollte beim Anfertigen von Notizen immer darauf geachtet werden, den Ausführungen des Coachees weiterhin aufmerksam zu folgen und den Rapport (wertschätzende, konstruktive Beziehung zum Coachee) nicht abbrechen zu lassen.

Sitzanordnung im Raum. Die Sitzanordnung hat großen Einfluss auf das Nähe-Distanz-Verhältnis zwischen Coach und Coachee. Egal, ob man mit Flipchart, Moderationskarten oder anderen Materialien arbeitet, sollte ein Tisch vorhanden sein, damit die Möglichkeit besteht, mit dem Coachee am Tisch bspw. Visualisierungen von Systemen vorzunehmen. Für die Sitzposition von Coachee und Coach wird üblicherweise eine 90°-Sitzposition der Gesprächspartner zueinander empfohlen (ebd., 48; Schreyögg 2012, 248). Eine solche Sitzposition ist vor allem für den Coachee hilfreich. Sie bietet den Vorteil, dass Coachee und Coach Blickkontakt herstellen, ihn aber auch vermeiden können, wenn es einer Konzentrationsphase bedarf. Der Coachee kann den Blick eher schweifen lassen und fühlt sich nicht zu sehr »festgenagelt« (Schreyögg 2012, 248). Die Blickrichtung sollte immer zur Flipchart, Tafel o. Ä. ausgerichtet sein. Aber auch hier sollte der Coachee die Möglichkeit haben, an dem Objekt vorbeischauen zu können.

Etablierung eines dauerhaften Coachingraums. Falls die räumlichen Gegebenheiten an einer Schule dies zulassen, scheint es besonders sinnvoll, einen

Raum dauerhaft als Coachingort zu nutzen. So muss der Coach nicht jedes Mal Zeit darauf verwenden, einen Raum nach den bis hierhin angeführten relevanten Aspekten vorzubereiten. Coachings können somit spontaner und mit deutlich geringeren Vorbereitungen durchgeführt werden. Zudem kann ein dauerhaft zur Verfügung stehender Coachingraum noch klarer auf die Bedürfnisse von Coach und Coachee zugeschnitten werden. In diesem Fall wäre es zu empfehlen, mehrere Sitzmöglichkeiten einzurichten. Neben einem Tisch mit mehreren Stühlen wäre es zudem auch denkbar, eine etwas wohnlichere Sitzecke mit mehreren kleinen Sesseln o. Ä. als Gesprächsecke zu arrangieren. Der Coachee kann sich so – je nach persönlichem Empfinden – entscheiden, in welchem Setting er sich während des Coachings am wohlsten fühlt. Die so gewonnene räumliche Flexibilität trägt zur individuellen Ausgestaltung eines Coachings bei. Ein kleiner Materialschrank kann z. B. helfen, die methodische Flexibilität im Coaching zu begünstigen, indem die nötigen Materialien möglichst griffbereit stehen.

Die folgende Raumskizze soll die vorangegangenen Gedanken zur Raumgestaltung aufgreifen und eine Vorstellung davon geben, wie ein Coachingraum gestaltet werden könnte.

Abb. 16: Mögliche Raumaufteilung eines dauerhaften Coachingraums

Inhaltliche Vorbereitung. Eine inhaltliche Vorbereitung auf ein bevorstehendes Coachinggespräch ist vor allem dann von Bedeutung, wenn mit dem oder der Ratsuchenden bereits Coachinggespräche stattgefunden haben. Dann sollte sich der Coach an die bisherigen Coachingsituationen erinnern und ggf. in den Notizen bzw. Unterlagen nachlesen, wie diese verlaufen sind. Hier sollten auch coachingartige ›Zwischen-Tür-und-Angel-Gespräche‹ bedacht werden. Diese Art von Gesprächen findet teilweise mitten im Schulalltag, z. B. zwischen zwei Unterrichtsstunden, statt, kann unter Umständen jedoch inhaltliche Anknüpfungspunkte für explizit vereinbarte Coachings bieten.

Persönliche Vorbereitung. Gerade im schulischen Kontext, in dem Coachings zumeist von Lehrerinnen und Lehrern durchgeführt werden, ist dieser Punkt von großer Bedeutung. Im Arbeitsalltag, der häufig von vielseitigen Anspruchsfeldern geprägt ist, sollte sich der Coach klarmachen, welche Rolle er bzw. sie als Coach annimmt. An dieser Stelle möchten wir daher noch einmal auf unsere Ausführungen in Kapitel 4 verweisen. Insbesondere Lehrpersonen sollten sich vor jedem Coaching klarmachen, dass sie eben nicht in der Rolle der Expertin oder des Experten für Unterricht gefragt sind, sondern als Coach mit einer Haltung im Sinne einer klientenorientierten Prozessberatung.

5.1.2 Orientierung auf der Beziehungsebene

Zu Beginn eines Coachingprozesses ist es entscheidend, sogenannten ›Rapport‹ zum Coachee herzustellen:

»Eine Beziehung zwischen zwei Menschen, die auf gegenseitiger Achtung, Wertschätzung und Vertrauen beruht ... Eine solche Beziehung ist die Voraussetzung jeder Beratung« (Mohl 2013, 131).

Dies gilt insbesondere auch für die Arbeit mit jugendlichen Coachees (z. B. Knafla et al. 2016, 71ff.; Nicolaisen 2017, 18ff.). Auf die Wichtigkeit einer konstruktiven Coachingbeziehung wird an verschiedenen Stellen hingewiesen (z. B. Schlippe/Schweitzer 2017, 15ff.; Bamberger 2015, 81) und ist einer der empirisch am besten nachgewiesenen Wirkfaktoren im Coaching (Böning/Kegel 2015. 62; Greif 2008, 273).

> Im schulischen Kontext sollten wir uns klarmachen, dass bereits im ersten (auch nonverbalen) Kontakt zwischen zwei Personen der Aufbau der Beziehungsebene beginnt. Insbesondere Lehrerinnen und Lehrer sollten sich bewusst sein, dass es ggf. auch schon vor einem ersten Zusammentreffen im Coachingsetting – zum Beispiel bei einer Pausenaufsicht, aber auch durch Erzählungen anderer Mitschülerinnen und Mitschüler – Kontakt zum Coachee gab. Je nachdem, wie ein solcher Kontakt dem Schüler oder der Schülerin im Gedächtnis geblieben ist, kann dies sowohl im guten als auch im negativen Sinn Auswirkungen auf die Beziehung von Coach und Coachee haben.

Um eine gute Beziehung herzustellen, benennen Pallasch und Simon (2003, 22f.) sieben »didaktische Prinzipien ... die das gesamte Prozessgeschehen, das Verhalten, das gegenseitige Verständnis und das atmosphärische Klima« (ebd.,

22) eines Coachings durch alle Phasen hindurch beeinflussen. Die Stärke dieser didaktischen Prinzipien sehen wir in der klaren Übertragbarkeit auf das Verhalten als Coach. Sie bieten während des gesamten Coachingprozesses eine Grundlage zur kritischen Selbstreflexion. Vor allem, wenn das Gespräch sich während einer Phase schleppend gestaltet und der Coachee sich dem Gespräch verschließt, kann dies ein Zeichen sein, dass eines oder mehrere dieser didaktischen Prinzipien nicht genügend berücksichtigt wurden. Daher gehen wir in aller Kürze auf diese sieben Ebenen ein (Pallasch/Simon 2003, 22f.).

Kontakt halten. Während des Coachingprozesses sollte der Coach stets Kontakt zum Coachee halten. Dies äußert sich sowohl in verbaler als auch in nonverbaler Hinsicht (z. B. Gordon 2012, 78f.). So ist es wichtig, dem Coachee z. B. auch beim Schreiben von Notizen zugewandt zu bleiben. Dies kann u. a. durch regelmäßige Aufmerksamkeitsreaktionen erreicht werden. Zudem sollte der Coach jederzeit wahrnehmen können, wie es dem Coachee geht (z. B. zeigen sich Widerstand und kairotische Momente beim Coachee als erstes körpersprachlich).

Zuhören. Dem Coachee soll in einer empathischen, kongruenten und authentischen Art zugehört werden.

Wiederholen. Relevante Aussagen des Coachees sollen vom Coach aufgegriffen werden. Dies gibt dem Ratsuchenden das Gefühl, verstanden zu werden. Entscheidend dabei ist, nicht willkürlich Erzählelemente des Coachees zu wiederholen, sondern die herauszugreifen und widerzuspiegeln, die für die individuelle Situation des Coachees relevant zu sein scheinen: Der Coach wiederholt Gesprächsäußerungen des Coachees »problem- und personenadäquat« (Pallasch/Simon 2003, 23).

Bestätigen. Der Coachee soll in der Wahrnehmung seiner Problemsituation ernstgenommen werden und sich verstanden fühlen. Dabei geht es darum, dem Coachee zu bestätigen, dass wir ihn in seiner Perspektive auf die eigene Situation und als Experten für das System, in dem er sich bewegt, wertschätzend annehmen.

Zusammenfassen. Diese Gesprächstechnik soll helfen, die Gedanken des Coachees zu strukturieren und zu bündeln. Wichtig hierbei ist es vor allem, die eigene Zusammenfassung als Coach immer nur als Angebot in den Raum zu stellen. Wir sollten uns klarmachen, dass jede zusammenfassende Äußerung durch uns immer von der eigenen subjektiven Deutung der Situation bestimmt ist. Es sind andere Worte und andere inhaltliche Schwerpunkte, die durch die zuhörende Person subjektiv ›gefärbt‹ sind.

Zeit geben. Dem Coachee soll immer wieder Zeit gegeben werden, in Ruhe über die eigene Situation und die Impulse, die der Coach ins Gespräch einbringt, nachzudenken. Pallasch und Simon (ebd., 23) betonen, dass es aber vor allem darum geht, dem Coachee das Gefühl und die Geborgenheit von Zeit zu geben, damit er sich tatsächlich auf das Gespräch einlassen kann.

Nonverbale Signale beachten. Es ist davon auszugehen, dass man im Sinne des ersten Axioms menschlicher Kommunikation nach Paul Watzlawick et al. (2017) »nicht nicht kommunizieren [kann]« (ebd., 58ff.). Daher sollte der Coach bei allen Aufgaben, die er im weiteren Verlauf eines Coachings hat, immer auch ein Auge auf die – vor allem körpersprachlichen – Signale des Coachees haben (z. B. Delfos 2015, 246f.). Falls der Coachee bestimmte Regungen ausstrahlt, die Anzeichen für intensive Denkprozesse oder auch eine gewisse (plötzliche) Abwehrhaltung sein können, kann der Coach diese Information für die Gestaltung des Coachingprozesses nutzen und ggf. Gesprächsimpulse hieraus erwachsen lassen.

Über diese didaktischen Prinzipien hinaus gibt es noch weitere Möglichkeit, die Beziehungsebene zwischen zwei Personen positiv zu beeinflussen. Hierzu möchten wir vor allem die Methode des Pacings bzw. des Spiegelns nennen. Bei dieser aus dem Neurolinguistischen Programmieren (NLP) bekannten Technik achtet der Coach zum einen auf seine Körperhaltung sowie auf Nähe und Distanz zum Coachee: Er versucht, seine Körperposition der des Coachees anzugleichen (z. B. Mohl 2013, 141ff.).

> Wenn Max z. B. den Coachingraum betritt, steht der Coach zur Begrüßung auf und setzt sich recht gleichzeitig mit Max wieder hin, sodass keine allzu großen Unterschiede in der Körperhaltung entstehen. Weiter kann der Coach sich z. B. einer eher vor- oder zurückgelehnten Sitzhaltung von Max angleichen.

Zum anderen betrifft Pacing Wortwahl und Sprachtempo, die ebenfalls gespiegelt werden können. Der Coachee sollte den Coach gut verstehen können. Es besteht die Gefahr, dass der Coachee eine Distanz wahrnimmt, weil er bspw. der Bildungssprache des Coachs aufgrund des Vokabulars oder auch aufgrund einer zu schnellen Sprechweise nicht folgen kann. So benennen jugendliche Coachees selbst eine verständliche Sprache als wichtig für die gute Arbeit im Coaching (Wiethoff 2011, 110).

> Wenn Max also zum ersten Mal zu einem Coaching kommt und ihm erklärt wird, was ›Coaching‹ bedeutet, ist es von Anfang an wichtig, sich auch sprachlich auf ihn einzulassen. Hier das Beispiel einer Aussage, die für unterschiedliche Kontexte im Sinne eines Pacings angeglichen ist.
> In einem Gespräch unter Kollegen bzw. auf einer Fachtagung wäre folgende Äußerung angebracht:
> V_1: »Systemisches Coaching ist ein klientenzentrierter Prozess, bei dem der Coach den Coachee darin unterstützt, perspektiverweiternde Lösungskonzepte für dessen Probleme zu erarbeiten.«
> Als Erklärung bzw. Einladung zu einem Coachingprozess für Max als Achtklässler ist hingegen folgende Formulierung treffender:
> V_2: »In dem Gespräch heute wollen wir zusammen gucken, was dir auf dem Herzen liegt. Ich möchte dir durch einige Fragen dabei helfen, deine eigenen Lösungen für ein bestimmtes Thema zu finden.«

Darüber hinaus ist beim Pacing nicht nur das sprachliche Niveau und der Duktus des Coachs gemeint, sondern auch die Berücksichtigung der Repräsentationssysteme im Gespräch. Im NLP wird bei der Gesprächsführung zwischen den Repräsentationssystemen visuell (sehend), auditiv (hörend), kinästhetisch (fühlend), olfaktorisch (riechend) und gustativ (schmeckend) unterschieden (z. B. Mohl 2013, 94ff.). Das heißt, Menschen nehmen ihre Umwelt auf verschiedenen Ebenen wahr und repräsentieren diese dementsprechend innerlich.

> Gehen Max und seine Klasse z. B. auf einen Weihnachtsmarkt, fällt dem einen eher der Duft des Glühweins (olfaktorisch) auf, während der andere zunächst die schöne Dekoration (visuell) und der Dritte eher den Klang der Musik auf der Bühne wahrnimmt (auditiv).
> Je nachdem, zu welchem Repräsentationssystem Max neigt, kann diese Ebene vom Coach angesprochen werden. »Erzähl doch mal, wie die Situation aktuell aussieht!« ist durch das Wort ›aussehen‹ visuell formuliert. Wenn Max eher kinästhetisch kommuniziert, er die betreffende Situation mit Gefühlen verbindet und repräsentiert, könnte ein verbales Pacing folgendermaßen lauten: »Erzähl doch mal, wie sich die Situation für dich anfühlt!« Bei einem auditiven Zugang wäre folgende Formulierung sinnvoll: »Lass mal hören, wie die Situation im Moment ist!« (z. B. Mohl 2013, 146ff.; Dannemeyer/Dannemeyer 2015, 85f.). In welchem Repräsentationssystem sich das Gegenüber gerade bewegt, lässt sich allgemeinen Äußerungen des Coachees entnehmen. »Immer wenn ich eine Mathearbeit schreibe, schleicht sich die Angst ganz, ganz leise von hinten an« spricht z. B. für ein eher auditives Repräsentationssystem.

Die Gefahr beim Einsatz der Technik des Pacings ist, dass sie mechanisch eingesetzt wird und es so zu einer Art ›Papageien-Effekt‹ kommt, bei dem sich der Coachee nachgeahmt fühlt. Darunter leidet nicht nur die Echtheit des Coachs, sondern mit großer Wahrscheinlichkeit auch die gute Beziehung zwischen Coach und Coachee.

> Hat der Coach das Gefühl, dass das ›Eis gebrochen‹ und eine gute Arbeitsbeziehung hergestellt ist, kann er deutlicher auf die inhaltlichen Aspekte der ersten Coachingphase übergehen. Dies bedeutet jedoch nicht, dass der Coach keine ›Beziehungsarbeit‹ mehr leisten muss – im Gegenteil: Durch den gesamten Coachingprozess hindurch muss die Qualität der Beziehung zwischen Coach und Coachee beachtet werden. Hierbei können sowohl die Beachtung der sieben didaktischen Prinzipien nach Pallasch und Simon (2003) als auch ein möglichst kontinuierliches Pacing helfen.

5.1.3 Orientierung auf der Inhaltsebene

Für die Orientierung auf Inhaltsebene sind besonders zwei Aspekte bedeutsam. Einerseits gibt der jugendliche Coachee einen Überblick über sein Thema bzw. seine Situation. Des Weiteren wird, ausgehend vom Thema des Gesprächs, ein konkretes Ziel bzw. eine konkrete Fragestellung für die Coachingsitzung festgelegt.

Überblick über das Thema. Der Coach fragt den Coachee zunächst nach dem Thema, um das es im Coaching gehen soll. Hierzu kann mit sogenannten ›Türöffnern‹ (Gordon 2012, 79f.) gearbeitet werden, die den Coachee zum offenen Erzählen anregen.

> V_1: »Erzähl doch mal, warum du heute da bist.«
> V_2: »Worüber möchtest du heute mit mir reden?«

Unserer Erfahrung nach ist es an dieser Stelle wichtig, offen gestellte Fragen zu nutzen. Es geht darum, nicht mit der ›Tür ins Haus zu fallen‹, sondern den Coachee das Tempo des Gesprächseinstiegs bestimmen zu lassen und dem Jugendlichen so möglichst viel Raum für erste Erzählungen zu geben. Für gewöhnlich erzählt ein Coachee recht frei von seiner aktuellen Situation und den Schwierigkeiten, die er im Moment erfährt. Antwortet ein Schüler hingegen nur sehr knapp oder kann (noch) kein Thema für ein Coaching benennen, können die Gründe hierfür unterschiedlicher Art sein.

Daher sollte der Coach austarieren, wodurch dieses Verhalten beeinflusst wird, ob der Schüler bzw. die Schülerin in diesem Moment z. B. Hilfe beim Strukturieren erster Überlegungen benötigt, unsicher bzgl. des weiteren Vorgehens ist oder sein bzw. ihr Verhalten ein Zeichen für eine Verweigerungshaltung darstellt. Auch sollte der Coach in solch einem Moment hinterfragen, inwiefern er dem Beziehungsaufbau zum Coachee mehr Zeit widmen sollte. Je nachdem, welcher dieser Aspekte zutrifft, stellt dies einen wesentlichen Unterschied für den weiteren Verlauf eines Coachings dar.

Wenn der Coachee seine Situation nur schwer in Worte fassen kann, ist es möglich u. a. durch das Fokussieren auf konkrete Situationen (z. B. »Erzähl doch mal, wie war es denn das letzte Mal, als du eine Mathearbeit geschrieben hast?«) dazu beizutragen, dass es ihm leichter fällt von sich zu erzählen.

Ein anderer, sehr viel Sensibilität erfordernder Grund für die Zurückhaltung kann aber auch darin liegen, dass ein Schüler bzw. eine Schülerin von Kolleginnen und Kollegen – wenn auch mit positiver Absicht – zu einem Coaching geschickt wird. In diesem Fall das Prinzip der Freiwilligkeit als ein zentrales Merkmal von Coaching zu wahren, stellt eine Herausforderung für den Coach dar. So gilt es durch spezifisches Nachfragen ›abzuklopfen‹, inwiefern ein Schüler bzw. eine Schülerin trotz des augenscheinlichen ›Geschickt-Werdens‹ ein Anliegen hat, das im Coaching thematisiert werden kann. Nach unserer Erfahrung kristallisiert sich – v. a. bei einer stabilen Beziehung zwischen Coach und Coachee – in den meisten Fällen an dieser Stelle ein solches Anliegen heraus.

5 Der Coachingprozess konkret

> Kommt Max also in ein Coachinggespräch und antwortet, er sei von Herrn Klausen geschickt worden, kann es hilfreich sein, z. B. folgende Fragen zu stellen:
>
> V_1: »Was denkst du, warum dich Herr Klausen geschickt hat?«
> V_2: »Was denkst du, müsste passieren, dass Herr Klausen dich nicht mehr zu mir schicken würde?«
> V_3: »Aber mal abgesehen von Herrn Klausen, über was würdest du gern sprechen?«
>
> Solche oder ähnliche Fragen zielen darauf ab, eine erste Idee davon zu entwickeln, welches Thema in einem Coaching relevant werden kann. Hierbei hilft es, Max im Sinne zirkulärer Fragen dazu anzuregen, sich in die Lage anderer Personen – hier Herr Klausen – hineinzuversetzen.
>
> V_1: »Herr Klausen hat letztens noch zu mir gesagt, dass ich meine Hausaufgaben regelmäßiger machen soll.«
> V_2: »Wenn ich meine Hausaufgaben regelmäßig machen würde, wäre er bestimmt zufrieden und würde mich nicht mehr schicken.«
>
> Wenn Max auf dieser Ebene antwortet, kann dies ein guter Anknüpfungspunkt für die Suche nach einem Thema für ein Coaching darstellen. Ein weiterer Impuls durch den Coach könnte an dieser Stelle in folgende Richtung gehen:
>
> V_1: »Inwiefern könnte es dir helfen, in unserem Gespräch mal in Ruhe zu überlegen, wie es vielleicht klappen könnte, deine Hausaufgaben regelmäßig zu erledigen?«
> V_2: »Hättest du denn Lust, mit mir zusammen darüber nachzudenken, wie es klappen könnte, deine Hausaufgaben regelmäßiger zu machen?«

Ein Coach muss sich an dieser Stelle im Gespräch jedoch immer wieder klarmachen, dass es in einer solchen Situation keinesfalls darum geht, der Schülerin oder dem Schüler ein Problem ›einzureden‹ und sie bzw. ihn zu einem Coaching zu drängen. Sollte sich herausstellen, dass ein Coachee tatsächlich keinen Bedarf für ein Coaching sieht oder das Gespräch verweigert, sollte das Coaching an dieser Stelle wertfrei und die Entscheidung des Coachees akzeptierend beendet werden.

> Gerade im schulischen Kontext sollte dem Thema »Unfreiwilligkeit in Coachings« Beachtung geschenkt werden. Hierzu empfehlen wir folgende Werke zur weiterführenden Lektüre:
>
> Conen, M.-L./Cecchin, G. (2016): Wie kann ich Ihnen helfen, mich wieder loszuwerden? Therapie und Beratung mit unmotivierten Klienten und in Zwangskontexten (5. Aufl.). Heidelberg: Carl-Auer.
> Nicolaisen, T. (2017): Lerncoaching-Praxis. Coaching in pädagogischen Arbeitsfeldern (2. Aufl.). Weinheim/Basel: Beltz Juventa, S. 189–201.
> Steiner, T. (2016): Jetzt mal angenommen… Anregungen für die lösungsfokussierte Arbeit mit Kindern und Jugendlichen (3. Aufl.). Heidelberg: Carl-Auer, S. 123–130.

Vom Thema zum Ziel eines Coachings. Öffnet sich ein Coachee und berichtet von seinem Anliegen, sollte ihm die Möglichkeit gegeben werden, möglichst frei zu reden. Dies kann wesentlich dazu beitragen, dass ein Schüler im Coachingsetting ›ankommt‹. Sobald ein rudimentärer Überblick über das Thema besteht, sollte ein konkretes Ziel für das Coachinggespräch festgelegt werden. Solange kein Ziel benannt wurde, besteht in Coachings häufig die Tendenz, dass ein Dialog in unterschiedliche Richtungen verläuft. Daher ist es gerade im Kontext von Coachings in der Schule und den häufig eng gesteckten Zeitfenstern vor Ort ratsam, ein Ziel frühzeitig klar zu benennen.

> Beim Coaching mit Jugendlichen kann es sehr hilfreich sein, eine Frage statt eines Ziels zu formulieren, die nach einer Coachingsitzung beantwortet sein soll. Der Begriff ›Frage‹ ist für die meisten Jugendlichen verständlicher als der Begriff ›Ziel‹. Daher empfehlen wir, mit diesem Impuls in die Formulierung einer Ziel- bzw. Fragestellung einzusteigen:
> Coach: »Stell dir vor, du verlässt nach unserem Gespräch diesen Raum. Welche Frage möchtest du für dich selber beantwortet haben?«

Die Unterstützung des Coachees bei der Zielformulierung stellt eine wesentliche Aufgabe des Coachs dar. Indem sich der Coachee mit der genauen Formulierung einer geeigneten Ziel- bzw. Fragestellung beschäftigt, findet eine erste Auseinandersetzung mit der eigenen Situation statt, die bereits ein erster Schritt hin zur Problemlösung ist. Dieser Prozess kann insbesondere jugendlichen Coachees helfen, ihr Themenfeld genauer zu begrenzen und greifbarer zu machen. Daher sollte sich der Coach bewusst Zeit für die Zielformulierung einräumen und die Zielfestlegung nicht überhasten.

> Das Ziel sollte so früh wie möglich festgelegt werden, damit eine weiterführende Klärung zielgerichtet stattfinden kann. Es sollte aber so spät wie nötig festgelegt werden, damit sich der Coachee zunächst ›warm‹ reden kann und eine erste rudimentäre Klärung stattfindet.

Unseres Erachtens hilft es, recht schnell erste Ansätze bzw. Ideen für eine Zielformulierung auf einer Flipchart, Tafel o. Ä. zu visualisieren. Allerdings sollte die erste Formulierung nicht voreilig als statische Endversion des Ziels hingenommen werden. An einer ersten Formulierung gilt es häufig weiterzuarbeiten, bis ein Ziel bzw. eine Fragestellung formuliert ist, die das Anliegen des Coachees möglichst genau widerspiegelt.

Dabei hilft es, sich bei der Formulierung des Ziels möglichst genau an den Wortlaut des Coachees zu halten und ihm bzw. ihr keine Worte ›in den Mund zu legen‹. Dies trägt wesentlich zur Steigerung der Passung und der Attraktivität des Ziels selbst bei. In diesem Kontext weist Storch (2011) darauf hin, »dass eine hohe Identifikation mit dem angestrebten Ziel in Kombination mit einer geschickt ausgeführten konkreten Planung die höchsten Effekte in der

Zielerreichung nach sich zieht« (Storch 2011, 185). Ein häufig genutztes Akronym für die Formulierung eines hilfreichen Ziels bzw. einer Fragestellung ist s. m.a.r.t. Dieses Akronym wurde erstmals 1981 vom Unternehmensberater George T. Doran (1981, 36) im Anschluss an die Zielpsychologie nach Locke und Latham (z. B. 1990) genutzt und weist darauf hin, dass Ziele spezifisch (specific), messbar (measurable), einer Person – im Coaching dem Ratsuchenden – zugeordnet (assignable), realistisch (realisitc) und terminiert (time related) sein sollten. Diese Merkmale von Zielen können sinnvoll auf Coachingziele und -fragen bezogen werden.

> Kommt Max also zu einem Coaching und schildert, dass er seine Hausaufgaben regelmäßiger machen möchte, könnte dies eine Fragestellung sein, die auf seine Situation zugeschnitten ist:
> »Was kann ich tun, um meine Hausaufgaben bis zum Ende des Schuljahres jeden Tag zu erledigen?«
>
> Diese Fragestellung entspricht den s.m.a.r.t.-Kriterien auf folgenden Ebenen:
>
> s   Die Frage ist spezifisch, weil es eindeutig auf die Situation von Max zugeschnitten ist.
> m   Sie ist messbar, weil Max jeden Tag überprüfen kann, ob er seine Hausaufgaben gemacht hat.
> a   Die Frage ist ganz klar Max als verantwortlicher Person zugeordnet. Er kann die Beantwortung der Frage also selbst gestalten.
> r   Sie ist realistisch. Fragwürdig wäre die Erfüllung dieses Kriteriums z. B., wenn Max sich in einem anderen Kontext vornehmen würde, jeden Tag drei Stunden Vokabeln zu lernen. Ob allerdings ein Aspekt der Fragestellung realistisch ist oder eben nicht, kann letztlich nur vom Coachee entschieden werden. So kann sich z. B. in der Klärungsphase herausstellen, dass die Fragestellung eine unrealistische Komponente enthält, sodass das Ziel noch einmal umformuliert werden muss.
> t   Bei dieser Frage ist ein klares Ende benannt, sodass es zeitlich überschaubar ist.

Weiterführende Hinweise zu einer passenden Ziel- und Frageformulierung finden sich ausführlich in Kapitel 6.1. Wir empfehlen, eine solche Fragestellung oder ein solches Ziel während des gesamten Coachingprozesses für die Beteiligten deutlich sichtbar zu visualisieren. Hierdurch kann die Fragestellung während des Gesprächs als eine Art Ankerpunkt dienen, an dem sich das Gespräch während des Coachings immer wieder orientieren kann.

> Schweift ein Klient im Verlauf eines Coachinggesprächs immer wieder von der anfänglich formulierten Zielformulierung ab, kann dies ein Zeichen dafür sein, dass die Zielformulierung zu ungenau für die Situation des Klienten

ist. Hierbei ist es wichtig, dem Klienten die Chance zu geben, sein bzw. ihr Ziel noch einmal umzuformulieren. Dieser Schritt sollte wie eine Art Schleife hin zu einer erneuten inhaltlichen Orientierung verstanden werden. Daher sollte in solch einem Fall immer auch eine erneute Reality-, Options- und Will-Phase (s. u.), ggf. allerdings deutlich verkürzt, eingeschoben werden.

Bei der Formulierung von Fragestellungen und Zielen in Coachinggesprächen möchten wir zwischen zwei Formen unterscheiden. Unsere bisherigen Ausführungen beziehen sich auf Fragestellungen, die sich auf ein konkretes Coachinggespräch beziehen. Darüber hinaus stellt die zweite Form eine übergreifende, langfristige Frage- bzw. Zielstellung dar. König und Volmer (2012, 52) bezeichnen diese Form als Prozessziel. Dies beschreibt ein Ziel, das der Coachee am Ende eines längeren Coachingprozesses über mehrere Sitzungen hinweg erreichen möchte (auch dies könnte als Frage formuliert sein). Dies wäre z. B. der Fall, wenn ein Schüler seine Note in einem bestimmten Fach auf lange Sicht, also bis zum nächsten Zeugnis, verbessern möchte. Ein solches Prozessziel kann ebenfalls festgehalten werden. Allerdings muss dabei auch für den Coachee nachvollziehbar werden, dass es sich hierbei um ein langfristiges Ziel handelt und es nicht am Ende einer Sitzung erreicht werden kann.

Schülerinnen und Schüler formulieren häufig zunächst langfristige Prozessziele. Sie benötigen daher immer wieder Unterstützung bei der Formulierung einer Frage für ein konkretes Coachinggespräch, die zunächst bearbeitet werden muss, um dann ein langfristiges Prozessziel zu erreichen.

5.1.4 Kontrakte zum Coachingprozess

König und Volmer (ebd., 53f.) benennen mehrere Kontrakte, die im Übergang von der Orientierungs- zur Klärungsphase hin geschlossen werden sollen. Ein Kontrakt bezeichnet im Coaching die zumeist mündliche Vereinbarung zu einer »Arbeitsbeziehung über das Erreichen von Handlungszielen« (Loebbert 2017, 40). Dieser Vereinbarung stimmen beide Beteiligten explizit zu. Gerade bei Coachings mit Schülerinnen und Schülern sind diese besonders bedeutsam: Klar ausgesprochen geben sie den Jugendlichen sowohl auf inhaltlicher als auch auf persönlicher Ebene eine Orientierung. Daher sollten Kontrakte auf folgenden Ebenen getroffen werden (König/Volmer 2012, 53f.):

Rolle des Coachs. Je klarer die Unterschiede der Rollen Lehrperson und Coach auch für den Coachee offengelegt sind, desto leichter kann dieser sich ggf. auf den Prozess einlassen. Es muss klar benannt werden, wie der Coach agiert, auch wenn er dem Schüler oder der Schülerin aus anderen Kontexten bekannt ist. Dies betrifft vor allem die Aspekte der Vertraulichkeit und die Frage danach, wie der Coach den Coachee darin unterstützt, sein Problem zu klären: Der Coach unterstützt den Coachee in der Auseinandersetzung mit seiner Situation, übernimmt aber keinesfalls die Verantwortung für dessen Problem. Diesem Ansatz muss der Coachee explizit zustimmen, damit sichergestellt ist, dass er oder sie keine falschen Erwartungen an das Coaching und den Coach – z. B. bezüglich der Findung von Lösungen – hat. Auf diesen Aspekt zielt auch der nächste Kontrakt ab.

Vorgehen beim Coaching. Der Coach erklärt dem Coachee in Grundzügen, was er unter Coaching (Prozess- und Expertencoaching) versteht, und überprüft, inwiefern sich dieses Verständnis mit den Erwartungen des Coachees deckt. Es ist wichtig, diesen Aspekt ›sauber‹ zu klären. Nur so lässt sich vermeiden, dass der Coachee im späteren Gesprächsverlauf davon überrascht wird, selbst Lösungsvorschläge beisteuern zu sollen. So kann es bereits an dieser Stelle hilfreich sein, die vier Phasen des Coachings in groben Zügen offenzulegen, damit der Coachee weiß, was genau auf ihn zukommt und mit welchen Methoden (z. B. Brainstorming) voraussichtlich gearbeitet wird.

Vertraulichkeit. Durch die genaueren Erklärungen bezüglich der Rolle des Coachs muss klar werden, dass keine Informationen aus dem Coaching an Dritte – auch nicht an andere Lehrerinnen und Lehrer oder die Eltern des Coachees – weitergetragen werden. Die explizite Versicherung der Vertraulichkeit kann die Offenheit des Coachees und somit das Gelingen eines Coachings wesentlich beeinflussen.

Zeitrahmen. Den Beteiligten sollte der gemeinsame Zeitrahmen für ein Coaching bewusst sein. Daher muss dieser offen angesprochen und übereinstimmend festgelegt sein. Hierdurch kann der Zeitrahmen des Coachings leichter eingehalten und so die Wahrscheinlichkeit erhöht werden, dass innerhalb des vorgegebenen Rahmens konzentriert gearbeitet wird. Zudem werden Irritationen über ein unerwartetes Ende des Gesprächs vermieden.

Sowohl Coachee als auch Coach müssen in allen Punkten zustimmen bzw. zur Einigkeit gelangen, bevor das Coaching weitergehen kann. Dem Coachee bietet sich so die Möglichkeit, sich konkreter auf das Coaching einzulassen und Fragen stellen zu können, die den Ablauf des Coachingprozesses betreffen. Dieser Moment kann wesentlich zum Aufbau einer zuträglichen Coach-Coachee-Beziehung beitragen. Zudem initiiert der bewusste Schritt der Kontraktierung das eigenverantwortliche Handeln und die Verantwortungsübernahme beim jugendlichen Coachee. Die Zustimmung aller beteiligten Personen zu den hier aufgeführten Kontrakten bildet den Abschluss der Orientierungsphase (›Goal‹) bzw. den Übergang zur nächsten Gesprächsphase. Als Übergang in die nächste Phase des Coachings ist es hilfreich, wesentliche Ergebnisse der Goal-Phase zusammenzufassen.

> Eine solche Zusammenfassung könnte in Max' Fall bspw. so lauten:
> »Nachdem wir die Frage ›Was kann ich tun, um meine Hausaufgaben bis zum Ende des Schuljahres jeden Tag zu erledigen?‹ aufgeschrieben haben, nehmen wir uns jetzt 30 Minuten Zeit und versuchen, sie zu beantworten. Ist das okay für dich?«

5.2 Reality: Klärung der Situation für den Coachee

> In dieser Phase eines Coachings wird ein Klärungsprozess für den Klienten iniziiert und zwar klar getrennt von der Lösungssuche in der Options-Phase. Der Coach soll den Coachee darin unterstützen, das System, in dem er sich bewegt, aus neuen, erweiterten Perspektiven zu betrachten. Eine erste Auseinandersetzung mit der eigenen Situation wird teilweise sogar bereits als Intervention verstanden, da ein Klient sich mit seiner Lage beschäftigt und somit einen Veränderungsprozess anstößt (Schein 2010, 35).

Den Coachee während eines solchen Klärungsprozesses zu begleiten, ohne dabei eine Bewertung der geschilderten Situation vorzunehmen und sie oder ihn so zu beeinflussen, stellt die wesentliche Aufgabe eines Coachs dar. Gerade als Lehrperson kann es eine besondere Herausforderung sein, diese Haltung gegenüber Schülerinnen und Schülern zu verkörpern. Wenn Fragen mit dem Hintergedanken gestellt werden, einen Coachee von allein darauf kommen zu lassen, was aus der Perspektive des Coachs ›die eine richtige Lösung‹ ist, entspricht dies keinesfalls einer Haltung im Sinne einer systemisch-konstruktivistischen Prozessberatung.

> »Die ›wissenden‹ Beratertipps prallen nicht nur an der Eigenlogik und Selbstorganisation des Klientensystems ab, sie provozieren sogar die Ablehnung und verfestigen Starrheit. Umgekehrt wird ein Schuh daraus: Wir sollten als systemische Prozessberater auf das Besserwissen verzichten« (Barthelmess 2016, 89).

Um einer solchen systemischen Haltung treu zu bleiben, sollte sich der Coach während der Reality-Phase immer wieder zwei Dinge klarmachen:

> Es geht in dieser Phase des Gesprächs nicht darum, die bisherige Wahrnehmung des Klienten als falsch zu entlarven oder sich auf die Suche nach der einen wahren Sichtweise auf die Situation des Klienten zu begeben. Vielmehr sollen festgefahrene Denkmuster zu bestimmten Problemsituationen erweitert und so der Nährboden für Lösungsideen in der nächsten Phase des Coachings gelegt werden.
>
> In dieser Phase steht die Klärung der Situation für den Coachee und nicht vorrangig für den Coach im Mittelpunkt. Hierzu soll der Coachee seine eigene Situation aus anderen Perspektiven betrachten. Dieser Anspruch an die Klärungsphase ist nicht immer leicht umzusetzen. Intuitiv neigen wir beim Zuhören meist dazu, Erzählungen bis ins Detail verstehen zu wollen, und schlussfolgern voreilig, dass wir ›die eine‹ Wahrheit erfasst hätten. Dieser Impuls ist nicht vereinbar mit einer systemisch-konstruktivistischen Grundhaltung und kann ggf. sogar der Selbstklärung des Coachee abträglich sein.

Diese beiden Aspekte sollten den Coach wesentlich in seiner Haltung und seinem Handeln prägen. Wenn Impulse bzw. Fragetechniken genutzt werden, sollten diese immer darauf abzielen, die Klärung klientenzentriert voranzutreiben.

5.2.1 Gesprächs- und Fragetechniken zur Unterstützung der Selbstklärung

Viele der systemischen Gesprächstechniken, die zur Selbstklärung beitragen sollen und die wir im Folgenden vorstellen werden, werden auch als ›angemessen ungewöhnliche Fragen‹ bezeichnet. Die Bezeichnung stammt ursprünglich von Tom Andersen (2011, 65; urspr. 1990). Andersen versteht darunter Fragen, die durch ihren ungewöhnlichen Charakter ein Umdenken, neue Perspektiven beim Ratsuchenden anstoßen und somit ein zentrales Ziel systemischen Coachings verfolgen. Gleichzeitig dürfen sie aber auch nicht unangemessen sein, sodass sich das Gegenüber dem Gespräch resp. dem Veränderungsprozess verschließt. Hinweise dazu, ob eine Frage angemessen ungewöhnlich war oder eben die Grenze zum Unangemessenen übertreten hat, kann der Berater u. a. an der Körpersprache des Ratsuchenden erkennen:

> »[Wir] müssen ... sensibel für die Reaktionen derer sein, mit denen wir sprechen. Die zu gewohnten Fragen erzeugen keine Spannung in unseren Gesprächspartnern. Die angemessen ungewöhnlichen Fragen tun das, und man kann dies durch einen Aktivitätswechsel der Person entdecken, z. B. ... durch eine Änderung der Körperhaltung, von einem sehr entspannten Aussehen zu einem weniger lockeren usw.« (Andersen 2011, 65).

Falls der Coachee während eines Coachings als Reaktion auf eine Frage also mit einer veränderten Körperhaltung und einer darauffolgenden längeren Gedankenpause reagiert, kann dies ein Hinweis auf eine wirksame angemessen ungewöhnliche Frage sein. In diesem Fall ist es wichtig, den Coachee nicht in seinen bzw. ihren Gedanken zu unterbrechen und eine (Denk-)Pause im Gespräch zuzulassen.

Grundlegend unterscheiden wir zwischen Fragen bzw. Impulsen, die den Blick des Coachees zur Klärung seiner Situation in die Breite und solche, die den Blick in die Tiefe lenken. Impulse in die Breite werden gerade zu Beginn eines Coachings, aber auch immer dann eingesetzt, wenn der Erzählfluss des Coachees im Allgemeinen angeregt werden soll. Impulse in die Tiefe nehmen hingegen speziellere Aspekte der Problemsituation in den Blick. Um den Klärungsprozess möglichst nah am Coachee auszurichten, sollten hierbei Dinge aufgegriffen werden, die der Coachee bereits selbst genannt hat. So kann der Fokus z. B. auf eine Person gelenkt werden, von der der Coachee immer wieder spricht. Die folgende Abbildung fasst diese Idee zusammen:

5.2 Reality: Klärung der Situation für den Coachee

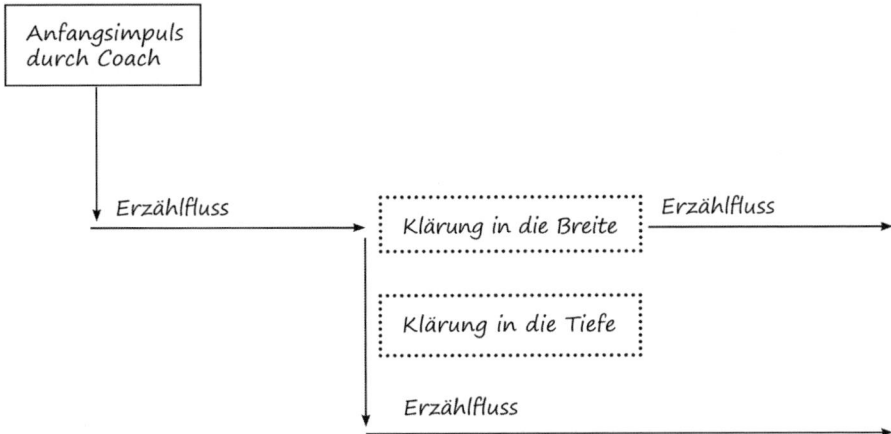

Abb. 17: Klärung in die Breite und in die Tiefe

Versucht man nun, diesen Ansatz auf den gesamten Verlauf eines Coachings zu übertragen, fächert sich der Gesprächsverlauf in folgendes, immer weiter zu spinnendes Muster auf.

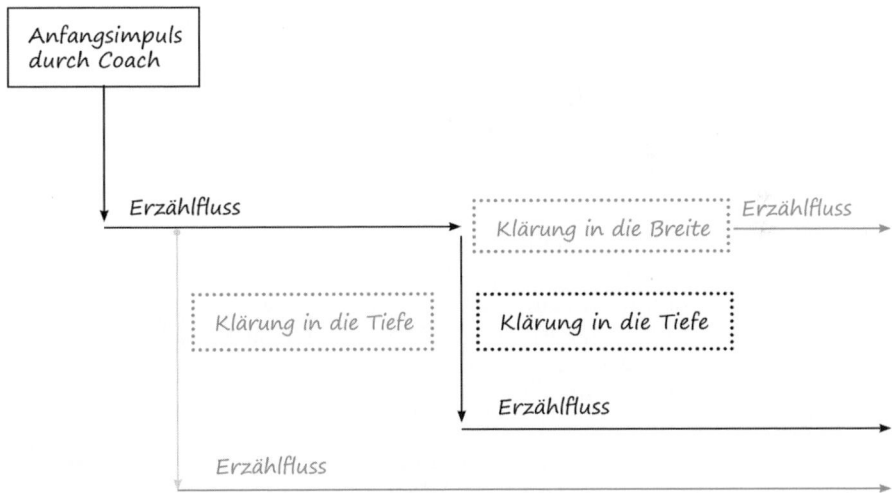

Abb. 18: Klärung in Breite und Tiefe im Coachingprozess

Diese Abbildung macht deutlich, dass es zahlreiche Anknüpfungspunkte für Impulse und Fragen in die Breite und in die Tiefe gibt, von denen wir jedoch im Coaching immer nur einige Aspekte aufgreifen können. Um ein genaueres Bild davon zu geben, wo diese Punkte gefunden werden können, möchten wir auf die Kategorisierung noch einmal genauer eingehen.

Klärung in die Breite

Es können verschiedenste Fragetechniken und Impulse zur Klärung in die Breite genutzt werden. Das Ziel ist es hierbei, den Klienten durch entsprechende Impulse zu einem freien Erzählfluss anzuregen. Hierzu möchten wir an dieser Stelle die beiden Techniken ›Türöffner‹ und ›Prozessfragen mit chronologischem Fokus‹ vorstellen.

Türöffner. Unter Türöffnern verstehen wir in Anknüpfung an Gordon (2012, 79f.) offene Fragen bzw. Aussagen, die den Erzählfluss des Klienten im Allgemeinen anregen sollen. Solche Erzählaufforderungen zu Beginn des Coachinggesprächs könnten bspw. lauten:

> V_1: »Erzähl doch mal, was die Situation im Moment ausmacht.«
> V_2: »Wie sieht deine aktuelle Situation denn aus?«

Auf Türöffner folgt üblicherweise eine offene Erzählphase des Coachee, in der er von seiner Situation und von seinem Problem berichtet.

Prozessfragen mit chronologischem Fokus. Die Perspektive des Coachees soll durch Fragen in Richtung Gegenwart, Vergangenheit und Zukunft erweitert werden (König/Volmer 2012, 56ff.). Hierdurch wird der Coachee angehalten, sich in der Breite mit seiner bzw. ihrer individuellen Situation auseinanderzusetzen.

> *Fragen zur gegenwärtigen Situation, z. B.:*
> V_1: »Erzähl doch mal, was führt dich heute hierher?«
> V_2: »Was tust du üblicherweise in einer solchen Situation?«
>
> *Fragen zur Vorgeschichte, z. B.:*
> V_1: »Wie ist es zu der Situation, wie sie heute ist, gekommen?«
> V_2: »Was hast du bislang getan, um das Problem zu lösen?«
> V_3: »In welcher Situation ist das Problem einmal nicht aufgetaucht und was hat dazu beigetragen?«
> V_4: »Ist es dir schon einmal gelungen, deine Hausaufgaben regelmäßig zu machen?«
>
> *Fragen zur weiteren Entwicklung der Situation, z. B.:*
> V_1: »Was denkst du, wie wird sich die Situation in den nächsten Wochen verändern?«
> V_2: »Was wäre das Beste, das passieren könnte?«

Klärung in die Tiefe

Fokussieren. Eine – gerade in der Arbeit mit Jugendlichen – hilfreiche Technik ist das Fokussieren. In loser Anlehnung an das Focusing nach Gendlin (2016) stellen König und Volmer (2012, 58) das Fokussieren als Nachfragetechnik im Coaching vor. Dabei soll der Coachee eine konkrete Situation, in der das betreffende Problem (nicht) aufgetaucht ist, beschreiben.

> »Max, beschreib doch bitte mal eine Situation, in der du keine Probleme hattest, die Hausaufgaben in Ruhe zu machen«, wäre eine Aussage, die einen solchen detaillierten Fokus legt.

Ziel des Fokussierens ist es, von einem abstrakten, neutralen Bericht hin zu einer konkreten, ggf. auch mit den Emotionen angefüllten Beschreibung einer Situation zu gelangen. Hierdurch kann ein Raum geschaffen werden, der die Suche nach Lösungsansätzen begünstigt, indem detailliert auf die Vorerfahrungen des Coachees geschaut wird. Durch die Fokussierung auf emotional eher positiv besetzte Momente, in denen ein Problem nicht aufgetaucht ist, soll vermieden werden, dass sich ein Klient zu sehr in sein Problem hineinversetzt und dadurch in das Problem – und vor allem mit den damit verbunden Emotionen – ›hineinfällt‹, statt sich auf mögliche Lösungswege einzulassen. Außerdem werden gerade Jugendliche, die eher stockend erzählen, durch das Fokussieren auf konkrete Situationen zum ›ausgeschmückten‹ Erzählen angeregt.

Fragen nach verdeckten Informationen. Dem Meta-Modell der Sprache des Neurolinguistischen Programmierens (NLP) folgend, gehen wir davon aus, dass in unserer sprachlichen Repräsentation der Welt Tilgungen, Verzerrungen und Generalisierungen enthalten sind. Das heißt, dass wir in unserer Erinnerung an Situationen, und damit auch in den Erzählungen darüber, Informationen weglassen (tilgen) oder verändern (verzerren) (Bandler/Grinder 2005, 64ff.; Mohl 2013, 160f.). Dieser Umstand sorgt dafür, dass wir unsere Wahrnehmungen und die Eindrücke des Alltags bewältigen können. Wenn ein Schüler oder eine Schülerin bspw. in jedem Moment einer Unterrichtsstunde jedes kleinste Detail im Klassenraum wahrnehmen würde, wäre es ihm bzw. ihr nicht mehr möglich, sich auf die Tafelanschrift, den Lehrervortrag oder einen Text zu konzentrieren. Es ist also im alltäglichen Leben gut und wichtig, dass wir Dinge selektiv wahrnehmen und verarbeiten. Eine solche selektive Wahrnehmung führt aber auch dazu, dass wir in Problem- oder Konfliktsituationen entscheidende Informationen nicht wahrnehmen oder diese unbewusst verändern. Diesem Phänomen gilt es im Coaching gerecht zu werden. Der Coach sollte versuchen, beim Coachee Generalisierungen sowie Verzerrungen aufzulösen und Tilgungen zu erfragen (Mohl 2013, 160f.).

Tilgungen erfragen. Wenn in einer Aussage des Coachees Informationen – wie oben beschrieben – getilgt sein könnten, dann sollte der Coach diese Tilgungen erfragen. Bandler und Grinder (2005, 64f.) gehen davon aus, dass diese Informationen auf einer tieferen Ebene durchaus abzurufen sind.

> Max: »Ich habe einfach keinen Bock auf Hausaufgaben.«
> Bei dieser Aussage kann der Coach verschiedene mögliche Tilgungen nachfragen, bspw.:
> V_1: »Was genau heißt denn für dich ›einfach keinen Bock‹?«
> V_2: »Auf welche Hausaufgaben hast du keinen Bock?«
> Durch diese Fragen wird Max dazu aufgefordert, das recht allgemein beschriebene Gefühl ›einfach keinen Bock‹ in der Tiefe zu hinterfragen und auszudifferenzieren. Zum Beispiel kann sich hieraus ergeben, was Auslöser für dieses Gefühl sind und wie solche Auslöser ggf. umgangen bzw. anders gedeutet werden können.

Generalisierungen und Verzerrungen auflösen. Generalisierungen sind Verallgemeinerungen von Eigenschaften, die wir in einer oder mehreren spezifischen Situationen erlebt haben, die wir jedoch auf alle ähnlichen Situationen übertragen. So nutzen Schülerinnen und Schüler regelmäßig generalisierte Sätze wie z. B. »Ich kann kein Mathe«, obwohl sie nur bei bestimmten Aufgaben Probleme haben. Verzerrungen bezeichnen Vorgänge, bei denen wahrgenommene Erfahrungen in der eigenen, inneren Repräsentation verändert werden. Eine gängige Verzerrung ist bspw. die Herstellung eines Kausalzusammenhangs, der – vor allem systemisch betrachtet – nicht besteht (z. B.: »Bei Herrn Bach kann man einfach kein Mathe lernen.«). Ein weiteres Beispiel für Verzerrungen ist die Vereinfachung eines Prozesses zu einem Ereignis (z. B.: »Das Lernen für die Klassenarbeit hat nichts gebracht.«). Gerade in Problem- und Konfliktsituationen können uns diese Funktionen in der Lösungssuche einschränken (Mohl 2013, 160). Wenn bspw. ein Schüler bestimmten ähnlichen Situationen feste Eigenschaften zuweist – also *generalisiert* –, ist er unflexibel im Umgang mit dieser Situation.

> Beispielsweise könnte Max davon überzeugt sein, dass er es ›nie‹ schafft, zuhause in Ruhe die Hausaufgaben zu machen, weil sein kleiner Bruder ihn ›immer‹ stört. Er hat hier die Situation generalisiert, denn sein Bruder stört ihn ›immer‹ und zudem verzerrt, denn er stellt auch noch den Kausalzusammenhang zwischen ›Nicht-lernen-können‹ und dem kleinen Bruder her. Um diese Generalisierung bzw. Verzerrung zu hinterfragen, wären folgende Impulse denkbar:
> V_1: »Stört dich dein Bruder wirklich *immer*?«
> V_2: »Gab es schon mal eine Situation, in der du zuhause in Ruhe die Hausaufgaben machen konntest, weil dein Bruder dich nicht geärgert hat?«
> V_3: »Wie lernst du, wenn dein kleiner Bruder nicht daheim ist?«
> Durch solche Fragen wird Max dazu angeregt, über seine Generalisierung nachzudenken und diese ggf. aufzulösen – zu »verflüssigen« (Palmowski

2011, 73ff). Sollte es Gelegenheiten gegeben haben, in denen er seine Hausaufgaben einmal in Ruhe machen konnte oder er für sich klären kann, welche Aspekte (neben dem Bruder) noch eine Rolle in seinem Problem spielen, können dies Ausgangspunkte für mögliche Lösungsmöglichkeiten im weiteren Gespräch sein.

Widerspiegeln und Strukturieren von Gehörtem. Eine gängige Technik in verschiedenen Gesprächssituationen ist das *strukturierte Paraphrasieren* von Gehörtem (König/Volmer 2012, 58ff.). In der Nutzung dieser Gesprächstechnik verfolgt der Coach sowohl Ziele auf Klärungs- als auch auf der Beziehungsebene: Auf *Beziehungsebene* zeigt das Paraphrasieren Wertschätzung und Empathie. Der jugendliche Coachee kann sich vergewissern, dass der erwachsene Coach sich bemüht, ihm ›richtig‹ zuzuhören und ihn zu verstehen. Auf der *Klärungsebene* wird der Coachee aufgefordert, die Aussage seines Gegenübers mit der eigenen Wahrnehmung seiner Situation abzugleichen. Es empfiehlt sich grundsätzlich, eine Paraphrasierung als Frage zu formulieren. Dadurch wird der Coachee indirekt immer dazu eingeladen sich zu der Aussage des Coachs zu positionieren, indem er der Paraphrasierung zustimmt oder sich auch von ihr distanziert.

So kann der Coachee auch auf eine strukturierte Zusammenfassung mit einer Korrektur reagieren. Auch dies führt zu einer weiteren Explikation der Situation durch den Coachee selbst.

Max erzählt also von dem Problem, dass er seine Hausaufgaben nur selten macht und davon, dass er schon zahlreiche Gespräche mit seiner Lehrerin und seiner Mutter darüber geführt hat, die ihm beide immer wieder sagen, dass er die Hausaufgaben machen soll. Gleichzeitig berichtet er davon, dass seine Clique ihn auslacht, wenn er seine Aufgaben erledigt. In dieser Situation könnte eine Paraphrasierung des Gehörten wie folgt lauten:
Coach: »Wenn ich dich richtig verstehe, bist du also hin- und hergerissen, zwischen dem, was deine Mama und deine Lehrerin so sagen, und der Reaktion deiner Freunde, wenn du deine Hausaufgaben machst?«
Auf diese Frage kann Max entweder zustimmend reagieren oder aber widersprechen:
Max: »Manchmal ja, aber eigentlich kann ich mich grad überhaupt nicht konzentrieren, weil Mama und Papa sich im Moment immer so viel streiten.«
Durch die Paraphrasierung wurde Max dazu angeregt, sich (teilweise) von der Äußerung des Coachs abzugrenzen und dadurch zu positionieren. An dieser Aussage kann der Coach dann mit einem nächsten Impuls, z. B. mit dem Erfragen getilgter Informationen, reagieren.

Widerspiegeln von Gefühlen. Thomas Gordon hat im Anschluss an die Gesprächshaltung der Empathie nach Rogers die Technik des *aktiven Zuhörens* eingeführt (Gordon 2012, 80ff.). Diese basiert auf der Überzeugung, dass eine notwendige Voraussetzung für die Lösung von Problemen bzw. für die positive Entwicklung jedes Individuums das Entgegenbringen von Empathie ist. Der jugendliche Coachee kann sich nur dann der Klärung seiner Situation öffnen, wenn dies im Rahmen einer Beziehung geschieht, in der er sich verstanden fühlt und sich seiner Gefühle bewusst wird. Beim aktiven Zuhören versucht der Coach die Gefühle herauszufiltern, die in der Erzählung des Coachees eine Rolle spielen, und spiegelt diese zurück. Es ist wichtig, eine solche These stets als Frage zu formulieren, damit der Coachee dieser leichter widersprechen kann. Denn es geht nicht unbedingt darum, die ›richtige‹ Emotion des Gegenübers zu benennen. Vielmehr kann auch in einer Abgrenzung zur Aussage des Coachs die Klärung für den Coachee vorangebracht werden.

> Max: »Wenn ich die Hausaufgaben mache, lachen mich die anderen doch eh nur aus!«
> Coach: »Hast du davor Angst, dass sie dich auslachen?«
> Max: »Nein …, ich glaub' ich bin eher sauer. Ich ärgere mich, dass die immer so blöd reagieren, nur weil ich die Hausaufgaben gemacht habe.«
> In diesem Beispiel wird deutlich, dass Max für sich selbst herausarbeitet, welches Gefühl hinter seiner Erzählung steht, und der Coach kann gleichzeitig Zuhören und Empathie signalisieren.

Fragen nach den Systemmerkmalen. Während des Klärungsprozesses kann der Coach sich immer wieder an den Systemmerkmalen nach König und Volmer (2016) orientieren. Fragen bzw. Impulse können gezielt an diesen Merkmalen – meist in die Tiefe, aber ggf. auch in die Breite – ausgerichtet werden, um das System des Coachees möglichst umfassend ›abzuklopfen‹. Dies kann in Bezug auf Personen, subjektive Deutungen, Regeln, Regelkreise, Umwelt und Entwicklung geschehen.

> Wenn Max z. B. im Zusammenhang mit seinen Hausaufgaben nur von der Beteiligung seiner Mutter spricht, könnte der Coach nachfragen:
> V_1: »Welche anderen Personen sind noch wichtig im Zusammenhang mit deiner Hausaufgabensituation?« (Personen)
> V_2: »Was glaubst du, denken deine Freunde darüber, dass deine Mutter dich jeden Tag mit den Hausaufgaben nervt?« (Subjektive Deutungen)
> V_3: »Was passiert, wenn du deine Hausaufgaben (nicht) machst?« (Regeln/Sanktionen)
> V_4: »Welche Verhaltensweisen zeigen deine Freunde, wenn du deine Hausaufgaben machst, und wie reagierst du darauf?« (Regelkreise)

V_5: »Wie genau sieht dein Arbeitsplatz, an dem du die Hausaufgaben machst, aus?« (materielle Umwelt)
V_6: »Seit wann besteht das Problem?«, »Wie war es vorher?« (Entwicklung)

Zirkuläre Fragen. Zirkuläre Fragen stellen eine ›ur-systemische‹ Beratungstechnik dar und wurden zu Beginn der 1980er Jahre als Technik der Familientherapie eingeführt (z. B. Schlippe/Schweitzer 2016, 251ff.). Das ›Zirkuläre‹ an den Fragen ist, dass der Coachee versucht, mögliche Perspektiven anderer beteiligter Personen auf die Problemsituation zu erfassen.

Wenn der Coach Max eigentlich fragen möchte, was er darüber denkt, dass sein Bruder ihn bei den Hausaufgaben stört, wäre eine zirkuläre Alternative:
Coach: »Stell dir mal vor, dein Bruder könnte hören, worüber wir uns gerade unterhalten. Was glaubst du: Wie würde sich dein Bruder fühlen, wenn er mitbekommt, dass du dich beim Hausaufgabenmachen von ihm gestört fühlst?«.
Max könnte diesen Gedanken unterschiedlich weiterführen, so z. B.:
V_1: »Ich glaube, der weiß gar nicht, dass er mich bei den Hausaufgaben stört.«
V_2: »Er wäre bestimmt ganz traurig. Ich sag so oft nein, wenn er mit mir spielen will.«
V_3: »Wahrscheinlich würde er sagen, dass das überhaupt keine Sache ist. Dann soll ich halt einfach ein Schild an die Tür hängen, dass er nicht reinkommen soll.«

Bei der Anwendung zirkulärer Fragen muss immer klar sein, dass es nicht darum geht, ›die Wahrheit‹ über die Sichtweise einer anderen Personen einzufangen. Dies widerspräche dem systemisch-konstruktivistischen Ansatz gänzlich und muss daher unbedingt vermieden werden. Vielmehr soll eine empathische Vorstellung davon geschaffen werden, wie es anderen Personen im System gehen könnte. Dies wird auch an den Antworten, die Max im oben genannten Beispiel gibt, deutlich. Nicht selten ist der Coachee bei einer solchen Antwort selbst überrascht, weil er darüber nie nachgedacht hat und ihm nicht bewusst war, dass der kleine Bruder nicht ›absichtlich‹ stört. An diesem Beispiel wird deutlich, dass zirkuläres Fragen (wie viele andere Techniken auch) nicht nur Klärungsprozesse, sondern bereits Veränderungen anstoßen können (Hubrig/Herrmann 2014, 175).

Reframing, positive Umdeutung. Diese Technik weist einen sehr starken Interventions- also Veränderungscharakter auf. Hier wird das Reframing im Rahmen der Reality-Phase zur Klärung der Situation angeführt, da es ein wesentliches Ziel dieser Methode ist, die (negative) Perspektive auf eine Situation oder ein Problem zu verändern. Reframing führt also zur Perspektiverweiterung. Dabei ist die »Neubewertung einzelner, bislang als negativ bewerteter ... Verhaltensweisen, Erlebnisweisen oder größerer Interaktionsmuster [beabsichtigt]« (Schlippe/Schweitzer 2017, 312). Der Coach versucht den Coachee anzuregen, eine bestimmte Situation oder ein bestimmtes Verhalten in einen anderen Bezugsrahmen zu deuten. Nützliche Fragen können dabei z. B. sein »Was ist das Positive an dieser Situation?« oder »Welches positive Ziel könnte das Gegenüber mit dessen Verhalten verfolgen?« (König/Volmer 2012, 95).

> In Bezug auf Max' Problemsituation, dass sein Bruder ihn regelmäßig bei den Hausaufgaben stört, könnte der Coach folgende Impulse nutzen:
> V_1: »Kannst du dir vorstellen, dass dein Bruder in solchen Situationen mit dir spielen will?«
> V_2: »Was möchte dein Bruder erreichen, wenn er dich bei den Hausaufgaben unterbricht?«
> V_3: »Was würde dir fehlen, wenn dein Bruder dich nicht mehr bei den Hausaufgaben unterbricht?«

Wenn sich der Coachee bei der Anwendung der oben beschriebenen Fragen und Impulse zur Klärung der Situation in sich zurückzieht, sollte der Coach mit dieser Situation sensibel umgehen. Dem Coachee sollte Zeit zum Nachdenken zugestanden werden. In stark ›festgefahrenen‹ Situationen kann es oft sinnvoll sein, einen Schritt Abstand von der eigentlichen Situation des Coachees zu nehmen und eine metakommunikative Position einzunehmen.

> So kann Herr Meyer den Verlauf der Kommunikation während des Coachings ansprechen, z. B.: »Ich habe das Gefühl, dass du auf meine Fragen nicht antworten magst, kann das sein?« Wenn Max diese Frage bejaht, kann das Gespräch zwischenzeitlich auf eine andere Ebene gehoben werden. So könnte der Coach weiter fragen:
> V_1: »Was würde dir helfen, mit mir zu sprechen?«
> V_2: »Was müsste passieren, dass du über das Problem mit den Hausaufgaben sprichst?«
> V_3: »Beschreib mal, was dich davon abhält, mit mir darüber zu sprechen.«
> Hierdurch erhält Max die Möglichkeit, frei über eventuelle Bedürfnisse zu sprechen. Durch sein Nachfragen handelt der Coach empathisch und kann damit wesentlich zu einer guten Beziehung zum Coachee beitragen. Gleichzeitig fällt es dem Coach leichter, sich auf die Bedürfnisse seines Coachees einzustellen.

> Zur weiteren Auseinandersetzung mit Gesprächs- und Fragetechniken und einer großen Anzahl an Beispielen empfehlen wir:
>
> Kindl-Beilfuß, C. (2017): Fragen können wie Küsse schmecken. Systemische Fragetechniken für Anfänger und Fortgeschrittene (7. Aufl.). Heidelberg: Carl-Auer.

> König, E./Volmer, G. (2012): Handbuch Systemisches Coaching (2. Aufl.). Weinheim/Basel: Beltz, S. 55ff.; 86ff.
> Palmowski, W. (2011): Systemische Beratung. Systemisch denken und systemisch beraten. Stuttgart: Kohlhammer, S. 54ff.
> Schlippe, A. von/Schweitzer, J. (2016): Lehrbuch der systemischen Therapie und Beratung I. Das Grundlagenwissen (3. Aufl.). Göttingen: Vandenhoeck & Ruprecht, 249ff.

5.2.2 Die Fragestellung als Fokus in der Klärungsphase

In der Klärungsphase berichtet der Coachee von seiner Situation. Dabei kann es vorkommen, dass er sich in seinen Erzählungen verzettelt und so den Fokus auf das Thema des Coachings verliert. Für diesen Fall kann die in der Orientierungsphase festgelegte Zielsetzung bzw. Fragestellung einen thematischen Fokus darstellen.

> Max erzählt in seinen Ausführungen immer wieder vom Tod seines Meerschweinchens und wie er sich damit fühlt. Auf den ersten Blick hat dieses Ereignis nichts mit der regelmäßigen Erledigung seiner Hausaufgaben zu tun. Daher wäre es denkbar, dass der Coach an dieser Stelle zum einen abklopft, inwiefern der Tod des Meerschweinchens mit Max' Frage zu tun hat, und zum anderen versucht, den Fokus auf die Fragestellung zu lenken:
> V_1: »Ich kann mir vorstellen, dass du deswegen gerade traurig bist. Inwiefern hat der Tod deines Meerschweinchens denn mit der Erledigung deiner Hausaufgaben zu tun?«
> V_2: »Die Situation mit deinem Meerschweinchen ist bestimmt nicht leicht für dich. Gleichzeitig frage ich mich gerade, wenn ich mir deine Frage vom Anfang gerade nochmal anschaue, was du mir noch zu deiner Hausaufgaben-Situation erzählen kannst.«

Ein erneuter Fokus auf die Fragestellung kann einer lösungsorientierten Gesprächsführung sehr zuträglich sein. Falls der Coachee trotz einer solchen Intervention immer wieder vom Thema des Coachings abweicht oder das Gespräch inhaltlich zu einem anderen Thema führt, kann dies ein Anzeichen für eine fehlende Passung zwischen dem Ziel bzw. der Fragestellung und dem tatsächlichen Problem des Coachees sein. Dann ist es wichtig, auch die Option in Betracht zu ziehen, die Fragestellung zu modifizieren.

> Ist der Auslandsaufenthalt von Max' Schwester immer wieder Thema und hat der Coach das Gefühl, dass nicht die passende Fragestellung festgelegt wurde, könnte er mit folgenden Hypothesen oder Prozessfragen die Passung des Ziels hinterfragen:
> V_1: »Wenn ich mir so anhöre, was du erzählst, frage ich mich, ob wir eben die passende Fragestellung aufgeschrieben haben. Was meinst du?«

> V₂: »Inwiefern passt die Fragestellung zu der Situation, die du gerade beschreibst? Muss daran etwas geändert werden?«
>
> Das Resultat aus einer solchen Frage könnte die Änderung des Fragestellers hin zu folgender Variation sein:
>
> »Wie kann ich mir Hilfe suchen, um meine Hausaufgaben zu erledigen, bis meine Schwester mir wieder helfen kann?«

Der Coachee muss Raum haben, der These des Coachs, die Fragestellung sei für die Situation des Coachees nicht passend, zu widersprechen. Es darf auf keinen Fall darum gehen, ein anfänglich formuliertes Ziel als gut oder schlecht zu identifizieren. Vielmehr bietet diese Art der Nachfrage eine zusätzliche Gelegenheit der Klärung. Dem Klienten wird in diesem Fall also entweder klar, dass für die Klärung seiner Situation eine andere Fragestellung hilfreicher ist, oder er bestätigt seine erste Zielformulierung.

> Sollte die Frage- bzw. Zielstellung an dieser oder an einer späteren Stelle eines Coachings geändert werden, beginnt die Klärungsphase von neuem. Der Coachee soll mit Blick auf die neue Frage oder das neue Ziel seine aktuelle Situation beschreiben. Es ist dabei sehr wichtig, dem Klienten die Möglichkeit zu geben, sich mit der veränderten Fragestellung bzw. dem dadurch veränderten Blickwinkel auf die Situation auseinanderzusetzen. Dies kann zur Nennung neuer, jetzt relevant gewordener Aspekte führen. Allerdings kann die Klärungsphase bei einer Um- bzw. Neuformulierung auch recht kurz ausfallen. Dies hängt stark davon ab, wann genau im Gesprächsverlauf das Ziel umformuliert wurde.

5.2.3 Umgang mit aufkommenden Lösungsideen – Abgrenzung der Reality- von der Options-Phase

In der Abgrenzung der einzelnen Gesprächsphasen des GROW-Modells dient die Reality-Phase der Klärung der Situation des Klienten und die Options-Phase der Generierung von Lösungsmöglichkeiten. Trotz der klaren strukturellen Trennung kommt es in der Reality-Phase (während der Klärung der Situation durch den Coachee) oftmals zur Nennung erster Lösungsansätze. Auch wenn diese an dieser Stelle im GROW-Prozess noch nicht dran sind, empfiehlt es sich hier nicht, einer falsch verstandenen Manualtreue zu folgen. Das hieße im Sinne einer strikten Trennung, die genannten Lösungsansätze zu ignorieren, weil sich das Coaching noch nicht in der Options-Phase befindet. Dies könnte zum einen dazu führen, dass Ideen zur Veränderung unentdeckt bzw. ungenutzt bleiben, zum anderen besteht die Gefahr, dass sich der Coachee in seinen Äußerungen nicht wertgeschätzt fühlt. Daher sollte der Klient in diesem Fall ganz offen und wertschätzend auf die Trennung zwischen Klärungs- und Veränderungsphase hingewiesen werden. Um aufkommende Lösungsansätze jedoch nicht unter den Tisch fallen zu lassen, sollte sich der Coach diese aufschreiben und sie an entsprechender Stelle in der Options-Phase einbringen.

Gleitet der Phasenverlauf doch einmal frühzeitig in die Lösungsfindung ab, sollte darauf geachtet werden, dass die Klärungsphase noch einmal bewusst aufgegriffen und keinesfalls zu voreilig abgeschlossen wird. Hierdurch könnten mögliche Details und Perspektiven außer Acht gelassen werden.

5.2.4 Abschluss der Klärungsphase

Nachdem die Situationsklärung durch Impulse und Fragen in die Breite und in die Tiefe unterstützt wurde, muss ein guter Moment für den Übergang in die nächste Gesprächsphase gefunden werden. Gerade für Coachinganfängerinnen und -anfänger kann es schwierig sein, ein Gefühl dafür zu bekommen, wann dieser Zeitpunkt gekommen ist: Zum einen sollte die Klärung niemals zu voreilig abgeschlossen werden, sodass der Coachee überrumpelt wird; zum anderen sollte vermieden werden, dass sich die Erzählungen der Ratsuchenden im Kreis drehen.

Hat der Coach das Gefühl, den Übergang in die nächste Phase einleiten zu können, sollte er bzw. sie dem Coachee noch einmal die Möglichkeit geben, etwas zur Klärung seiner Situation hinzuzufügen, bevor in die nächste Phase gestartet wird.

> So könnte ein abschließender Impuls des Coachs wie folgt aussehen:
> V_1: »Was fällt dir noch Wichtiges zu deiner Situation ein, das du erzählen möchtest?«
> V_2: »Wenn du dir deine Zielstellung vom Anfang noch einmal anschaust: Was ist im Zusammenhang damit, im Blick auf deine Situation, noch wichtig, über das wir bis jetzt noch nicht gesprochen haben?«
> In diesem Fall kann Max entweder zur nächsten Phase überleiten, indem er keine neuen Informationen nennt, oder doch noch auf einen für ihn relevanten Aspekt eingehen. So könnte er z. B. sagen:
> »Früher hat mir meine Schwester immer beim Hausaufgabenmachen geholfen. Da hatte ich nie solche Probleme wie gerade. Jetzt ist sie aber für längere Zeit im Ausland. Deswegen klappt das einfach nicht mehr.«
> Somit wäre dies ein neuer Anknüpfungspunkt für eine weitere Klärungsschleife unter der Anwendung der bis hierhin aufgeführten Impulse.

5.3 Options: Sammlung und Auswahl möglicher Lösungen

> Das Ziel der Options-Phase ist die Erstellung einer möglichst großen Sammlung von Lösungsmöglichkeiten für das Problem des Coachees sowie die Auswahl einer oder mehrerer in Frage kommender Vorgehensweisen zur Lösung desselben.

Wie auch König und Volmer (2012, 64ff.) schlagen wir eine strikte Trennung von Sammlung und Bewertung der Lösungsideen – bekannt aus dem Brainstorming (Woolfolk 2014, 342) – vor. Nicht selten passiert es, dass der Coachee, aber auch der Coach, fast schon reflexartig zu einer direkten Bewertung von möglichen Lösungsideen tendiert. Eine Trennung von Sammlung und Bewertung verspricht aber eine kreative Lösungssuche, indem sich Lösungsvorschläge in einem bewertungsfreien Kontext gegenseitig befruchten, und führt zu einer größeren Ideenvielfalt. Das Ziel hierbei ist die Erweiterung von bereits bekannten und vielleicht erprobten Lösungsideen hin zu neuen Lösungsansätzen. Ohne Angst vor Kritik können so auch absurde Ideen geäußert, weiterentwickelt und so zu realisierbaren Lösungen geformt werden (ebd., 342). Im Coaching mit Schülerinnen und Schülern kommt diesem Ansatz eine besondere Bedeutung zu. Häufig sind Jugendliche es im Schulkontext gewohnt, Lehrpersonen gegenüber nur vermeintlich richtige Antworten geben zu wollen. Hierdurch wird ihre Kreativität eingeschränkt und mögliche Lösungsideen können zu früh beschnitten werden. Umso wichtiger ist es, Schülerinnen und Schüler über die strikte Trennung der beiden Vorgänge aufzuklären und als Coach selbst diese bewusst einzuhalten. Daher sollen in der Options-Phase eines Coachinggesprächs drei Schritte durchlaufen werden, die im Folgenden näher dargestellt werden:

1. Aufklärung bezüglich der Trennung von Sammlung und Bewertung
2. Sammlung von Lösungsideen
3. Bewertung der Lösungsvorschläge

5.3.1 Aufklärung bezüglich der Trennung von Sammlung und Bewertung

Da sich der Coachingprozess auch bei der Findung möglicher Lösungen stark am Coachee orientiert, sollte er bzw. sie über das getrennte Vorgehen von Sammlung und Bewertung von Lösungsideen aufgeklärt werden. Dies hängt vor allem damit zusammen, dass eine Bewertung von Lösungsvorschlägen häufig unbewusst bzw. unausgesprochen vorgenommen wird. Dieses starke Verhaltensmuster soll im Coaching aufgebrochen werden. Die klare Transparenz bezüglich dieses Vorgehens soll hierbei helfen. Darum sollten folgende grundlegenden Brainstormingregeln zu Beginn der Options-Phase formuliert werden:

»• Alle Ideen können eingebracht werden!
• Ideen können nachgefragt werden (›Was ist damit gemeint?‹).
• Ideen werden nicht diskutiert!
• Ideen werden (nach Möglichkeit auf Flipchart oder Karten) visualisiert« (König/Volmer 2012, 66).

Dem Coachee soll an dieser Stelle klarwerden, dass es kein Richtig oder Falsch bei der Lösungssuche gibt, sondern eine kreative Suche nach Lösungsmöglichkeiten nach dem Motto ›Quantität vor Qualität‹ im Vordergrund steht (Tietze 2016, 118). Gerade in ersten Coachingsitzungen wird der Coachee aller Wahrscheinlichkeit nach immer wieder dazu tendieren, Lösungsansätze umgehend zu kommentieren und zu bewerten. In diesem Fall gilt es als Coach die oben genannten Brainstormingregeln immer wieder vor Augen zu führen. Wichtig ist zudem, dass auch der Coach sein eigenes Handeln sowie die eigenen verbalen und nonverbalen Äußerungen dahingehend hinterfragt, ob er aufkommende Lösungsvorschläge voreilig bewertet. So kann man in der Coachingpraxis oftmals erkennen, dass vor allem durch nonverbale Signale, z. B. mimische Reaktionen des Coachs, die kreative Suche nach Lösungsvorschlägen – wenn auch unbewusst – zum negativen hin beeinflusst bzw. gedrosselt wird. Umso wichtiger ist es, die Trennung zwischen Sammlung und Bewertung der Lösungsansätze auch als Coach einzuhalten.

5.3.2 Sammlung von Lösungsideen

An dieser Stelle des Gesprächs sollen möglichst viele Lösungsvorschläge gesammelt und dazu visualisiert werden. Auch hierbei schlagen wir ein strukturiertes Vorgehen vor (▶ Abb. 19).

Der Coachee sollte stets damit beginnen, mögliche Lösungsideen zu formulieren (A_1). Dies betont noch einmal die Verantwortung des Coachees für das Finden eigener Lösungen im Coaching. Der Coachee ist verantwortlich für seine Situation und wird durch den Coach darin unterstützt, sich mit seiner Situation näher auseinanderzusetzen.

Hier ist es eine wichtige Eigenschaft des Coachs, eine Gesprächspause ertragen zu können. Der bzw. dem Ratsuchenden muss Zeit eingeräumt werden. Es kann unter Umständen eine vergleichsweise lange Zeit dauern, bis Lösungsansätze eingebracht werden. Meistens lässt die Mimik des Coachee jedoch Rückschlüsse darauf zu, ob solche Pausen als tatsächliche Denkpausen zu werten sind oder eher von einer Verunsicherung bzw. dem Abschweifen des Coachee zeugen.

Durch ein vorschnelles Einbringen von Lösungsvorschlägen durch den Coach kann die Tendenz entstehen, dass der Coachee sich zu sehr auf Lösungsideen, die von außen an ihn herangetragen werden, verlässt und keine eigenen Ideen einbringt. Dies würde einem Wechsel des Schwerpunkts von der Prozessberatung hin zu einer Expertenberatung gleichen und sollte unseres Erachtens vermieden werden.

Fallen dem Coachee keine weiteren Ideen ein, lässt der Coach zusätzliche Vorschläge einfließen (B). Hierbei soll es sich um Lösungsansätze handeln, die er in der Klärungsphase aus den Äußerungen des Coachees herausgehört hat. Im Anschluss hieran sollte der Coachee noch einmal gefragt werden, ob ihm durch die Ausführungen des Coachs weitere Einfälle gekommen sind (A_2).

Erst wenn an dieser Stelle keine weiteren Ideen durch den Coachee genannt werden, sollte der Coach seine eigenen Lösungsideen formulieren (C). Als Lehrperson bzw. als erwachsener Coach in der Arbeit mit Jugendlichen hat es sich als hilfreich erwiesen, nicht nur einen, sondern immer mehrere Lösungsvorschläge einzubringen. So muss sich der Coachee selbst entscheiden und kann nicht einfach nur die ›offensichtlich beste Lösung‹ – denn sie stammt ja von der Lehrperson – auswählen. Auch die Benennung seitens des Coachs kann bei dem Coachee Ideen für weitere Lösungen anregen. Daher wird der Coachee auch an dieser Stelle noch einmal gefragt, ob er weitere Lösunsvorschläge nennen kann (A_3).

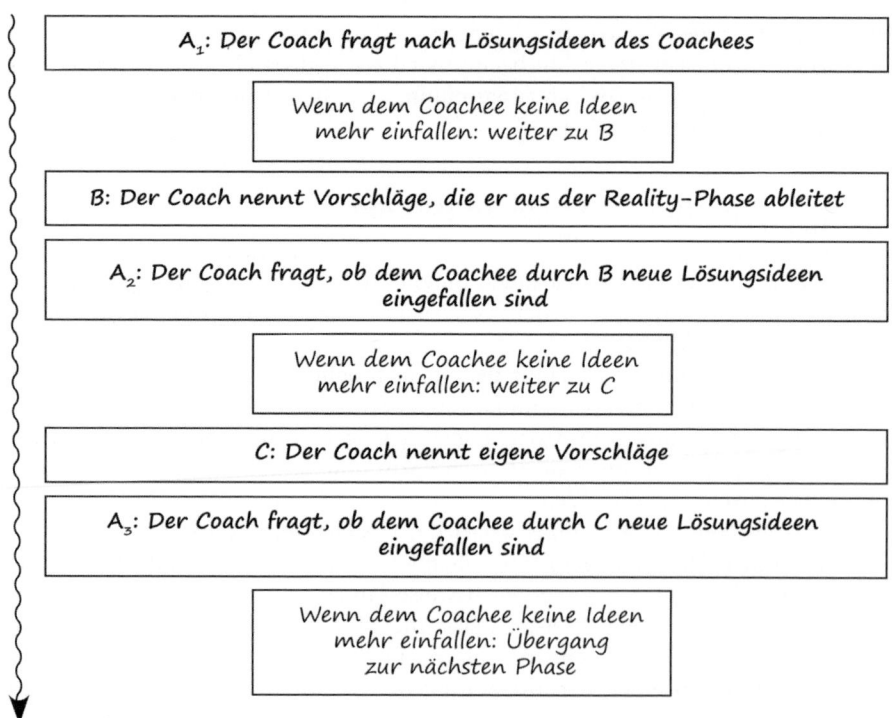

Abb. 19: Schritte eines Brainstormings während der Options-Phase

5.3 Options: Sammlung und Auswahl möglicher Lösungen

Wie bereits im oberen Abschnitt angedeutet, kann es gewisse Anlaufschwierigkeiten bei der kreativen Lösungssuche mit dem Coachee geben. Hier sollte der Coach nicht voreilig aufgeben, sondern durch Prozessfragen in Richtung Vergangenheit, Gegenwart und Zukunft (König/Volmer 2012, 65) versuchen, einen kreativen Moment anzuregen.

> In Bezug auf Max' Hausaufgaben-Situation könnte Herr Meyer z. B. fragen:
> V_1: »Hat dir in der Vergangenheit mal etwas geholfen, deine Hausaufgaben in Ruhe zu machen?«
> V_2: »Was war anders, als du mal deine Hausaufgaben in Ruhe machen konntest?«
> V_3: »Wenn du heute von der Schule nach Hause kommst, was könntest du anders machen als sonst?«
> V_4: »Stell dir vor, du kannst morgen plötzlich deine Hausaufgaben in Ruhe machen: Was ist passiert, dass das klappt – was ist anders?«
> Auch zirkuläre Fragen können zur Erweiterung des Lösungsrepertoires hinzugezogen werden:
> V_1: »Was würde deine beste Freundin dir raten?«
> V_2: »Was würde deine Lehrerin dir raten?«
> Wenn solche Fragen ins Coaching eingebracht werden, muss stets darauf geachtet werden, dass sie dem Ziel dienen, möglichst konkrete Lösungsideen zu generieren und nicht primär einer weiteren Klärung der Situation wie in der vorangegangen Phase.

Neben solchen Prozessfragen kann der Coach die Kreativität in der Lösungsfindung ankurbeln, indem er als Vorbild agiert. Wenn der Coach Ideen zum Brainstorming liefert, die in verschiedene Richtungen gehen und nicht immer ganz ernst gemeint sind, kann sich der Jugendliche die Freiheit in der Lösungssuche ›abschauen‹. Dies kann gewissen Anlaufschwierigkeiten bei der Lösungssuche (die im Coaching mit Jugendlichen durchaus üblich sind) entgegenwirken. Dieses Einbringen von Lösungsideen ist anregend gedacht, daher sollte recht schnell wieder dazu übergegangen werden, die oben genannte Reihenfolge A_1, B, A_2, C und A_3 von Prozess- und Expertenberatung einzuhalten (▶ Abb. 19).

5.3.3 Bewertung der Lösungsvorschläge

Wenn auf Nachfragen und längeres Abwarten keine weiteren Lösungsvorschläge mehr generiert werden können, geht das Coaching zur Bewertung der gesammelten Lösungsvorschläge über. Diese Bewertung wird durch den Coachee selbst vorgenommen. Sie bzw. er soll festlegen, welche Lösungsansätze für die eigene Situation am sinnvollsten erscheinen. Der Coachee geht die Liste der gesammelten Lösungen durch und bewertet diese. Grundsätzlich gibt es unterschiedliche Möglichkeiten, eine solche Bewertung vorzunehmen. Entweder der Coachee markiert alle attraktiven Vorschläge, er bildet eine Rangordnung aller attraktiven Vorschläge oder – und dies bietet sich vor allem bei einer geringen Zahl gesammelter Lösungsideen an – er bezieht alle verschriftlichten Lösungsideen in seine Rangfolge ein.

Unseres Erachtens ist es sinnvoll, hier bewusst alle Vorschläge durchzugehen, aber nur diejenigen zu markieren, die für den jugendlichen Coachee in Frage kommen. Wenn ein Coachee zu allen Vorschlägen Stellung beziehen muss, kann dies zu einer Verteidigung der eigenen Meinung bzw. der eigenen Vorschläge führen. Sollte der Coachee jedoch sehr viele Lösungsvorschläge als gut markieren, ist es in einem nächsten Schritt sinnvoll, ein Ranking der Lösungen vorzunehmen und die zwei oder drei attraktivsten Lösungen auszuwählen. In der letzten Gesprächsphase (Will) wird dann mit diesen ausgewählten Vorschlägen weitergearbeitet.

> Bei der Bewertung der Lösungsansätze sollte der Coach nur in absoluten Ausnahmen eingreifen. Grundlegend gilt auch hier: Die Jugendlichen sind Expertinnen und Experten für die eigene Situation. Wenn wir uns als Coach an dieser Stelle klar gegen eine Lösungsidee stellen, sollte das nur geschehen, wenn wirkliche Risiken von ihr ausgehen, so z. B., wenn sich ein Schüler als Lösung seiner Probleme vornimmt, einen Spickzettel in einer Abiturklausur zu verwenden.

5.4 Will: Festlegung eines Handlungsplans und des weiteren Coachingprozesses

> In der abschließenden Will-Phase wird ein Handlungsplan aus den markierten Vorschlägen der Options-Phase erarbeitet.

Nachdem der Coach die Lösungsvorschläge in der vorangegangenen Phase ausgewählt hat, werden hieraus nächste Handlungsschritte abgeleitet, wobei die Regel gilt: Je konkreter, desto besser. Je konkreter das zukünftige Handeln geplant wird, desto höher ist die Wahrscheinlichkeit, dass der Coachee diesen Plan auch in die Tat umsetzt (Storch 2011, 185). Einen wesentlichen ersten Schritt stellt hierbei die Visualisierung eines konkreten Handlungsplans dar.

> Wenn Max also die Punkte »*Hausaufgaben im Arbeitszimmer des Vaters machen*« und »*Eltern fragen, wo ich Hausaufgaben ungestört machen kann*« ausgewählt hat, könnte dies in den folgenden Handlungsplan übersetzt werden:

5.4 Will: Festlegung eines Handlungsplans und des weiteren Coachingprozesses

> 1. Heute Abend spreche ich mit Papa: »Papa, ich kann mich in deinem Arbeitszimmer besser auf die Hausaufgaben konzentrieren. Darf ich ab morgen meine Hausaufgaben in deinem Arbeitszimmer machen?«
> 2. Wenn Papa »Ja« sagt, probiere ich das ab morgen aus. Wenn er »Nein« sagt, frage ich: »Hast du vielleicht eine andere Idee, wo ich in Ruhe meine Hausaufgaben machen kann?«

Solch ein Plan sollte möglichst detailliert, bis hin zu Formulierungsvorschlägen für den Coachee formuliert werden. Auch hier gilt das Prinzip der Prozessberatung. Um die Attraktivität und somit die Umsetzungswahrscheinlichkeit des Handlungsplans zu steigern, sollten die Formulierungen vom Coachee selbst stammen und keine Vorgabe des Coachs sein. Ist der Coachee mit dem eigenen Plan zufrieden und hat das Gefühl, diesen möglichst zeitnah umsetzen zu können, kann der Coach zum letzten Schritt übergehen. Coach und Coachee müssen sich darin abstimmen, welche *Absprachen* zu treffen sind, bevor das Gespräch beendet wird (König/Volmer 2012, 68). In der Regel werden in einem Coaching mit Schülerinnen bzw. Schülern folgende Absprachen getroffen:

- Bis wann wird der Coachee seinen Plan in die Tat umsetzen?
- Soll der Coach den Coachee zu einem bestimmten Zeitpunkt an die Durchführung des Handlungsplans erinnern (z. B. in einem Folgegespräch oder einer vereinbarten E-Mail)?
- Welche Unterstützung kann der Coach dem Coachee zusagen?
- Findet ein weiteres Coachinggespräch statt, und wenn ja, wann?
- Kann das Coachinggespräch an diesem Punkt abgeschlossen werden oder braucht der Coachee noch dringend etwas vom Coach?

> Zum Abschluss des Coachings mit Max sollte Herr Meyer also die folgenden Fragen stellen:
> Coach: »Wenn du heute Abend mit deinem Papa gesprochen hast, soll ich dann morgen mal bei dir nachfragen, wie das geklappt hat?«
> Coach: »Kann ich dich bei der Umsetzung deiner Ideen irgendwie unterstützen?«
> Coach: »Wann treffen wir uns das nächste Mal, um zu schauen, wie genau dein Plan geklappt hat?«
> Coach: »Brauchst du sonst noch etwas von mir, oder können wir das Gespräch an dieser Stelle beenden?«

5.5 Ablauf eines Folgegesprächs

Im Sinne des systemischen Kerngedankens, dass Veränderungen innerhalb eines Systems immer zu einer Instabilität für die Ratsuchenden führen, kann eine stabile und kontinuierliche Beziehung zum Coach dazu beitragen, dass der Coachee diese Instabilität besser aushält. Wollen wir Schülerinnen und Schüler also durch ihren Veränderungsprozess begleiten und nicht allein punktuell eine Veränderung anstoßen, ist es fast schon unerlässlich, mindestens ein Folgegespräch für ein Coaching anzusetzen. Dort soll herausgearbeitet werden, wie die im ersten Coachinggespräch herausgearbeiteten Lösungsansätze funktioniert haben und inwiefern der Schüler resp. die Schülerin an der eigenen Situation weiterarbeiten möchte. Je nachdem wie es dem Coachee ergangen ist, kann ein Coachingprozess (vorläufig) abgeschlossen werden oder können alternativ weitere Lösungsmöglichkeiten bzw. eine neue Fragestellung bearbeitet werden. Hiervon ist abhängig, wie genau ein Folgegespräch verläuft.

Grundsätzlich entspricht der Ablauf eines Folgegesprächs im Wesentlichen der bisher dargestellten GROW-Struktur. Die erheblichsten Unterschiede sind jedoch in der Goal-Phase zu erkennen. Bei der Orientierung auf der Inhaltsebene entscheidet sich, inwiefern der Coachee an seinem Thema weiterarbeiten möchte. Der Coachee erklärt, wie es ihm beim Umsetzen des Handlungsplans aus der letzten Coachingsitzung ergangen ist.

> Kommt Max also zu einem Folgegespräch, könnten folgende Impulse zu einem thematischen Aufschlag dienen:
> V_1: »Wir haben bei unserem letzten Treffen einen Handlungsplan erstellt: Du wolltest deinen Papa ansprechen. Wie ist es dir damit ergangen?«
> V_2: »Erzähl mal: Wie genau hast du die Punkte vom letzten Mal umgesetzt?«
> V_3: »Wie hat dein Handlungsplan funktioniert? Was hat gut geklappt und wo sind Probleme aufgetreten?«

Solche einleitenden Impulse dienen dazu, den Coachee in die Situation der Umsetzung zurückzuversetzen. Aufgrund der Erläuterungen wird für gewöhnlich schnell klar, inwiefern es dem Coachee gelungen ist, seine Situation zu verändern. Hieraus ergibt sich dann das weitere Vorgehen im Folgegespräch. Dabei bestehen in der Regel die folgenden drei Möglichkeiten:

1. Der Coachee möchte (unabhängig davon, ob die Lösung erfolgreich oder nicht erfolgreich umgesetzt wurde) das Coaching nicht fortsetzen. In diesem Fall kann der Coach zur abschließenden Will-Phase springen und bspw. mit der Prozessfrage »Brauchst du noch irgendetwas von mir, bevor wir den Coachingprozess abschließen?« zum Abschluss des Coachings übergehen.
2. Der Coachee ist mit der Umsetzung seiner Lösungen noch nicht (vollends) zufrieden und möchte weitere Unterstützung durch den Coach erhalten.

Dann kann gemeinsam an der Fragestellung vom letzten Treffen weitergearbeitet werden: Ist sie dieselbe geblieben oder soll die Frage modifiziert werden, um an ihr weiterzuarbeiten? In diesem Fall kann nach der Formulierung einer Fragestellung oder eines Coachingziels in die Klärungs- bzw. Reality-Phase übergeleitet und dem üblichen Phasenaufbau des GROW-Modells gefolgt werden.
3. Der Coachee hat seinen Handlungsplan erfolgreich umgesetzt und möchte an einem neuen Thema arbeiten. In diesem Fall startet eine ›neue‹ Goal-Phase, in der der Coach mit dem Coachee eine neue Frage formuliert und dann den Coachingprozess phasengeleitet nach dem GROW-Modell durchführt.

Wie wir verdeutlicht haben, kann das GROW-Modell als orientierende Struktur beim Coaching mit Schülerinnen und Schülern dienen. Im folgenden Kapitel stellen wir nun zwei Projekte vor, in deren Kontext wir dieses vierphasige Modell vermitteln und anwenden. Hierzu gehen wir zum einen darauf ein, wie es in einer leicht variierten Form im Kontext von Zielvereinbarungsgesprächen genutzt werden kann. Zum anderen stellen wir ein Projekt vor, in dem Studierende der Universität Paderborn auf der Grundlage dieses Ablaufs Coachings an Schulen der Region durchführen.

6 Zielvereinbarungsgespräch und Lerncoaching: Praxisbeispiele für die Anwendung der GROW-Struktur

In der Begleitung und Unterstützung von Schülerinnen und Schülern gibt es verschiedene Themenbereiche, die teils exklusiv in der Arbeit mit dieser Zielgruppe auftreten und eng mit ihren Entwicklungsaufgaben verbunden sind. Hierbei handelt es sich um Themen wie bspw. die Begleitung bei verschiedenen Übergängen, Entscheidungen in der Schullaufbahn sowie Lern- und Leistungsfragen (Hertel/Schmitz 2010, 25ff.; Schnebel 2017, 69ff.). Im Folgenden stellen wir zwei von uns (weiter-)entwickelte und in der Praxis erprobte Coachingformate vor, in denen die GROW-Struktur konkret angewendet und teilweise modifiziert wird: Zielvereinbarungsgespräche und Lerncoachings.

Die Besonderheit von Zielvereinbarungsgesprächen liegt in der langfristigen Perspektive von gemeinsam mit Schülerinnen und Schülern erarbeiteten Zielen. So wird bspw. ein Lernziel für den Zeitraum eines ganzen Schuljahrs formuliert. Um solche, über eine längere Phase fokussierten Ziele umzusetzen, sollten sie mit einer erhöhten Motivation verknüpft sein. Daher wird in diesem Kontext die Nutzung von besonders motivierenden Motto-Zielen neu eingeführt.

Die Umsetzung des Lerncoachingkonzepts »Offenes Ohr – Coaching in der Schule« soll darüber hinaus einen Eindruck davon vermitteln, wie ein solches Gesprächsformat langfristig an Schule implementiert werden kann. In diesem Projekt begleiten Studierende der Universität Paderborn als schulexterne Coachs Schülerinnen und Schüler bei Lernfragen.

Neben speziellen Eigenheiten dieser Formate stellen wir Materialien und Ideen zur Anwendung in Schule vor, die sich aus unseren praktischen Erfahrungen im Kontext von Coachings mit Schülerinnen und Schülern ergeben haben.

6.1 Zielvereinbarungsgespräche

Bei Zielvereinbarungsgesprächen handelt es sich um eine Vorgehensweise, die sich zum einen an der klassischen Zielvereinbarung im Rahmen von Führungsgesprächen mit Mitarbeitenden (z. B. Jetter/Skrotzki 2000; Schmidt/Kleinbeck 2006) und zum anderen an der Erarbeitung eines individuellen Entwicklungsplans (IEP) im Rahmen von Entwicklungsgesprächen an schwedischen Schulen (z. B. Norlin/Norlin 2010, 96f.) orientiert.

In einem solchen Gespräch werden langfristige Ziele bspw. für das kommende Schuljahr vereinbart. Hierbei sollen die Jugendlichen darin unterstützt werden, sich eigene Ziele zu setzen und einen entsprechenden Handlungsplan auszuarbeiten, der dann zum nächsten Schuljahr überprüft, angepasst sowie erweitert werden kann.

Wie das in Kapitel 5 dargestellte Coachingkonzept in etwas abgewandelter und ergänzter Form genutzt werden kann, um Jugendliche bei der Entwicklung eigener Ziele zu unterstützen, möchten wir in diesem Kapitel näher darstellen. Hierzu beschäftigen wir uns zuerst mit den Ursprüngen in der schwedischen Tradition der Entwicklungsgespräche, führen anschließend in einige zielpsychologische Grundlagen ein und wenden daraufhin das GROW-Modell auf diese besondere Gesprächsform an.

6.1.1 Zielvereinbarungsgespräche in der schwedischen Tradition von Entwicklungsgesprächen

An schwedischen Schulen dienen Entwicklungsgespräche der Erarbeitung konkreter, langfristiger Handlungspläne für Schülerinnen und Schüler. Mit dem Ziel, individuelles und selbstständiges Lernen zu fördern, führen Lehrpersonen an schwedischen Schulen Entwicklungsgespräche mit Schülerinnen und Schülern sowie deren Eltern durch (Norlin/Norlin 2010a, 48). Im Rahmen eines solchen Gesprächs wird kooperativ, mit den genannten Parteien ein individueller Entwicklungsplan (IEP) für die Lernenden erstellt.

> »Das übergeordnete Ziel ist dabei, den Lernenden in den Mittelpunkt des eigenen Lernprozesses zu stellen. Ein IEP ermöglicht es, den Schülerinnen und Schülern, Lehrerinnen und Lehrern und Eltern in enger Kooperation sowohl kurz- als auch längerfristig zu erreichende Ziele als Lernperspektive der Schülerin oder des Schülers auszuarbeiten. Der individuelle Entwicklungsplan unterstreicht den Einfluss und die Verantwortung des Lernenden auf und für diesen Prozess« (Norlin/Norlin 2010, 96).

Bei diesem Ansatz wird also wie beim Coaching die Eigenverantwortung der Schülerinnen und Schüler als zentral angesehen. Die besagten Gespräche finden zweimal jährlich statt. Vor dem gemeinsamen Gespräch mit den Eltern trifft sich die Lehrperson allein mit dem Schüler bzw. der Schülerin, um deren bzw. dessen Stärken herauszuarbeiten. Zum Abschluss des jeweiligen Entwicklungsgesprächs wird der ausgefüllte IEP von allen Beteiligten unterschrieben.

Dieser individuelle Entwicklungsplan dient dann als Ausgangspunkt für das nächste IEP. Ziel ist es, dass die Schülerinnen und Schüler diese Gespräche selbstbewusst und mit dem »Gefühl des ›Ich bin genug‹« (ebd., 97) verlassen. Dieses Ziel verfolgen wir ebenfalls mit dem Ansatz des Zielvereinbarungsgesprächs als Unterstützungsinstrument für Schülerinnen und Schüler.

Datum: _____ Name: _____ Klasse: _____
Datum der Evaluierung: _____

Bereich	momentane Situation	Ziel Was soll ich üben /entwickeln?	Weg Wie soll ich vorgehen? Welche Unterstützung brauche ich?	Evaluierung Wie ist es gelaufen? Welche Ziele habe ich erreicht?
Sozialkompetenz				
Schwedisch				
Mathematik				
Englisch				
...				

Unterschrift Eltern _____ Schüler/in _____ Lehrer/in _____

Abb. 20: Vereinfachter individueller Entwicklungsplan (nach Norlin/Norlin 2010, 97)

6.1.2 Ziel- und motivationspsychologische Grundlagen

Da es sich bei der Zielvereinbarung mit Jugendlichen um einen Prozess handelt, der die Jugendlichen über einen längeren Zeitraum dazu motivieren soll, ein bestimmtes Ziel und einen konkreten Handlungsplan zu verfolgen, lohnt es sich, einen Blick auf verschiedene Perspektiven der Zielpsychologie zu werfen. Im Folgenden gehen wir daher näher ein auf

1. die klassische Goal Setting Theorie
2. das vergleichsweise jüngere Konzept der Motto-Ziele.

Die Goal Setting Theorie

Das Führen von klassischen Zielvereinbarungsgesprächen als Instrument der Führung von Mitarbeitenden (z. B. Schmidt/Kleinbeck 2006) wird v. a. auf die Goal Setting Theorie nach Locke und Latham (z. B. Locke/Latham 1990; 2002) zurückgeführt und mit ihr begründet. Der dabei genutzte psychologische Zielbegriff wird wie folgt definiert.

> »Ziele sind Vorwegnahmen von Handlungsfolgen, die mehr oder weniger bewusst zustande kommen. Sie beziehen sich auf zukünftige, angestrebte Handlungsergebnisse und beinhalten zugleich auch eine kognitive Repräsentation dieser Handlungsergebnisse« (Kleinbeck 2010, 286).

Handlungsziele regulieren Handlungen und richten diese aus, indem sie ihnen eine bestimmte Richtung vorgeben. Vage Zielformulierungen, wie ›Tu dein Bestes‹, geben weder eine konkrete Handlungsrichtung vor noch führen sie zu angemessener oder gar erhöhter Leistung. Nachgewiesenermaßen führen konkrete Ziele, die sich auf einem anspruchsvollen Niveau bewegen, zu mehr Leistung als unspezifische, nicht messbare Ziele (Locke/Latham 1990, 27ff.). Ein anspruchsvolles Niveau darf allerdings nicht zu hoch angesetzt werden, sondern sollte ein »optimales Anforderungsniveau besitzen« (Deci/Ryan 1993, 231). Ein solches weder als zu leicht noch als zu schwer empfundenes Anforderungsniveau führt mit erhöhter Wahrscheinlichkeit zu intrinsischer Motivation.

Demnach sind die ersten beiden Merkmale von guten Zielsetzungen, dass sie die darauffolgenden Handlungen in eine bestimmte Richtung lenken und zu mehr Leistung führen. Weitere Merkmale im Leistungszusammenhang sind: Ziele energetisieren und fokussieren. Sie führen zum einen zu einer höheren Anstrengungsbereitschaft, Leistung und Ausdauer und zum anderen zur Nutzung von angemessenem Wissen und entsprechenden Strategien zur Zielerreichung. Ziele sorgen dafür, dass solche Kompetenzen erweckt und genutzt werden (Locke/Latham 2002, 706f.).

Zudem können folgende Faktoren für die Beschaffenheit eines gut zu erreichenden Ziels benannt werden: die Formulierung als Annäherungsziel, die Zielbindung und die Selbstwirksamkeit.

Annäherungs- vs. Vermeidungsziel. Ein Annäherungsziel ist so formuliert, dass die Person sich einem Zustand oder einem Ergebnis nähern möchte (›hinzu‹). Zum Beispiel die Formulierung »Ich möchte meine Leistung im Fach Englisch verbessern« entspricht einem Annäherungsziel. Im Gegensatz dazu wäre die Formulierung »Ich möchte endlich keine Fünfen mehr in Englisch schreiben« ein Vermeidungsziel (›weg-von‹). Günstiger für eine erfolgreiche Zielverfolgung ist die Formulierung von Annäherungszielen (z. B. Grawe 2004, 277ff.; Storch/Krause 2017, 150ff.). Hierzu tragen u. a. die Verbindung mit positiven Emotionen und die direkte Ausrichtung auf »verbesserungsrelevante Informationen« (ebd., 278) bei.

Zielbindung. Wichtig für eine persönliche Zielverfolgung und erfolgreiche Zielerreichung ist eine persönliche Zielbindung (Locke/Latham 2002, 707). Das heißt, es soll eine hohe persönliche Bedeutung und Verpflichtung bestehen, das gesetzte Ziel zu erreichen (Storch 2011, 188). Wenn bspw. das Ziel »Leistung in Englisch verbessern« von den Eltern vorgegeben ist, besteht ggf. eine nur sehr geringe persönliche Zielbindung beim Lernenden selbst.

> »In Lehr-Lern-Prozessen, wie sie in Schulen stattfinden, kommt der Stärke der Zielbindung eine besonders hohe Bedeutung zu. Lernprozesse ... sind oft beschwerlich und stellen hohe Anforderungen an den Einsatz von Leistungsvoraussetzungen bei den Lernenden. ... Um solchen Anforderungen auch über einen längeren Zeitraum hinweg genügen zu können, bedarf es einer hohen Zielbindung« (Kleinbeck 2010, 289f.).

Selbstwirksamkeit. Ein Schüler bzw. eine Schülerin sollte davon überzeugt sein, ein Ziel (selbstständig) erreichen zu können (Locke/Latham 2002, 707). Diese Überzeugung kann bspw. dadurch erreicht und gestärkt werden, dass die Schülerinnen und Schüler an der Zielformulierung partizipieren oder besser noch, sich selbstgesteuert ein Ziel setzen bzw. formulieren. Es wurden Befunde generiert, die darauf hinweisen, dass partizipativ und selbstorganisiert entwickelte Ziele zu einer erfolgreicheren Zielerreichung führen (z. B. Erez/Kanfer 1983, 459). Kleinbeck formuliert diesbezüglich: »Eine der wichtigsten Voraussetzungen für eine störungsarme Zielverfolgung ist eine selbstbestimmte Vorgehensweise« (Kleinbeck 2010, 294). Zudem führen eigenständig entwickelte Zielformulierungen zu einer höheren Zielbindung als es bei vorgegebenen der Fall ist.

Feedback. Damit Ziele effektiv sind, sollte der Person, die auf Basis eines Ziels handelt, Feedback zum Fortschritt bei der Zielverfolgung bzw. zum Ergebnis der Zielerreichung gegeben werden. Konkrete Hinweise während der Zielverfolgung sind handlungsleitend für den weiteren Prozess (Locke/Latham 2002, 708). Wird dieses Feedback auf autonomiefördernde Art gegeben, bestärkt dieses sog. informative Feedback mit konkretem Bezug zum selbstbestimmten Handeln der Person deren intrinsische Motivation (Deci/Ryan 1993, 231).

Die für Zielvereinbarungsgespräche zentralen Ergebnisse der Goal Setting Theorie sind, dass konkret formulierte Annäherungsziele

- … einen Handlungskorridor vorgeben und damit handlungsleitend sind.
- … zu einem erhöhten Leistungsniveau bei der ausführenden Person führen.
- … die Person energetisieren und zu höherer Leistung motivieren.
- … zielrelevantes Wissen und entsprechende Handlungsstrategien anregen.

Wichtig für eine erfolgreiche und motivierte Zielverfolgung ist…

- … eine hohe persönliche Zielbindung.
- … die persönliche Überzeugung des Einzelnen, das Ziel erreichen zu können.
- … angemessenes, konstruktives Feedback zur Zielverfolgung und erreichung.

Motto-Ziele

Die Ergebnisse der Forschung zur Goal Setting Theorie nutzend und darauf aufbauend entwickeln Storch und Krause (2017) Anfang der 2000er Jahre im Rahmen des Zürcher Ressourcen Modells (Storch 2000; Storch/Krause 2017) den Ansatz der Motto-Ziele[5]. Dies ist eine Zielform, die sich von der Konkretheit und Handlungsorientierung der oben beschriebenen, oft auch als s.m.a.r.t. (▶ Kap. 5.1.3) bezeichneten Ziele klar unterscheidet. Dabei lautet die Grundthese:

---

5 Die Entwicklung von Motto-Zielen basiert auf verschiedenen, v. a. psychologischen Theorien, die an dieser Stelle nicht ausführlich dargestellt werden können. Die Verbindungen bspw. zur Selbstbestimmungstheorie (z. B. Deci/Ryan 1993), zur Theorie der Persönlichkeits-System-Interaktionen (PSI) (z. B. Kuhl 2010) und zum Rubikon Modell (z. B. Achtziger/Gollwitzer 2010) sind ausführlich nachzulesen bei Storch und Krause (2017).

>»... konkrete, spezifische Ziele [sind] nur dann sinnvoll ..., wenn bereits eine Zielbindung vorhanden ist. Sie eignen sich jedoch nicht, um Zielbindung herzustellen. ... Wer schon über dem Rubikon ist, kann mit konkreten spezifischen Zielen seine Handlung vorantreiben. Wer jedoch noch vor dem Rubikon sitzt, dem ist mit konkreten Zielen nicht geholfen, die Arbeit daran verpufft« (Storch/Krause 2017, 141).

Storch und Krause beziehen sich hierbei auf das motivationspsychologische Rubikon-Modell der Handlungsphasen (z. B. Achtziger/Gollwitzer 2009; 2010). Dieses Modell verdankt seinen Namen dem Fluss Rubikon in Italien, dessen Überquerung symbolisch für eine Entscheidung steht, die nicht mehr rückgängig gemacht werden kann. Das Modell beschreibt damit den Übergang vom Stadium des Abwägens von verschiedenen Wünschen und Zielen (eine Seite des Flusses) hin zum Festlegen eines konkreten Ziels, das eine Person motiviert verfolgen will (andere Seite des Flusses).

>»... es [bedarf] der Umwandlung des Wunsches in ein konkretes Ziel. Diese Umwandlung des Wunsches in ein Ziel wird häufig als das Überschreiten des Rubikons bezeichnet« (Achtziger/Gollwitzer 2010, 311).

Dieser für ein Coaching entscheidende Schritt, von einer Absichtserklärung hin zu einem konkreten Ziel und entsprechendem Handeln, ist eng an Emotionen gebunden (Storch/Krause 2017, 94f.). Damit ein Coachee den Rubikon überschreiten kann und ein bestimmtes Ziel sowie den damit verbundenen Handlungsplan erfolgreich verfolgen kann, sollte ein Ziel mit positiven Gefühlen verknüpft sein.

Inwiefern ein Ziel mit positiven Emotionen besetzt ist, kann vom Coachee im ersten Moment nur selten rational wahrgenommen und benannt werden. Vielmehr leitet es sich meistens nur anhand des vielzitierten Bauchgefühls ab. Storch bezieht sich dabei auf die sog. »somatischen Marker« nach Damasio (2015, 237ff.). Danach sollte sich der Coachee bei der Einschätzung eines ›guten Ziels‹ auf sein Bauchgefühl verlassen:

>»Somatische Marker sind in ihrer affektiven Komponente als Basalaffekte wahrnehmbar, das heisst, noch nicht als differenzierte Emotion, sondern als diffuse Affekt-Anmutung im Sinne einer dualen Bewertung: Plus oder Minus, Gut oder Schlecht, Aufsuchen oder Vermeiden« (Storch 2011, 192).

Um nun ein solches, mit positiven Emotionen verbundenes Ziel zu finden bzw. zu entwickeln (und damit die Voraussetzung für die Überschreitung des Rubikon zu schaffen), schlägt Storch (ebd.) die Nutzung von Motto-Zielen vor.

Diese Art der Zielformulierung ist nicht als Gegenbewegung zu klassischen, s.m.a.r.t.'en Zielen zu verstehen. Motto-Ziele sollen vielmehr als vorgeschaltete Ergänzung und Vervollständigung gesehen werden, weil sie die Haltungs- und Affektebene eines Ziels ansprechen, die oftmals bei s.m.a.r.t.'en Zielen fehlt. Das Vorschalten eines Motto-Ziels wird diesbezüglich im Anschluss an Roth (2017) begründet. Dieser beschreibt,

>»... dass es zwar rein rationale Abwägungen, aber keine rein rationalen Entscheidungen gibt. Entscheidungen sind immer emotional, wie lange man auch abgewogen hat ...« (ebd., 246).

Wenn im Coaching direkt mit einer konkret formulierten Frage- bzw. Zielstellung gearbeitet wird, so kann es sein, dass der Coachee dieses zwar gut abgewogen formuliert, er oder sie aber nur mit einer geringeren Wahrscheinlichkeit zu einer Umsetzung kommt – sprich den Rubikon damit nicht überschreiten kann. Für Zielvereinbarungsgespräche hat dies eine erhebliche Bedeutung. Denn der Coach formuliert gemeinsam mit dem Coachee nicht nur eine Fragestellung für den bspw. einstündigen Coachingprozess, sondern ein Ziel für z. B. ein Schuljahr. Ein Ziel, das über einen längeren Zeitraum verfolgt wird, sollte dementsprechend motivierend wirken. Umso wichtiger scheint es, ein Motto-Ziel zu formulieren.

Um die Idee eines vorgeschalteten Motto-Ziels zu verdeutlichen, entwerfen Storch und Krause (2017, 147) eine Zielpyramide, die im Folgenden als Zielhierarchie dargestellt wird und in dieser Reihenfolge in einem Zielvereinbarungsgespräch (und ggf. auch in einem regulären Coaching) bearbeitet werden sollte.

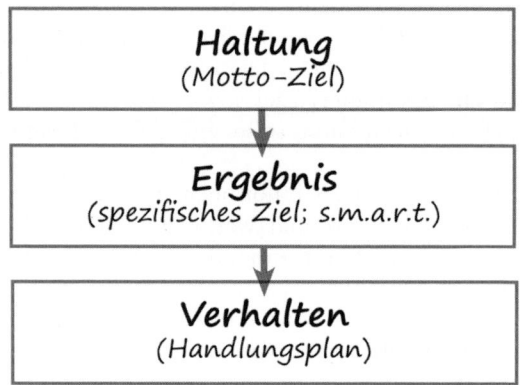

Abb. 21: Zielhierarchie (in Anlehnung an Storch 2011, 196)

Wie genau ein solches Motto-Ziel beschaffen sein muss, um den gerade beschriebenen motivierenden Effekt auszulösen, beschreiben Storch und Krause (ebd., 143ff.) in sechs Kennzeichen bzw. Kriterien, die wir im Folgenden näher verdeutlichen werden: Sie beschreiben eine *Haltung*, nutzen eine *bildhafte Sprache* und sind *im Präsens formuliert*. Zudem sollen sie als *Annäherungsziel* formuliert sein, im *Kontrollbereich* des Coachees liegen und vom Coachee anhand *somatischer Marker* als positiv und sinnvoll erlebt werden.

Gerade durch die ersten drei Kennzeichen unterscheiden sich Motto-Ziele von herkömmlichen (s.m.a.r.t.'en) Coachingzielen. Daher gehen wir an dieser Stelle mithilfe eines Praxisbeispiels zunächst näher auf diese Aspekte ein. Denken wir uns also erneut in eine Coachingsituation hinein:

> Eine Schülerin benennt das Ziel »Ich werde im nächsten Jahr meinen Schulabschluss machen«. Diese Zielformulierung liegt schon sehr nah an einem s.m.a.r.t.'en Ziel. Im Sinne der oben dargestellten Zielhierarchie bewegt es sich also auf der mittleren Ebene eines spezifisch formulierten Ergebnisziels. Um ein Motto-Ziel zu erarbeiten, könnten der Coach und der Coachee hier aber noch weiterarbeiten. So könnte folgende Formulierung entstehen: »Waghalsig wie Klose stürme ich zum Tor.«

Haltungsebene. Motto-Ziele sind eher auf Haltungs- und nicht auf der konkreten Ergebnisebene formuliert. Bevor diese zu schnell in konkrete Maßnahmen übersetzt werden, sollen sie auf der Haltungs- und damit auf Affektebene bleiben, um damit den Rubikon zu überschreiten (Storch/Krause 2017, 145). Der Grund dafür liegt in der zu erzeugenden intrinsischen Motivation:

> »Ein starker positiver Affekt, ein gutes Gefühl ist es, was Menschen dabei hilft, den Rubikon zu überqueren. Wenn das gute Gefühl sich einstellt, ist entschieden, was gewollt wird, und dann kann zur Tat geschritten werden« (ebd., 94).

Das oben genannte Motto-Ziel (»Waghalsig wie Klose stürme ich zum Tor.«) erscheint im Kontext s.m.a.r.t.'er Ziele recht pathetisch und unbrauchbar. Warum dieses Motto-Ziel im Beispiel motivierender wirken kann als die erste Formulierung auf Ergebnisebene, liegt darin begründet, dass es sich um eine Formulierung handelt, die für die Schülerin v. a. auf emotionaler Bauchgefühlsebene stimmig ist. Inwiefern diese Stimmigkeit vorhanden ist, kann mit dem Kriterium der somatischen Marker überprüft werden (▶ Abb. 22).

Bildhafte Sprache. Das zweite Merkmal von Motto-Zielen ist die Verwendung einer bildhaften Sprache. Nur über die Verwendung einer symbolisch-nonverbalen Sprache auf der Ebene von Metaphern und Bildern ist eine Verbindung zwischen der rationalen Ebene der Entscheidung (symbolisch-verbal) und der somatisch-affektiven (symbolisch-nonverbal) möglich:

> »Vom bewussten Sprachcode aus kann man über das Bildersystem die Verbindung zu den unbewussten verarbeiteten Körperempfindungen und Basalaffekten herstellen« (Storch 2011, 198).

Im Beispiel nutzt die Schülerin das Bild eines Fußballers, der auf das Tor zustürmt.

Formulierung im Präsens. Mit einer Formulierung des Ziels in der Gegenwart soll das Unbewusste stärker angesprochen werden, als mit einer üblichen auf die Zukunft ausgerichtete Zielformulierung. Auch dieses Kriterium trifft auf das oben genannte Beispiel zu (»… stürme ich zum Tor«).

Nachdem im Zielvereinbarungsgespräch ein Motto-Ziel auf Haltungebene, im Präsens und mithilfe von bildhafter Sprache formuliert wird, sollen auch die weiteren, anfangs genannten Kriterien von Motto-Zielen überprüft werden (Storch 2000, 315): Handelt sich um ein Annäherungsziel? Liegt es im Kontrollbereich des Coachees? Wird es anhand somatischer Marker vom Coachee als positiv und sinnvoll erlebt? Gemeinsam mit dem Coachee wird dies überprüft: Entspricht also bspw. das Motto-Ziel »Waghalsig wie Klose stürme ich zum Tor« den drei Kriterien eines Motto-Ziels?

Die ersten beiden Kriterien können recht schnell abgehakt werden. Das Ziel ist als Annäherungsziel formuliert und wie waghalsig der Student im Beispiel sein Ziel verfolgt, liegt einzig in seinem Kontrollbereich. Zur Einschätzung des dritten Kriteriums entwickeln Storch und Krause die Methode der Affekt- oder Gefühlsbilanz (Storch/Krause 2017, 126ff.). Dabei werden auf zwei Skalen die Affekte, die das formulierte Ziel beim Coachee auslösen, durch den Coachee selbst eingeschätzt. Es wird zwischen jeweils einer Skala für positive und einer für negative Affekte unterschieden. Diese Aufteilung basiert auf der Annahme, dass positive und negative Affekte an verschiedenen Stellen im Gehirn entstehen (ebd., 126) und somit auch verschiedene Ausprägungen aufweisen können. Ein Ziel könnte dementsprechend gleichzeitig sowohl hohe negative als auch hohe positive Gefühle auslösen. Das Ziel »Ich werde im nächsten Semester mein Studium abschließen« könnte gleichzeitig positive (Vorfreude auf den Studienabschluss) und negative Gefühle (Sorge vor den anstehenden Prüfungen) auslösen. Dies könnte ein Coachee auf der Gefühlsbilanz abbilden (▶ Abb. 22). Auch das Motto-Ziel könnte mithilfe der Bilanz überprüft werden.

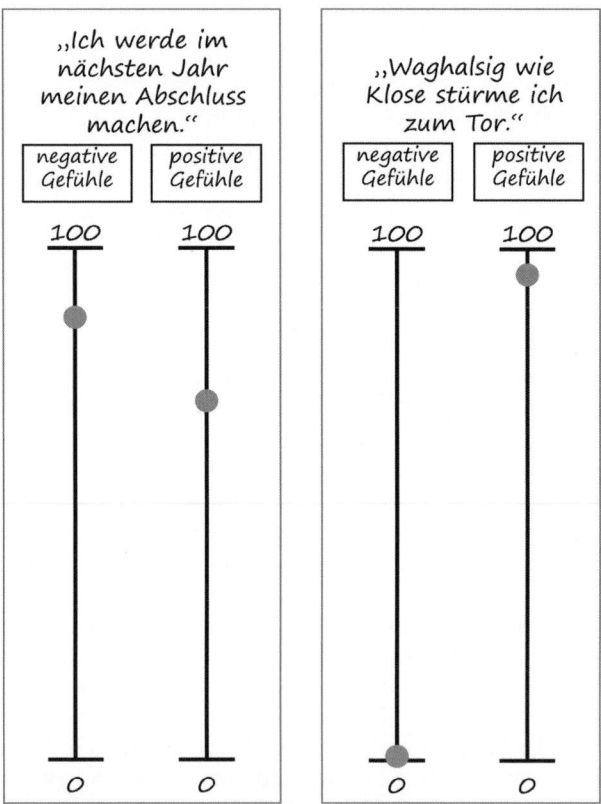

Abb. 22: Gefühlsbilanz der beiden Ziele im Beispiel (nach Storch 2011, 201)

Ein Motto-Ziel sollte eine Bilanz der Werte 0 bei negativen Gefühlen und mindestens 70 bei positiven Gefühlen haben (Storch/Krause 2017, 154). In der Abbildung 22 zeigt sich, dass das erste, ergebnisorientierte Ziel einen Wert von 90 auf der Skala der negativen Gefühle (Sorge) und auf der Skala der positiven Gefühle einen Wert von 80 (Vorfreude) auslöst. »Waghalsig wie Klose stürme ich zum Tor« weist eine Gefühlsbilanz von 0 (negativ) und 90 (positiv) auf. Somit könnte mit diesem Ziel weitergearbeitet werden. Die Kriterien (Annäherungsziel, eigener Kontrollbereich, positive Affektbilanz) sind erfüllt.

Als nächster Schritt würde nun auf dieser Basis an einem konkreten ergebnisorientierten Ziel gearbeitet. Im besten Fall hat der Coachee den Rubikon durch die Erstellung eines solchen Motto-Ziels bereits überschritten. Storch (2011) fasst das Vorgehen wie folgt zusammen:

> »Die sicherste Reihenfolge für den Bau von motivierenden Zielen heißt: Zu dem bewussten Ziel ein Bild suchen, dann zu dem Bild die passenden Worte erarbeiten, aus diesen Worten ein Haltungsziel bauen und dieses Sprachgebilde, das eng mit der Bilderwelt verbunden ist, mit den daran gekoppelten somato-affektiven Signalen aus der Körperwelt auf Maß schneidern« (ebd., 200).

Für die Nutzung im Zielvereinbarungsgespräch kann zusammengefasst werden: Das als Annäherungsziel im Präsens formulierte und im Kontrollbereich des Coachees liegende Motto-Ziel sollte …

- … eine Gefühlsbilanz von 0 auf der negativen und mindestens 70 auf der positiven Gefühlsskala aufweisen, also vom Coachee auf Ebene der somatischen Marker als positiv und sinnvoll erlebt werden und
- … mithilfe einer bildhaften Sprache auf Haltungsebene formuliert sein.

6.1.3 Ablauf eines Zielvereinbarungsgesprächs

Für die Durchführung von Zielvereinbarungsgesprächen wurde der Aufbau der in Kapitel 5 vorgestellten Coachingphasen modifiziert. Im Folgenden wird auf Basis des bereits bekannten GROW-Modells diese erweiterte Vorgehensweise beschrieben. Ein zentraler Unterschied dabei ist die Tatsache, dass nicht zu Beginn des Gesprächs eine Frage festgelegt wird, die zum Abschluss des Gesprächs hin beantwortet wird. Im Zielvereinbarungsgespräch erarbeitet die coachende Person mit dem jugendlichen Coachee ein Ziel, das in der kommenden Zeit verfolgt werden soll. Zum Beispiel über den Zeitraum des kommenden Schulhalbjahres. Zudem wird innerhalb des Gesprächs noch ein entsprechender Handlungsplan entwickelt.

Goal – die Orientierungsphase. In der ersten Phase eines Zielvereinbarungsgesprächs steht die Orientierung der beteiligten Personen auf Beziehungs- und Inhaltsebene im Mittelpunkt. Grundsätzlich entspricht der Ablauf dem der Goalphase eines Coachinggesprächs wie es in Kapitel 5 beschrieben wird. Es findet zunächst eine Orientierung auf der Beziehungsebene mithilfe von Smalltalk, Pacing u. ä. statt. Ist eine gute Beziehung hergestellt, kann übergegangen werden zur Orientierung auf der Inhaltsebene. Hier wird dann über das Format der Zielvereinbarung aufgeklärt. Das Ziel (Goal) für diese Gesprächsform liegt bereits implizit vor: Zum Abschluss des Gesprächs soll der jugendliche Coachee ein Ziel für die kommende Zeit formuliert und einen entsprechenden Handlungsplan entwickelt haben. Über dieses Ziel sollte am Ende der ersten Phase Einigkeit bestehen und ein entsprechender Kontrakt geschlossen sein.

In der Praxis werden an Schulen zwei verschiedene Formate der Zielvereinbarung genutzt: verpflichtende (halb-)jährliche sowie freiwillige Zielvereinbarungen. Beim verpflichtenden regelmäßigen Zielvereinbarungsgespräch muss jede Schülerin und jeder Schüler an einem regelmäßigen Zielvereinbarungsgespräch teilnehmen. Im Sinne der prinzipiell freiwilligen Teilnahme der Schülerinnen und Schüler an einer solchen Art von Gespräch sollte allerdings nur zur grundsätzlichen Teilnahme an einem solchen Gespräch verpflichtet werden, nicht zur Zielvereinbarung an sich. Sollte der Coachee im Gespräch kein eigenes Ziel finden, sollte er bzw. sie nicht dazu verpflichtet werden. Bei dieser Art von Gespräch wird oft mit vorgefertigten Bögen gearbeitet, die der Coachee ggf. schon zur Vorbereitung bearbeitet hat und ins Gespräch mitbringt. In diesen Fällen fällt die Orientierungsphase oftmals kurz aus, da das Konzept bereits allen Jugendlichen bekannt ist und es wird recht schnell mit der inhaltlichen Arbeit angefangen. Diese Bögen, wie der im Folgenden abgebildete, haben sich vor allem in der Arbeit mit jüngeren Schülerinnen und Schülern bewährt.

Die zweite Möglichkeit besteht darin, Zielvereinbarungsgespräche im Rahmen eines schulweiten Coachingkonzepts auf freiwilliger Basis anzubieten. In diesem Fall wird in der ersten Phase eine Orientierung darüber gegeben, wie im Zielvereinbarungsgespräch vorgegangen wird. Schon an dieser Stelle kann etwas individueller mit dem Coachee darüber gesprochen werden, welche Art von Ziel sie oder er im Gespräch festlegen möchte.

> In der *Goal-Phase* des Zielvereinbarungsgesprächs sollte eine gute Beziehung zwischen Coach und Coachee hergestellt werden und über das Vorgehen im Gespräch aufgeklärt werden. Abschließend sollte ein Kontrakt zum Vorgehen geschlossen werden.

Reality – die Klärung der Ziele der Schülerinnen und Schüler. Entsprechend der in Kapitel 5.2 dargestellten Realityphase wird auch beim Zielvereinbarungsgespräch mit einer offenen Erzählphase des Coachees zu dessen Situation begonnen. Unterstützt durch die Fragen des Coachs klären die Jugendlichen hierbei ihre aktuelle Situation und die Ziele, die sie gern in der nächsten Zeit für sich verfolgen möchten. Um dann von der Klärung der Situation zur Festlegung eines Ziels zu gelangen, werden im Anschluss an die Grundlagen von Zielvereinbarungen zwei mögliche Varianten für das weitere Vorgehen vorgeschlagen:

- Variante A: Erarbeitung von Motto-Zielen als Ausgangspunkt
- Variante B: Erarbeitung von spezifischen, handlungsorientierten Zielen.

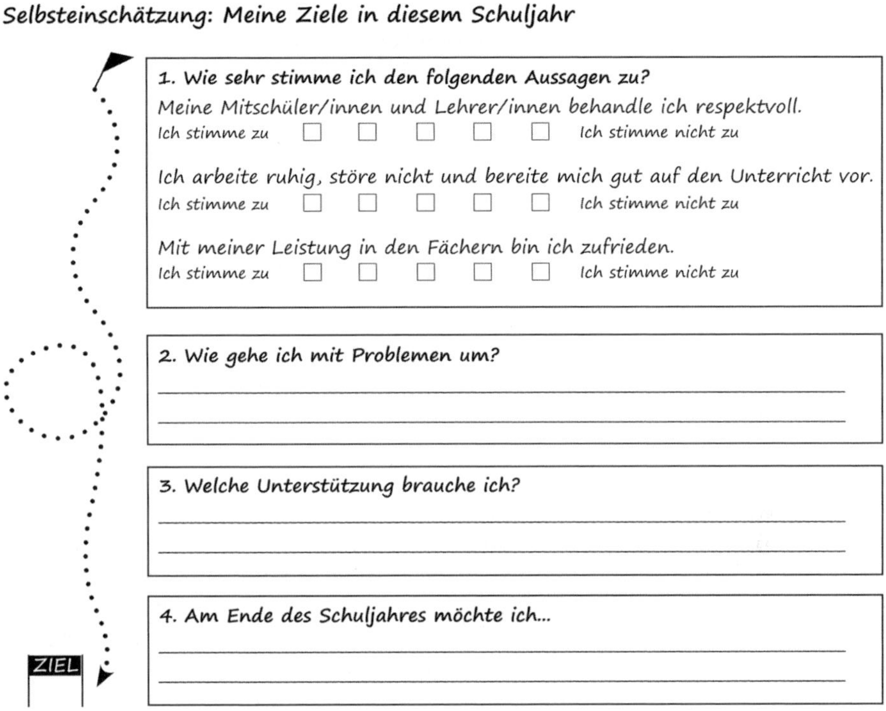

6.1 Zielvereinbarungsgespräche

Selbsteinschätzung: Meine Ziele in diesem Schuljahr

1. Wie sehr stimme ich den folgenden Aussagen zu?
   Meine Mitschüler/innen und Lehrer/innen behandle ich respektvoll.
   Ich stimme zu ☐ ☐ ☐ ☐ ☐ Ich stimme nicht zu

   Ich arbeite ruhig, störe nicht und bereite mich gut auf den Unterricht vor.
   Ich stimme zu ☐ ☐ ☐ ☐ ☐ Ich stimme nicht zu

   Mit meiner Leistung in den Fächern bin ich zufrieden.
   Ich stimme zu ☐ ☐ ☐ ☐ ☐ Ich stimme nicht zu

2. Wie gehe ich mit Problemen um?
   _____
   _____

3. Welche Unterstützung brauche ich?
   _____
   _____

4. Am Ende des Schuljahres möchte ich...
   _____
   _____

Abb. 23: Selbsteinschätzungsbogen (in Anlehnung an Bögen der Martin-Niemöller-Gesamtschule Bielefeld)

Diese Aufteilung wird v. a. aus praktischen Gründen vorgenommen. In der Praxis besteht in der Regel nur eine begrenzte Zeit für diese Art der Gespräche zur Verfügung. Für ein intensives Zielvereinbarungsgespräch sollte eine Dauer von mindestens 60 Minuten investiert werden. An Schulen, die verpflichtend jedes Halbjahr mit allen Schülerinnen und Schülern Zielvereinbarungen durchführen, können diese Gespräche allerdings nur im Rahmen von 15 Minuten stattfinden. Somit kann Variante A genutzt werden, wenn genügend Zeit zur Verfügung steht oder wenn mit einzelnen Schülerinnen oder Schülern zusätzliche Gespräche vereinbart werden, da sie weitere Unterstützung wünschen. Bei wenig Zeit sowie motivierten Schülerinnen und Schülern, die den Rubikon bereits überschritten haben und das Zielvereinbarungsgespräch v. a. nutzen möchten, um einen Handlungsplan zu erarbeiten, kann die Arbeit mit Variante B vollkommen ausreichen.

Erarbeitung eines Motto-Ziels als Ausgangspunkt

Im Anschluss an die Zielhierarchie wird ein Vorgehen vorgeschlagen, das alle Ebenen dieser beachtet.

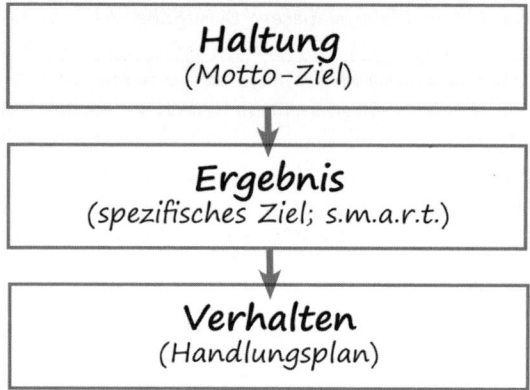

Abb. 24: Zielhierarchie (nach Storch 2011, 196)

Im ersten Schritt wird mit dem Coachee ein passendes Motto-Ziel auf Haltungsebene erarbeitet, bevor dann ein spezifisches Ziel (s. Variante B) zur Weiterarbeit formuliert wird. Auf dieser Basis erarbeiten dann Coachee und Coach einen Handlungsplan (Will-Phase).

Zunächst arbeitet der Coach mit dem Coachee auf ein Motto-Ziel hin, das den oben dargestellten Kriterien entspricht. Aus unserer Erfahrung heraus macht es Sinn, diese Kriterien z. B. als Poster im Raum zu visualisieren und damit für alle Beteiligten gegenwärtig zu machen. Riedener Nussbaum und Storch (2014) schlagen vor, mit der Formulierung eines Wunsches zu beginnen.

> Im Anschluss an die Situationsklärung könnte der Coach mit dem Impuls »Wie möchtest du gern sein?« beginnen.

Hierauf muss der Coachee nicht direkt mit einem konkreten Wunsch antworten, sondern kann zunächst einen »Ideenkorb« (ebd., 197ff.) füllen. Auf die Frage »Wie möchtest du gern sein?« antworten die Schülerinnen und Schüler bereits mit hoher Wahrscheinlichkeit mit ›Hin-zu-Wünschen‹ (im Gegensatz zu ›Von-weg-Wünschen‹). Aber selbst wenn hier noch Wünsche negativ formuliert werden, können diese zunächst (nach den Regeln des Brainstormings, ▶ Kap. 5.3) unkommentiert sammeln.

> Solche Wünsche können auf den verschiedensten Ebenen formuliert sein. Max könnte bspw. sich wünschen
>
> - ... wie ein Baum zu sein.
> - ... wie ein Ritter zu sein.
> - ... wie Justin Bieber zu sein.

Die Suche nach diesen Wünschen kann auch bspw. mit vorgegebenen Bildkarten oder anderen Materialien (z. B. Bauer/Hegemann 2016, 62) unterstützt werden. Damit wird dem Coachee geholfen, direkt auf bildhafter Ebene nach Wünschen zu suchen. Sollten hier negativ formulierte, ›von-weg‹ Wünsche, wie bspw. »Ich möchte nicht mehr so ängstlich sein«. von den Jugendlichen genannt werden, so kann schon an dieser Stelle – allerdings erst nach Abschluss der Sammlungsphase – mit dem Impuls interveniert werden: »Was möchtest du stattdessen sein?« Nach der Sammlung solcher Wünsche können diese mithilfe der Gefühlsbilanz überprüft werden.

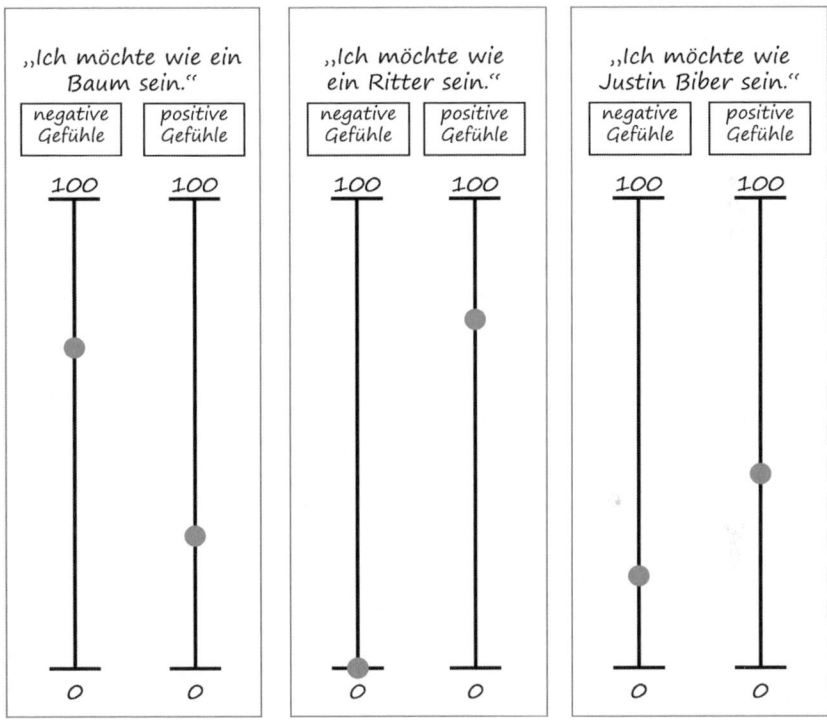

Abb. 25: Gefühlsbilanz zu Max' Wünschen (in Anlehnung an Riedener Nussbaum/Storch 2014, 207)

In diesem Fall stellt sich heraus, dass der Wunsch, wie ein Ritter zu sein, die beste Affektbilanz hat (0 neg. und 70 pos.). Damit kann also weitergearbeitet werden. Im nächsten Schritt sollen die Wünsche in Motto-Ziele umformuliert werden. Dabei sollen die o. g. Kriterien beachtet werden. Der Coachee kann auch hier mithilfe der in Kapitel 5.2 beschriebenen Fragetechniken unterstützen, z. B.:

> V₁: »Was genau heißt für dich ›wie ein Ritter sein‹?«
> V₂: »Was macht für dich einen Ritter aus?«

Wenn der Coachee seine erste Fassung eines Motto-Ziels formuliert hat, überprüft sie oder er gemeinsam mit dem Coach dieses auf die Kriterien.

> Formuliert Max bspw. »Mutig wie ein Ritter ziehe ich in den Kampf!«, werden die Kriterien gemeinsam angeschaut: Das Motto-Ziel nutzt eine bildhafte Sprache, ist auf Haltungsebene und im Präsens formuliert. Es handelt sich bei dem Ziel um ein Annäherungsziel und liegt in Max' Kontrollbereich. Inwiefern Max das Motto-Ziel anhand somatischer Marker einschätzt, kann an dieser Stelle nochmals mit der Affektbilanz abgeklärt werden.

Wenn der Coachee nun erfolgreich ein Motto-Ziel erarbeitet hat, wird davon ausgegangen, dass der Rubikon (s. o.) überschritten ist, nun also genügend (intrinsische) Motivation vorliegt, um auf dieser Basis an einem spezifischen Ziel arbeiten zu können. Dieser nächste Schritt kann vom Coach mit offenen Fragen und Impulsen danach eröffnet werden, wie dieses Motto des Coachees nun in ein ganz konkretes, auf die Handlungswirklichkeit des Coachees bezogenes Ziel übersetzt werden kann.

> Max könnte bspw. vom Coach gefragt werden:
> V₁: »Schau dir dein Motto-Ziel an. Wie könnten wir dieses Ziel in ein konkretes Ziel übersetzen?«
> V₂: »Was genau willst du in einem halben Jahr geschafft haben, indem du mutig wie ein Ritter in den Kampf gezogen bist?«
> V₃: »Beschreib mir mal, was genau es heißt, wenn du mutig wie ein Ritter in den Kampf ziehst.«
> V₄: »Wenn du mutig wie ein Ritter in den Kampf gezogen bist, was hast du dann erreicht?«

Mithilfe dieser Impulse kann der Coachee zu einer ersten spezifischen (oder auch s.m.a.r.t.'en) Zielformulierung angeregt werden. Ab hier wird dann im Zielvereinbarungsgespräch wie in Variante B weitergearbeitet.

Erarbeitung eines spezifischen, handlungsorientierten Ziels

Hier geht es nun darum, ein konkretes, spezifisches Ziel zu formulieren, das den s.m.a.r.t.-Kriterien genügt und damit eine konkrete Zielverfolgung ermöglicht. Auch bei diesem Schritt ist die Zurückhaltung des erwachsenen Coachs zu beachten: »Die Jugendlichen formulieren ihre Ziele selbst: Wir begleiten sie durch gute Fragen in diesem Prozess« (Bauer/Hegemann 2016, 62). Wie schon mehrfach beschrieben, ist diese Zurückhaltung nicht immer selbstverständlich und fällt oft nicht leicht. Einstiegsimpulse für diese Phase können bspw. lauten:

V_1: »Welches konkrete Ziel möchtest du dir für das nächste Schulhalbjahr setzen?«
V_2: »Welche Ziele möchtest du in nächster Zeit erreichen?«
V_3: »Was soll anders sein, wenn du das Ziel erreicht hast?«

Daraufhin kann der jugendliche Coachee – sofern es dem Coach gelungen ist, sie oder ihn in der Klärung der eigenen Situation gut zu unterstützen – bereits ein recht konkretes Ziel benennen. Oftmals tritt allerdings der Fall ein, dass die Coachees mehrere mögliche Ziele benennen. Diese könnten dann zunächst brainstormingartig gesammelt und abschließend durch den Coachee in eine Rangfolge gebracht werden. Das Ziel, das die Schülerin oder der Schüler als dasjenige benennt, mit dem weitergearbeitet werden soll, wird dann auf die Kriterien für erfolgreiche Ziele hin überprüft. Neben den s.m.a.r.t.-Kriterien für gute Ziele gibt es einige weitere Möglichkeiten, ein Ziel auf seine Güte im Sinne der Goal Setting Theorie hin zu überprüfen (z. B. Whitmore 2015, 64ff.). Dabei kann sich an der Systematik nach Fischer-Epe (2016, 77ff.) orientiert werden:

Ist das Ziel

- … positiv formuliert?
- … attraktiv-motivierend für den Coachee?
- … für den Coachee selbst erreichbar?
- … konkret mess- und überprüfbar, wenn es erreicht ist?
- … ökologisch, also ohne Nebenwirkungen formuliert?

Dass das Ziel positiv, also als Annäherungsziel formuliert sein sollte, wurde bereits ausführlich beschrieben. Sollte das Ziel an dieser Stelle (noch immer) negativ formuliert sein (es kann sich auch um eine ›verdeckte‹ Negativformulierung handeln, z. B.: »Ich möchte stressfrei sein«), kann die Frage danach, was der Coachee stattdessen erreichen möchte, zu einer positiven Formulierung führen (ebd., 79). Inwiefern das Ziel attraktiv-motivierend ist, kann man mit Fragen überprüfen wie z. B.:

V_1: »Stell dir vor, du hast das Ziel erreicht, wie fühlst du dich?« oder
V_2: »Was macht dieses Ziel reizvoll für dich?« (ebd., 79).

Auch die Erreichbarkeit sollte überprüft werden. Gerade komplexere Ziele können die Veränderungen anderer Personen enthalten. Darauf haben die Ratsuchenden selbst allerdings keinen Einfluss. Für die Zielverfolgung und die Motivation ist die eigene Kontrollierbarkeit des Ziels entscheidend. Dies kann bspw. mit den folgenden Fragen überprüft werden:

> V_1: »Inwiefern kannst du selbst das Ziel erreichen?« oder
> V_2: »Was kannst du selbst tun, um das Ziel zu erreichen?« (Fischer-Epe 2016, 82)

Die Erreichung eines Zielzustandes sollte klar messbar sein. Das heißt der Coachee muss konkret beschreiben können, woran er oder sie erkennt, dass das eigene Ziel erreicht sein wird. Abgesehen von der motivierenden Funktion von konkret-messbar formulierten Zielen kann auch nur so eine Zielüberprüfung z. B. im kommenden Schulhalbjahr vorgenommen werden. Mit folgenden Fragen überprüfen wir dieses Kriterium (ebd., 83):

> V_1: »Woran genau kann ich erkennen, dass du das Ziel erreicht hast?«
> V_2: »Woran können andere Beteiligte (Eltern, Mitschüler etc.) erkennen, dass du dein Ziel erreicht hast?«

Das letztgenannte Kriterium eines guten Ziels ist, dass es ökologisch sein soll. Der Coachee sollte überprüfen, ob sich mit der Zielerreichung ggf. Nebenwirkungen einstellen, die nicht gewünscht sind oder das ursprüngliche Problem gar noch verschlimmern.

> »Dass man eigentlich mehrere Ziele zugleich verfolgt, merkt man manchmal erst, wenn man das eine erreicht hat und – entsetzt, verblüfft, verärgert – feststellen muss, dass man mit der Beseitigung des einen Missstandes vielleicht zwei neue in anderen Bereichen erzeugt hat« (Dörner 2017, 78).

Fischer-Epe (2016, 83ff.) meint mit ›ökologisch‹ hierbei die Überprüfung potenzieller Auswirkungen der Zielverfolgung auf die unmittelbare Umwelt des Coachees. Hierbei kann der Coach bspw. mit den folgenden Fragen arbeiten (ebd., 84):

> V_1: »Verändert sich noch etwas anderes, wenn du dein Ziel erreicht hast – gibt es also Nebenwirkungen?«
> V_2: »Wer könnte etwas dagegen haben, dass du dein Ziel erreichst?«
> V_3: »Passt das Ziel noch zu deinem Motto-Ziel?«

Nachdem das Ziel auf diese Kriterien hin überprüft wurde, wird es schriftlich festgehalten. Es kann bspw. auf einem Zielvereinbarungsbogen vermerkt werden.

6.1 Zielvereinbarungsgespräche

Vertrag: Meine Ziele in diesem Schuljahr

1. Mein Motto-Ziel:

2. Mein Ziel in diesem Schuljahr:

3. Um mein Ziel zu erreichen werde ich Folgendes tun:

4. Dabei hilft mir _____, indem _____

5. Ich strenge mich an, mein Ziel zu erreichen.

   _____ Schüler/in

   Wir versprechen, _____ bestmöglich zu unterstützen.

   _____ Erziehungsberechtigte/r   _____ Coach

Abb. 26: Zielvereinbarungsbogen (in Anlehnung an Bögen der Martin-Niemöller-Gesamtschule Bielefeld)

Damit ist das Ende der Reality- oder Klärungsphase erreicht.

> In der *Reality-Phase* des Zielvereinbarungsgesprächs sollte ein zum Coachee passendes Ziel für einen kommenden Zeitraum (bspw. Schulhalbjahr) erarbeitet und konkret formuliert werden. Dabei kann als Grundlage ein Motto-Ziel dienen, das zunächst entwickelt wird.

Options – Erarbeitung eines Handlungsplans. Die Optionsphase im Zielvereinbarungsgespräch orientiert sich größtenteils an dem Vorgehen bei der Entwicklung konkreter Handlungspläne des in Kapitel 5 beschriebenen Coachingprozesses. Nachdem das Ziel feststeht und visualisiert ist, werden nun mit dem Coachee Möglichkeiten gesammelt, das Ziel zu erreichen. Hier nutzt der Coach das beschriebene Vorgehen bei der Sammlung von Lösungsmöglichkeiten (▶ Kap. 5.3): Zunächst werden (konkrete) Möglichkeiten, das Ziel zu erreichen ohne zu bewerten, gesammelt und anschließend erst wird bewertet und in eine Reihenfolge gebracht. Hierbei kann sich der Coach durchaus im Rahmen von Expertenberatung einbringen (▶ Kap. 5.3.2). Auch hier ist aber das oberste Ziel, dem Coachee kein Vorgehen überzustülpen, sondern als Coach mit eigenen Vorschlägen die Sammlung nur anzureichern, damit dann der Coachee selbst mögliche Vorgehensweisen auswählen kann.

Nachdem die Sammlung abgeschlossen ist und die Vorschläge durch den Coachee bewertet wurden, wird aus den Ideen zum Vorgehen ein Handlungsplan (▶ Kap. 5.4) für die kommende Zeit zusammengestellt (z. B. für das kommende Schulhalbjahr). Auch hier zählt: Je konkreter, desto besser! Dieser Handlungsplan sollte ebenfalls festgehalten und visualisiert werden, bspw. auf dem Zielvereinbarungsbogen (▶ Abb. 26). Abschließend überlegen Coach und Coachee gemeinsam, welche möglichen Unterstützungsmaßnahmen vom Coachee genutzt werden können. Hier kann sowohl der Coach bzw. die Lehrperson selbst Unterstützung anbieten, aber auch andere Personen (Geschwister, Eltern, Freundeskreis etc.) können hier angedacht werden. Abschließend für diese Phase unterschreiben Coachee und Coach den Zielvereinbarungsbogen (sofern dieser genutzt wird). Dieser kann zu einem späteren Zeitpunkt auch noch von den Eltern unterschrieben werden, so sind diese ebenfalls in den Prozess involviert. Für Max' Beispiel könnte der ausgefüllte Bogen so aussehen, wie in der Abbildung zu sehen.

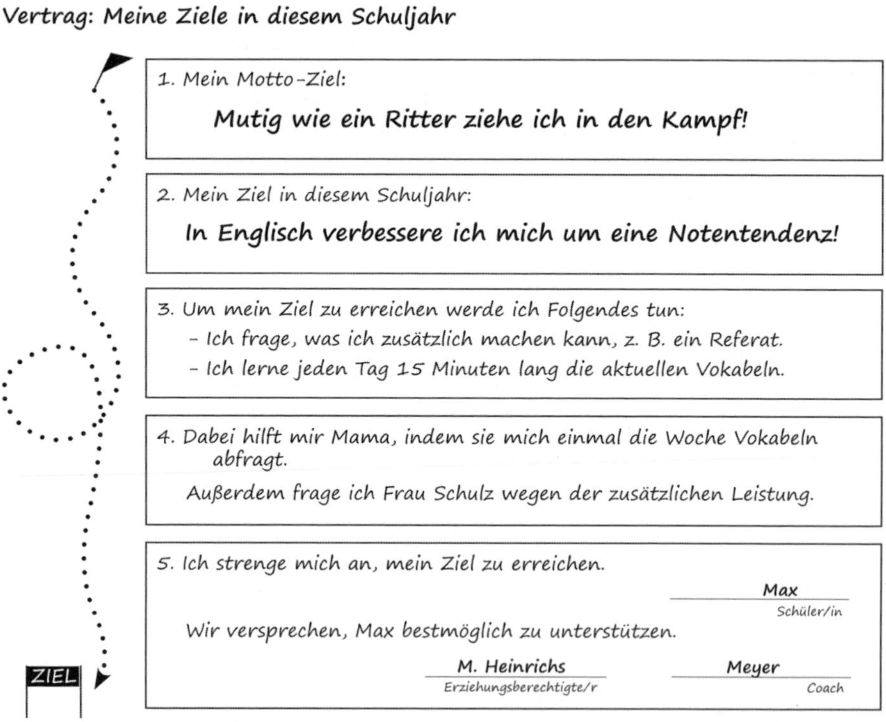

Vertrag: Meine Ziele in diesem Schuljahr

1. Mein Motto-Ziel:
   Mutig wie ein Ritter ziehe ich in den Kampf!

2. Mein Ziel in diesem Schuljahr:
   In Englisch verbessere ich mich um eine Notentendenz!

3. Um mein Ziel zu erreichen werde ich Folgendes tun:
   - Ich frage, was ich zusätzlich machen kann, z. B. ein Referat.
   - Ich lerne jeden Tag 15 Minuten lang die aktuellen Vokabeln.

4. Dabei hilft mir Mama, indem sie mich einmal die Woche Vokabeln abfragt.
   Außerdem frage ich Frau Schulz wegen der zusätzlichen Leistung.

5. Ich strenge mich an, mein Ziel zu erreichen.

   _____ Max
   Schüler/in

   Wir versprechen, Max bestmöglich zu unterstützen.

   _____ M. Heinrichs   _____ Meyer
   Erziehungsberechtigte/r   Coach

Abb. 27: Zielvereinbarungsbogen von Max

> In der *Options-Phase* des Zielvereinbarungsgesprächs sollten mit dem Coachee ein möglichst konkreter Handlungsplan erarbeitet und Unterstützungsmöglichkeiten festgehalten werden.

Will – Abschlussphase und Vereinbarung zum weiteren Vorgehen. In dieser abschließenden Phase wird das Zielvereinbarungsgespräch abgeschlossen. Hierbei klärt der Coach ab, ob auch der Coachee mit dem Gespräch abschließen kann oder ob er noch Einwände bzw. Nachfragen hat. Das Gespräch wird mit einem Kontrakt darüber abgeschlossen, wann ein Zielverfolgungsgespräch oder das nächste Zielvereinbarungsgespräch stattfindet. Wenn an einer Schule regelmäßig solche Gespräche geführt werden, ist die Terminierung meistens bereits vorgegeben und muss hier nur angesprochen werden.

Folgegespräch: Reflexion des Zielverfolgungsprozesses. Eine Zielvereinbarung sollte immer mit einem Gespräch über den Verlauf des Zielverfolgungsprozesses einhergehen. Dabei wird mit dem Coachee der Erfolg bzw. das Maß der Zielerreichung besprochen. Je nachdem wie erfolgreich der Coachee beim Verfolgen seines oder ihres Ziels war, kann ein neuer Handlungsplan, ein verändertes oder auch neues Ziel erarbeitet werden (▶ auch Kap. 5.5).

> Für weitere ausführliche Hinweise sowohl zur Entwicklung von Motto- und konkreten Zielen mit Jugendlichen als auch zur Entwicklung konkreter Handlungspläne empfehlen wir folgende Literatur:
>
> *Entwicklung von Motto-Zielen:*
> Riedener Nussbaum, A./Storch, M. (2014): Ich packs! Selbstmanagement für Jugendliche. Ein Trainingsmanual für die Arbeit mit dem Zürcher Ressourcen Modell (3. Aufl.). Bern: Hans Huber, v. a. 181ff.
> Storch, M. (2011): Motto-Ziele, S.M.A.R.T.-Ziele und Motivation. In: Birgmeier, B. (Hrsg.): Coachingwissen (2. Aufl.). Wiesbaden: VS, 185–207.
>
> *Entwicklung spezifischer Ziele:*
> Bauer, C./Hegemann, T. (2016): Ich schaffs! – Cool ans Ziel. Das lösungsorientierte Programm für die Arbeit mit Jugendlichen (5. Aufl.). Heidelberg: Carl Auer, v. a. 56ff.
> Fischer-Epe, M. (2016): Coaching: Miteinander Ziele erreichen (5. Aufl.). Reinbek bei Hamburg: Rowohlt, v. a. 77ff.
>
> *Entwicklung von Handlungsplänen:*
> Faude-Koivisto, T./Gollwitzer, P. (2011): Wenn-Dann Pläne: eine effektive Planungsstrategie aus der Motivationspsychologie. In: Birgmeier, B. (Hrsg.): Coachingwissen (2. Aufl.). Wiesbaden: VS, 209–227.
> Faude-Koivisto, T./Keller, R. (2014): Wenn-Dann-Pläne. Optimale Wegbegleiter von Motto-Zielen auf dem Weg zur Zielrealisierung. In: Riedener Nussbaum, A./Storch, M. (2014): Ich packs! Selbstmanagement für Jugendliche. Ein Trainingsmanual für die Arbeit mit dem Zürcher Ressourcen Modell (3. Aufl.). Bern: Hans Huber, 403–413.

6.2 Lerncoaching: das Projekt »Offenes Ohr – Coaching in der Schule«

Beim Lerncoaching steht die Begleitung von Lernprozessen bzw. bei Lernproblemen u. ä., als ›klassischem‹ Bereich des Coachings mit Schülerinnen und Schülern, im Mittelpunkt. Dieses Format wurde bereits in einigen Veröffentlichungen aus verschiedenen wissenschaftlichen und ratgeberorientierten Perspektiven beleuchtet (z. B. Hardeland 2017a; Nicolaisen 2017; Keller 2015; Pallasch/Hameyer 2012). Wir verstehen Lerncoaching keinesfalls als Modeerscheinung ohne begriffliche Grundlegung, sondern als *ein systemisches Coaching mit Jugendlichen zu Lern- und Leistungsfragen*. Hierbei soll die Autonomie und Eigenverantwortung des Jugendlichen im Lernprozess klar in den Vordergrund gestellt werden (z. B. Melzer/Methner 2012, 163). Dies entspricht dem Verständnis des in der aktuellen lernpsychologischen und didaktischen Diskussion sehr populären selbstgesteuerten Lernens (z. B. Konrad/Traub 2018; Hattie et al. 2017, 27). So beschreibt Hanna Hardeland (2017b, 32ff.) das Ziel von Lerncoachingprozessen damit, »den Lernenden dazu zu befähigen, seinen Lernprozess selbstregulierend zu steuern, um effektiver und zufriedener zu lernen«. In diesem Gedanken lässt sich die in Kapitel 2 aufgeführte Analogie zwischen dem Vorgehen beim Coaching und einer Reise mit der Kutsche wiedererkennen: Der Schüler bzw. die Schülerin bestimmt, in welche Richtung und mit welchem Tempo die Kutschreise vonstattengeht. Folgt man diesem Gedanken und diesem Anspruch ganzheitlich, kann Lerncoaching nicht nur außerhalb von Unterricht stattfinden, sondern sollte Teil von ihm werden (z. B. Eschelmüller 2008; Hardeland 2017a). Zudem ist in diesem Zusammenhang die Frage nach der Kontinuität in der Begleitung von Schülerinnen und Schülern zentral. Verfolgen Lehrpersonen den Anspruch, Lernende in ihrer Eigenverantwortung zu fördern, scheint es nur sinnvoll, Lerncoachings nicht als Intervention bei Problemen zu verstehen, sondern die Nutzung dieses Angebots regelmäßig zu ermöglichen.

Mit diesem Anspruch wurde an der Universität Paderborn in Kooperation mit mehreren Schulen der Region das Projekt »Offenes Ohr – Coaching in der Schule« entwickelt, das wir an dieser Stelle als Beispiel für ein schulisches Lerncoaching-Konzept vorstellen möchten.

Das Projekt wurde 2009 in einer Kooperation zwischen der Edith-Stein-Ganztagshauptschule Geseke und der Universität Paderborn gegründet. An der genannten Schule entstand der Wunsch nach einem kontinuierlichen Coachingangebot für Schülerinnen und Schüler. Mit ersten Überlegungen hierzu trat das Kollegium an Prof. Dr. Florian Söll, zu dieser Zeit Professor an der Universität Paderborn, heran, und begann gemeinsam mit ihm erste Ideen für den Aufbau eines Unterstützungselements für Schülerinnen und Schüler anzustellen. Seit 2011 wirken die Autoren dieses Buches an dem Projekt mit und übernahmen die Projektleitung nach der Emeritierung Sölls im Jahr 2013 hauptverantwortlich.

6.2 Lerncoaching: das Projekt »Offenes Ohr – Coaching in der Schule«

Abb. 28: Logo des Projekts »Offenes Ohr – Coaching in der Schule«

So wurde ein Konzept entwickelt, bei dem Lehramtsstudierende in Teams von zwei bis vier Personen wöchentliche Lerncoachings mit Schülerinnen und Schülern durchführen. Die Namensgebung des Projektes als »Offenes Ohr« spiegelt ein wesentliches Anliegen wider. Im Sinne der Einrichtung eines möglichst kontinuierlichen Coachingangebots soll Schülerinnen und Schülern ein »Offenes Ohr« geschenkt werden. Darüber hinaus sind die Ziele des Projektes vielseitig:

1. *Schülerinnen und Schüler sollen im Umgang mit schulischen Problemen individuell gefördert werden, sodass sich ihre Selbstorganisation und Schulleistung verbessert.*
   In schülerzentrierten Coachinggesprächen wird ihnen die Chance geboten, sich intensiv mit ihrer eigenen Situation auseinanderzusetzen und Strategien für die Lösung von Lernherausforderungen zu entwickeln. Darüber hinaus verweist Hardeland (2017b, 32ff.) auf einen Kompetenzerwerb durch Lerncoachings in den Bereichen sozial-kommunikative, Personal-, Methoden- und Fachkompetenz.
2. *Lehrpersonen sollen durch das Projekt unterstützt werden.*
   Am Projekt beteiligte Lehrpersonen beschreiben im Rahmen einer qualitativen Interviewstudie eine deutliche Veränderung im Verhalten der Schülerinnen und Schüler bezüglich ihrer Selbstreflexion und ihrer Problemlösekompetenz als Effekt regelmäßig durchgeführter Coachingsitzungen (Brandtönies 2014, 42ff.). So kann das Lerncoaching zu einer Unterstützung der Arbeit von Lehrerinnen und Lehrern sowie einer Entlastung in alltäglichen Unterrichtssituationen werden.
3. *Studierende sollen durch das Projekt in zentralen Schlüsselkompetenzen (wie bspw. Gesprächs-, Beratungs- und Reflexionskompetenz) als angehende Lehrerinnen und Lehrer gefördert werden.*
   Durch die praktische Anwendung theoretischer Inhalte soll ein direkter Zugang zum Thema des systemischen Coachings geschaffen werden. Darüber hinaus erhalten die Studierenden einen Einblick in den Schulalltag an den Partnerschulen und gewinnen so eine neue Perspektive auf die Schwierigkeiten von Schülerinnen und Schülern im Bereich Lernen und Kompetenzentwicklung.

6 Zielvereinbarungsgespräch und Lerncoaching

Eine wesentliche Chance des Projektes liegt zudem im angewandten Personensplitting. Indem die Coachings an den Partnerschulen durch Studierende und eben nicht durch schuleigene Lehrpersonen durchgeführt werden, können zahlreiche Konflikte in Bezug auf die Rollenklarheit umgangen werden (▶ Kap. 4.2).

Im Folgenden möchten wir den Aufbau des Projektes näher darstellen und ein Bild davon skizzieren, welche organisatorischen und inhaltlichen Herausforderungen sich bei dessen konkreter Durchführung an einer Schule ergeben.

6.2.1 Aufbau des Projektes

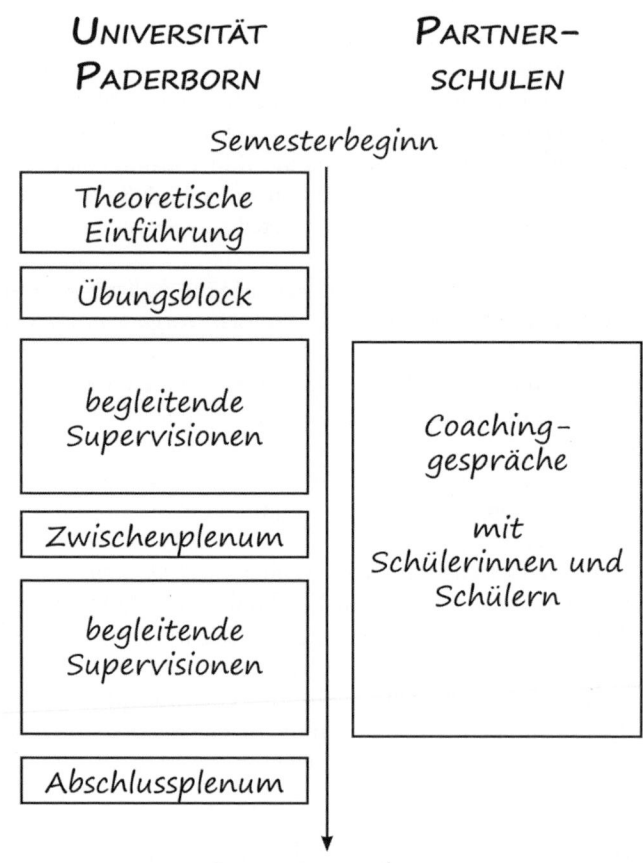

Abb. 29: Ablaufs des Projekts »Offenes Ohr – Coaching in der Schule«

Vorbereitung der Studierenden. Im Seminar »Lernbegleitung durch Coaching«, dessen Verlauf sich über ein Semester erstreckt, werden Lehramtsstudierende der Universität Paderborn theoretisch und praktisch auf ihre Tätigkeit als Lerncoachs vorbereitet. In drei einführenden Veranstaltungen findet eine erste Annäherung, u. a. an systemtheoretische Inhalte, den Ablauf und die methodische Ausgestaltung von Coachinggesprächen – wie in den vorangegangenen Kapiteln beschrieben – statt. Zudem setzen Studierende bereits ab der ersten Sitzung erste kleinere Beratungstools praktisch um. Die hier erworbenen Kenntnisse werden während einer zweitätigen Blockveranstaltung weiter – vor allem in ihrer praktischen Umsetzung – vertieft: Audioaufnahmen exemplarischer Coachingsitzungen werden kritisch reflektiert, die Studierenden beobachten im Seminar eine von einem ausgebildeten Coach durchgeführte Coachingsitzung und coachen sich – in den Coachingteams, in denen sie an die jeweiligen Partnerschulen gehen – gegenseitig. Durch die gemeinsame Reflexion erster Erfahrungen als Coach und die Beobachtung von Coachings setzen sich die Studierenden mit Anforderungen an die eigene Person in der (neuen) Rolle als Lerncoach auseinander und lernen sich zudem innerhalb der späteren Coachingteams besser kennen. Die strukturierte, gegenseitige Beobachtung der Coachinggespräche innerhalb der Teams und entsprechendes Peerfeedback sollen helfen, möglichst professionelles Handeln in der neuen Rolle zu etablieren. Bereits im Übungsblock nutzen die Studierenden hierfür den in Abbildung 30 dargestellten Feedbackbogen – hier in gekürzter Form dargestellt –, den sie auch später an den Partnerschulen in der gegenseitigen Beobachtung zu jedem Lerncoaching ausfüllen und auf dessen Grundlage sie sich untereinander Rückmeldung zum Auftreten, zum Aufbau des Gesprächs, der Umsetzung einzelner Coachingtools u. v. m. geben. Gerade zu Beginn kann dieser Bogen den Studierenden zudem als eine Art Spickzettel dienen, auf dem einige zentrale Aspekte eines Coachinggesprächs zusammengefasst sind.

Zum Abschluss des Übungsblocks werden die Studierenden zudem auf die konkrete Umsetzung und das organisatorische Vorgehen in den Schulen vorbereitet.

Coachings an den Schulen. Die Studierenden begeben sich in Teams von zwei bis vier Personen wöchentlich an eine der Kooperationsschulen und führen dort mehrere Coachings mit Schülerinnen und Schülern durch. Bevor jedoch die ersten Coachinggespräche stattfinden, stellen sich die Studierenden in ihren Teams mit speziell für diesen Anlass entworfenen Informationsmaterialien in einzelnen Klassen und somit ihren zukünftigen Coachees vor. Aus der Erfahrung heraus lässt sich sagen, dass es schon in dieser Situation wichtig ist, die Idee von Lerncoaching niedrigschwellig zu präsentieren. Die Studierenden versuchen in kurzen Worten zu erklären, was genau das ›Offene Ohr‹ ist und welche Möglichkeiten die Teilnahme am Projekt den Schülerinnen und Schülern bietet. Hierbei wird auf bestimmte Grundprinzipien, wie zum Beispiel die Verschwiegenheit gegenüber den Lehrpersonen und die freiwillige Teilnahme an den Gesprächen, hingewiesen. Hierdurch soll von Anfang an klargestellt werden, dass eine Teilnahme am Coaching losgelöst vom eigentlichen Unterrichtsgeschehen gesehen wird.

Während der Durchführung der Lerncoachings an den Partnerschulen arbeiten die Studierenden bzgl. organisatorischer Absprachen eng mit den projektverantwortlichen Lehrkräften vor Ort zusammen. So wird zum Beispiel geklärt,

	Vorgehen	Anmerkungen

Goal-Phase	* Vorbereitung
	  – persönlich
	  – inhaltlich
	  – des Raums
	* Beziehung aufbauen
	  – Werschätzung, ...
	* Thema/Ziel festlegen
	  – s.m.a.r.t
	  – visualisiert, ...
	* Kontrakte schließen
	  – Rollenklarheit, ...
	* klarer Übergang zur nächsten Phase	

Reality-Phase	* Klärung für den Klienten
	  – angemessen ungewöhnliche Fragen
	  – Türöffner, ...
	* Systemmerkmale einbeziehen
	  – Regelkreise, ...
	* Rollenklarheit herstellen
	* gute Beziehung
	  – Empathie, ...
	* klarer Übergang zur nächsten Phase	

Options-Phase	* Brainstormings
	  – klare Trennung von Sammlung und Bewertung
	  – Reihenfolge im Einbringen der Ideen einhalten
	* Zeit zum Nachdenken geben
	* Systemmerkmale einbeziehen
	  – Personen, ...
	* Beim Notieren der Lösungen an den Wortlaut des Coachees halten
	* Bewertung der Ideen nur durch den Coachee
	* Visualisierung der Bewertung
	* klarer Übergang zur nächsten Phase	

Will-Phase	* Handlungsplan
	  – konkret formulieren
	  – visualisieren
	  – Zeitpunkt der Umsetzung
	* Ebenen der Unterstützung durch den Coach anbieten
	* Folgetermin erfragen
	* klarer Abschluss des Gesprächs	

Abb. 30: Verkürzter Protokollbogen/Spickzettel für erste Coachinggespräche

welche Schülerinnen und Schüler wann gecoacht werden können. Weiter sollte durch die Projektkoordination an den Schulen sichergestellt werden, dass für die Coachings geeignete Räumlichkeiten (▶ Kap. 5.1.1) zur Verfügung stehen und Raumänderungen möglichst im Vorfeld kommuniziert werden. Aus der Erfahrung lässt sich berichten, dass eine schwierige Raumsituation (bspw. die Nutzung einer Bibliothek oder eines Materialraums) negativen Einfluss auf die Qualität der Coachings hat. Weiter liegt ein wichtiger Aspekt der Arbeit der Projektkoordination im inhaltlichen Austausch mit dem Kollegium. In der Durchführung des Projekts hat sich immer wieder gezeigt, dass die Aufklärung der Kolleginnen und Kollegen über die Grundidee und die Ziele des Lerncoaching-Projekts eine wesentliche Gelingensbedingung darstellt: Je besser die Lehrkräfte hierüber aufgeklärt sind, desto klarer scheinen auch die Erwartungen seitens der Schülerinnen und Schüler sowie der Eltern an die Coachs bzw. das Lerncoaching an sich zu sein.

Begleitung der Studierenden. Neben den einführenden Sitzungen werden die Studierenden auch parallel zu den Lerncoachings universitär begleitet. Zum einen sind die Studierenden verpflichtet, in ihren Beratungsteams an mehreren Supervisionsgesprächen teilzunehmen. Dort reflektieren sie gemeinsam mit den universitären Projektverantwortlichen die durchgeführten Coachinggespräche – in der Regel mit Hilfe von Gesprächsmitschnitten – und bekommen so die Möglichkeit zum persönlichen Austausch ihrer Erfahrungen, der Reflexion von Gesprächsverläufen sowie der Diskussion von Handlungsalternativen. Nachdem erste Lerncoachings durchgeführt wurden, finden im weiteren Projektverlauf zwei Treffen mit allen am Projekt beteiligten Personen statt, also auch mit den zuständigen Schulvertreterinnen bzw. Schulvertretern. In einem Zwischenplenum besteht noch einmal die Möglichkeit, organisatorische und konzeptionelle Absprachen zwischen Studierenden und den Lehrpersonen der beteiligten Schulen zu treffen. Darüber hinaus stehen in einem Abschlussplenum die Auswertung des Projekts sowie die Übertragung des Erlebten auf den späteren Lehrerberuf, besonders in der Diskussion aufkommender Rollenkonflikte, im Mittelpunkt.

6.2.2 Gelingensbedingungen und Herausforderungen

Die Durchführung des Projekts »Offenes Ohr – Coaching in der Schule« wurde bereits in Form mehrerer kleiner Forschungsprojekte betrachtet und wird aktuell in zwei Promotionsvorhaben an der Universität Paderborn evaluiert. Darüber hinaus zeigen sich in Gesprächen mit beteiligten Lehrpersonen, Studierenden sowie Coachees mehrere Punkte, die für eine möglichst gelingende Ausgestaltung des Projektes besonders bedeutsam sind. Im Folgenden möchten wir einige hierbei zentrale Aspekte näher erläutern.

Aufklärung und Annahme des Coachingangebots im Kollegium. In der praktischen Umsetzung des »Offenen Ohrs« wurde immer wieder deutlich, wie bedeutsam der Einbezug des Kollegiums in die Idee und den Aufbau des Projektes ist. Durch einen angemessenen Informationsfluss und die dadurch bedingte Annahme innerhalb des Lehrkörpers können zahlreiche Fallstricke ausgeräumt werden. Je besser die Lehrpersonen z. B. über das Format Lerncoaching und die Idee des systemischen Denkens aufgeklärt sind, desto klarer können entsprechende Informationen an die Schülerinnen und Schüler sowie deren Eltern weitergetragen werden. Dies scheint auch die Motivation der teilnehmenden Schülerinnen und Schüler positiv zu beeinflussen. Darüber hinaus berichten aber auch Studierende, dass die Offenheit des Kollegiums deren eigene Motivation begünstigt und kommunikative Hemmschwellen heruntersetzt.

Freiwilligkeit. Wie in Kapitel 2.2.1 benannt, stellt die Freiwilligkeit des Coachee ein wesentliches Merkmal professionellen Coachings dar. Im Kontext des Projekts »Offenes Ohr – Coaching in der Schule« wird immer wieder – vor allem unter Lehrkräften der Partnerschulen – diskutiert, wie mit diesem Merkmal im Kontext Schule umgegangen werden kann. Zwar wird dieses Prinzip auch von beteiligten Lehrkräften zumeist als sinnvoll erachtet, trotzdem herrscht an vielen Stellen immer wieder die Vorstellung vor, die Schülerinnen und Schülern mit bestem Gewissen »zu ihrem Glück zu verhelfen« (Brandtönies 2014, 30), indem sie mehr oder weniger direkt zum Coaching ›geschickt‹ werden. Dieser Gedanke ist in der schulischen Praxis bis zu einem gewissen Grad sicherlich gut nachvollziehbar. Umso wichtiger scheint es aber, das Kollegium über die Ideen hinter dem Prinzip der Freiwilligkeit aufzuklären. Dabei geht es vor allem darum, beteiligte Lehrpersonen für die Bedeutung dieses Themas zu sensibilisieren und dadurch eine zu starke Übergriffigkeit im Kontext der Freiwilligkeit und damit der Autonomie der Schülerinnen und Schüler zu vermeiden. Zudem gilt es, auch die Lerncoachs auf diesen potentiellen Konflikt vorzubereiten. Wenn sie im Coachinggespräch Widerstand beim Coachee wahrnehmen, sollten sie eine möglichst genaue Vorstellung davon haben, wie sie in der entsprechenden Situation reagieren können (▶ Kap. 5.2.1).

Professionalität der Studierenden. Betrachtet man die theoretischen und praktischen Voraussetzungen, mit denen die Studierenden im Projekt als Lerncoachs agieren, muss klar benannt werden, dass sie im Seminarkontext lediglich eine erste, eher rudimentäre Einführung in systemische Grundlagen und Methoden erhalten. Daher scheint die Sensibilisierung der Studierenden für zwei besondere Aspekte wichtig. Zum einen sollten sich die angehenden Lerncoachs der Bedeutung einer stabilen Beziehung zwischen Coach und Coachee klar werden. So sollen die Studierenden eine Vorstellung davon bekommen, wie Beziehungen gelingend gestaltet werden können und welche Bedeutung hierfür die eigene Haltung als (Lern-)Coach hat (▶ Kap. 2). Zudem scheint es aber auch besonders wichtig, dass sich die Studierenden ihrer Rolle als semiprofessionelle Lerncoachs – auch in Bezug auf ihre eigenen Grenzen – bewusst werden. So wird in der Zusammenarbeit mit den Studierenden immer wieder thematisiert, wie sie damit umgehen können, wenn sie im Coaching mit einem Thema konfrontiert werden, das ihren persönlichen Kompetenzbereich – zum Beispiel im Bereich benötigter (Schul-)Sozialarbeit – übersteigt. Umso wichtiger erscheint ein regelmäßiger Austausch und die Möglichkeit der schnellen Kontaktaufnahme bei aufkommenden Unsicherheiten der Studierenden. So wird durch die Plenums- und Supervisionssitzungen an der Universität gewährleistet, dass spätestens in einem Abstand von zwei Wochen, bei Bedarf jeglicher Art auch zwischen diesen Terminen, über die Erfahrungen gesprochen werden kann.

Kontinuität. Mehrere am Projekt beteiligte Personengruppen äußerten den Wunsch nach einer größeren Kontinuität innerhalb des Projektes. Während die

6.2 Lerncoaching: das Projekt »Offenes Ohr – Coaching in der Schule«

Studierenden bislang im Projekt für circa zehn Wochen Lerncoachings anbieten, erhoffen sich die Beteiligten von einer dauerhaften Durchführung eine intensivere Begleitung der Schülerinnen und Schüler gerade in Bezug auf langfristige Ziele. Zudem melden die Studierenden zurück, dass sie sich von einer größeren Routine eine weitgehendere Ausprägung ihrer eigenen Coachingkompetenzen erhoffen.

Die beiden in diesem Kapitel angeführten Formate von zielgruppenspezifischen Coachings mit Schülerinnen und Schüler stellen nur einen kleinen Ausschnitt der Möglichkeiten dar, wie Coachings in der Schule durchgeführt werden können. Systemisches Coaching, u. a. in der Anwendung des GROW-Modells, ist aus unserer Perspektive gerade im Schulalltag ein sehr geeigneter Ansatz, um der Komplexität dieses pädagogischen Handlungsfelds gerecht zu werden: Indem den Coachees keine einfachen Lösungen ›präsentiert‹, sondern sie vielmehr darin unterstützt werden, eigene Ideen zu entwickeln, werden sie als eigenverantwortliche Schülerinnen und Schüler ernst genommen. Wenn Lehrpersonen systemische Grundideen – ggf. sogar über klassische Coachingsituationen hinaus – berücksichtigen, kann dies Schule aus unserer Perspektive sehr gewinnbringend beeinflussen.

Literatur

Achtziger, A./Gollwitzer, P. M. (2009): Rubikonmodell der Handlungsphasen. In: Brandstätter, V. (Hrsg.): Handbuch der Allgemeinen Psychologie: Motivation und Emotion. Göttingen: Hogrefe, 150–156.
Achtziger, A./Gollwitzer, P. M. (2010): Motivation und Volition im Handlungsverlauf. In: Heckhausen, J./Heckhausen, H. (Hrsg.): Motivation und Handeln (4. Aufl.). Berlin/Heidelberg: Springer, 309–335.
Andersen, T. (2011): Das Reflektierende Team. In: Andersen, T. (Hrsg.): Das Reflektierende Team. Dialoge und Dialoge über Dialoge (5. Aufl.). Dortmund: modernes leben, 19–110.
Bachmair, S./Faber, J./Henning, C./Kolb, R./Willig, W. (2014): Beraten will gelernt sein (4. Aufl.). Weinheim/Basel: Beltz.
Bamberger, G. G. (2015): Lösungsorientierte Beratung. Praxishandbuch (5. Aufl.). Weinheim/Basel: Beltz.
Bandler, R./Grinder, J. (2005): Metasprache und Psychotherapie. Die Struktur der Magie I (11. Aufl.). Paderborn: Junfermann.
Bandler, R./Grinder, J. (2014): Neue Wege zur Kurzzeit-Therapie. frogs into princes (15. Aufl.). Paderborn: Junfermann.
Barthelmess, M. (2016): Die systemische Haltung. Was systemisches Arbeiten im Kern ausmacht. Göttingen: Vandenhoeck & Ruprecht.
Bateson, G. (2014): Geist und Natur. Eine notwendige Einheit (10. Aufl.). Frankfurt am Main: Suhrkamp.
Bauer, C./Hegemann, T. (2016): Ich schaffs! – Cool ans Ziel. Das lösungsorientierte Programm für die Arbeit mit Jugendlichen (5. Aufl.). Heidelberg: Carl Auer.
Bennewitz, H. (2016): Beratung als Aufgabe von Lehrpersonen. In: Rothland, M. (Hrsg.): Beruf Lehrer/Lehrerin. Münster/New York: Waxmann, 205–226.
Beushausen, J. (2016): Beratung lernen. Opladen et al.: Barbara Budrich.
Böning U./Kegel, C. (2015): Ergebnisse der Coaching-Forschung: Aktuelle Studien – ausgewertet für die Coaching-Praxis. Berlin/Heidelberg: Springer.
Brandtönies, M. (2014): Studentisches Lerncoaching im Projekt »Offenes Ohr«: Perspektiven von Lehrkräften an ausgewählten Partnerschulen. Paderborn: Unveröffentlichte Abschlussarbeit.
Cohn, R. (2016): Von der Psychoanalyse zur Themenzentrierten Interaktion (18. Aufl.). Stuttgart: Klett-Cotta.
Conen, M.-L./Cecchin, G. (2016): Wie kann ich Ihnen helfen, mich wieder loszuwerden? Therapie und Beratung mit unmotivierten Klienten und in Zwangskontexten (5. Aufl.). Heidelberg: Carl-Auer.
Damasio, A. R. (2015): Descartes' Irrtum : Fühlen, Denken und das menschliche Gehirn (8. Aufl.). Berlin: List.
Dannemeyer, P./Dannemeyer, R. (2015): Das NLP-Praxisbuch für Lehrer. Paderborn: Junfermann.
Deci, E. L./Ryan, R. M. (1993): Die Selbstbestimmungstheorie der Motivation und ihre Bedeutung für die Pädagogik. In: Zeitschrift für Pädagogik, 39. Jg., Nr. 2, 223–238.
Delfos, M. F. (2015): »Wie meinst du das?« Gesprächsführung mit Jugendlichen (6. Aufl.). Weinheim: Beltz.

Denner, L. (2000): Gruppenberatung für Lehrer und Lehrerinnen: eine empirische Untersuchung zur Wirkung schulinterner Supervision und Fallbesprechung. Bad Heilbrunn/Obb.: Klinkhardt.

Deutsche Gesellschaft für Coaching e. V. (2013): Coachingverständnis der DGfC. Espelkamp. https://www.coaching-dgfc.de/Documents/Portal_Files/216/Coachingverständnis_(DGfC).pdf, 11.06.2018

Doran, G. T. (1981): There's a S.M.A.R.T. way to write management's goals and objectives. In: Management Review 11/1981, 35–36.

Dörner, D. (2017): Die Logik des Misslingens. Strategisches Denken in komplexen Situationen (14. Aufl.). Reinbek bei Hamburg: Rowohlt.

Erez, M./Kanfer, F.H. (1983): The Role of Goal Acceptance in Goal Setting and Task Performance. In: Academy of Management Review, Vol. 8, No. 3, 454–463

Erpenbeck, M. (2017): Wirksam werden im Kontakt. Die systemische Haltung im Coaching. Heidelberg: Carl-Auer.

Eschelmüller, M. (2008): Lerncoaching im Unterricht. Grundlagen und Umsetzungshilfen (2. Aufl.). Bern: schulverlag.

Faude-Koivisto, T./Gollwitzer, P. (2011): Wenn-Dann Pläne: eine effektive Planungsstrategie aus der Motivationspsychologie. In: In: Birgmeier, B. (Hrsg.): Coachingwissen (2. Aufl.). Wiesbaden: VS, 209–227.

Faude-Koivisto, T./Keller, R. (2014): Wenn-Dann-Pläne. Optimale Wegbegleiter von Motto-Zielen auf dem Weg zur Zielrealisierung. In: Riedener Nussbaum, A./Storch, M. (2014): Ich packs! Selbstmanagement für Jugendliche. Ein Trainingsmanual für die Arbeit mit dem Zürcher Ressourcen Modell (3. Aufl.). Bern: Hans Huber, 403–413.

Fend, H. (2005): Entwicklungspsychologie des Jugendalters (3. Aufl.). Wiesbaden: VS.

Fietze, B. (2015): Coaching auf dem Weg zur Profession? Eine professionssoziologische Einordnung. In: Schreyögg, A./Schmidt-Lellek, C. (Hrsg.): Die Professionalisierung von Coaching. Wiesbaden: Springer, 3–21.

Fischer, H. R./Borst, U./Schlippe, A. von (2016): Was tun? Fragen und Antworten aus der systemischen Praxis. Ein Kompass für Beratung, Coaching und Therapie (2. Aufl.). Stuttgart: Klett-Cotta.

Fischer-Epe, M. (2016): Coaching: Miteinander Ziele erreichen (5. Aufl.). Reinbek bei Hamburg: Rowohlt.

Friesenhahn, J. (2017): Kommunikation als Basis wirkungsvollen Führungskräfte-Coachings. Wiesbaden: Springer.

Gendlin, E. T. (2016): Focusing. Selbsthilfe bei der Lösung persönlicher Probleme (6. Aufl.). Reinbek bei Hamburg: Rowohlt.

Gordon, T. (2012): Lehrer-Schüler-Konferenz. Wie man Konflikte in der Schule löst. München: Heyne.

Grawe, K. (2004): Neuropsychotherapie. Göttingen et al.: Hogrefe.

Greif, S. (2008): Coaching und ergebnisorientierte Selbstreflexion: Theorie, Forschung und Praxis des Einzel- und Gruppencoachings. Göttingen: Hogrefe.

Grewe, N. (2015): Gesprächsführung und Leitlinien der Beratung. In: Grewe, N. (Hrsg.): Praxishandbuch Beratung in der Schule. Grundlagen, Methoden und Fallbeispiele (3. Aufl.). Köln: Wolters Kluwer.

Hardeland, H. (2017a): Der Klassen-Coach. »Lehrst du noch oder coachst du schon?«. Ein Praxisbuch für die Umsetzung von (Lern-)Coaching in Klassen und Gruppen – für Sekundarstufe I und II. Baltmannsweiler: Schneider Verlag Hohengehren.

Hardeland, H. (2017b): Lerncoaching und Lernberatung. Lernende in ihrem Lernprozess wirksam begleiten und unterstützen. Ein Buch zur (Weiter-)Entwicklung der theoretischen und praktischen (Lern-)Coachingkompetenz (6. Aufl.). Baltmannsweiler: Schneider Verlag Hohengehren.

Hattie, J./ Beywl, W./Zierer, K. (2017): Lernen sichtbar machen (3. Aufl.). Baltmannsweiler: Schneider Verlag Hohengehren.

Helmken, K. (2007): Die Bedeutung niederschwelliger Beratung im ›Offenen Ohr‹ aus Sicht von Schülerinnen und Schülern der Sekundarstufe II. Eine qualitative Studie. In: Haack-Wegner, R. (Hrsg.): ›Das Offene Ohr‹ – Niederschwellige Beratung in der

Schule – eine Studie zu einem psychosozialen Gesprächsangebot für Schülerinnen und Schüler. Bremer Beiträge zur Praxisforschung 1/2007, 111–153.
Hertel, S./Schmitz, B. (2010): Lehrer als Berater in Schule und Unterricht. Stuttgart: Kohlhammer.
Hoffmann, C. (2012): Schulberatung und Bildungsberatung im Jugendalter. In: Bauer, A./Gröning, K./Hoffmann, C./Kunstmann, A.-C. (Hrsg.): Grundwissen Pädagogische Beratung. Göttingen: Vandenhoek & Ruprecht, 101–123
Holodynski, M./Oerter, R. (2012): Emotion. In: Schneider, W./Lindenberger, U. (Hrsg.): Entwicklungspsychologie (7. Aufl.). Weinheim/Basel: Beltz, 497–520.
House, J. S. (1983): Work stress and social support (2. Aufl.). Reading, Mass.: Addison-Wesley.
Hubrig, C./Herrmann, P. (2014): Lösungen in der Schule: systemisches Denken in Unterricht, Beratung und Schulentwicklung (4. Aufl.). Heidelberg: Auer.
Hurrelmann, K. (1995): Lebensphase Jugend. Chancen und Risiken für eine gesunde Persönlichkeitsentwicklung. In: Hundsalz, A./Klug, H.-P./Schilling, H. (Hrsg.): Beratung für Jugendliche. Lebenswelten, Problemfelder, Beratungskonzepte. Weinheim/München: Juventa, 31–46.
Hurrelmann, K./Quenzel, G. (2016): Lebensphase Jugend: Eine Einführung in die sozialwissenschaftliche Jugendforschung (13. Aufl.). Weinheim/München: Beltz Juventa.
Jetter, F./Skrotzki, R. (Hrsg.) (2000): Handbuch Zielvereinbarungsgespräche. Konzeption. Durchführung. Gestaltungsmöglichkeiten. Mit Praxisbeispielen und Handlungsanleitungen. Stuttgart: Schäffer-Poeschel.
Junger Bayrischer Lehrer- und Lehrerinnenverband (BLLV) e. V. (2016): Sei alles – werde LEHRER! https://www.bllv.de/Aktuelles.7594.0.html, 19.01.2018
Jung-Strauß, E. M. (2000): Widersprüchlichkeiten im Lehrerberuf. Eine Untersuchung unter Verwendung der Rollentheorie. Frankfurt u. a.: Lang.
Keller, G. (2015): Lerncoaching in der Schule. Praxishilfen für Lehrkräfte. Göttingen: Hogrefe.
Kindl-Beilfuß, C. (2017): Fragen können wie Küsse schmecken. Systemische Fragetechniken für Anfänger und Fortgeschrittene (7. Aufl.). Heidelberg: Carl-Auer.
Kleinbeck, U. (2010): Handlungsziele. In: Heckhausen, J./Heckhausen, H. (Hrsg.): Motivation und Handeln (4. Aufl.). Berlin/Heidelberg: Springer, 285–307.
Klusmann, U./Philipp, A. (2014): Belastung und Beanspruchung im Lehrerberuf: Zum Stand der empirischen Forschung. In: Terhart, E. (Bennewitz, H./Rothland, M. (Hrsg.): Handbuch der Forschung zum Lehrerberuf (2. Aufl.). Münster/New York: Waxmann, 1014–1022.
KMK (Kultusministerkonferenz) (2014): Standards für die Lehrerbildung: Bildungswissenschaften. Beschluss der Kultusministerkonferenz vom 16.12.2004 i. d. F. vom 12.06. 2014. Berlin: Sekretariat der Kultusministerkonferenz. http://www.kmk.org/fileadmin/Dateien/veroeffentlichungen_beschluesse/2004/2004_12_16-Standards-Lehrerbildung-Bildungswissenschaften.pdf, 19.01.2018
Knafla, I./Schär, M./Steinebach, C. (2016): Jugendliche stärken. Wirkfaktoren in Beratung und Therapie. Weinheim/Basel: Beltz.
König, E. (2005): Das Systemmodell der Personalen Systemtheorie. In: König, E./Volmer, G.: Systemisch denken und handeln. Weinheim/Basel 2005, 11–32.
König, E./Volmer, G. (1993): Systemische Organisationsberatung. Weinheim: Deutscher Studien Verlag.
König, E./Volmer, G. (2012): Handbuch Systemisches Coaching (2. Aufl.). Weinheim/Basel: Beltz.
König, E./Volmer, G. (2014): Handbuch Systemische Organisationsberatung. Weinheim/Basel: Beltz.
König, E./Volmer, G. (2016): Einführung in das systemische Denken und Handeln. Weinheim/Basel: Beltz.
Königswieser, R./Hillebrand, M. (2009): Haltung in der systemischen Beratung. In: Tomaschek, N. (Hrsg.): Systemische Organisationsentwicklung und Beratung bei Veränderungsprozessen. Ein Handbuch (2. Aufl.). Heidelberg: Carl-Auer, 74–82.

Konrad, K./Traub, S. (2018): Selbstgesteuertes Lernen. Grundwissen und Tipps für die Praxis (6. Aufl.). Baltmannsweiler: Schneider Verlag Hohengehren.
Kopp, D. von (2015): Focusing. Die Sprache der Intuition. Wiesbaden: Springer.
Kuhl, J. (2010): Individuelle Unterschiede in der Selbststeuerung. In: Heckhausen, J./Heckhausen, H. (Hrsg.): Motivation und Handeln (4. Aufl.). Berlin/Heidelberg: Springer, 337–363.
Kühling, G./Knauer, S. (2006): Zusammenfassende Ergebnisse aus dem Modellverhaben »Individuelle Lernbegleitung/Individuelles LernCoaching – ein maßnahmeunabhängiges Beratungs- und Coachingangebot für Jugendliche mit besonderem Förderbedarf«. Berlin. http://www.ileb-berlin.de/img/modellvorhaben_evaluationsergebnisse.pdf, 11.06.2018
Künzli, H. (2013): Wirksamkeitsforschung im Führungskräftecoaching. In: Lippmann, E. (Hrsg.): Coaching. Angewandte Psychologie für die Beratungspraxis (3. Aufl.). Berlin/Heidelberg: Springer-Verlag, 370–385.
Langer, I./Langer, S. (2005): Jugendliche begleiten und beraten. München/Basel: Ernst Reinhardt.
Lindemann, H. (2010): Unternehmen Schule. Organisation und Führung in Schule und Unterricht. Göttingen: Vandenhoeck & Ruprecht.
Lippmann, E. (2013): Grundlagen auf der Basis eines systemisch-lösungsorientierten Beratungsansatzes. In: Lippmann, E. (Hrsg.): Coaching. Angewandte Psychologie für die Beratungspraxis (3. Aufl.). Berlin/Heidelberg: Springer-Verlag, 13–52.
Lippmann, E. (2013a): Settings. In: Lippmann, E. (Hrsg.): Coaching. Angewandte Psychologie für die Beratungspraxis (3. Aufl.). Berlin/Heidelberg: Springer-Verlag, 87–106.
Locke, E.A./Latham, G.P. (1990): A Theory of Goal Setting & Task Performance. Englewood Cliffs: Prentice Hall.
Locke, E.A./Latham, G.P. (2002): Building a Practically Useful Theory of Goal Setting and Task Motivation. In: American Psychologist, Vol. 57, No. 9, 705–717.
Loebbert, M. (2017): Coaching Theorie: Eine Einführung (2. Aufl.). Wiesbaden: Springer.
Looss, W./Rauen, C. (2005): Einzel-Coaching – Das Konzept einer komplexen Beratungsbeziehung. In: Rauen, C. (Hrsg.): Handbuch Coaching (3. Aufl.). Göttingen et al.: Hogrefe, 155–182.
Luhmann, N. (2017): Einführung in die Systemtheorie (7. Aufl.). Heidelberg: Carl Auer.
Macha, H./Lödermann, A.-M./Bauhofer, W. (2010): Kollegiale Beratung in der Schule. Theoretische, empirische und didaktische Impulse für die Lehrerfortbildung. Weinheim/München: Juventa.
Martens-Schmid, K. (2011): Wissensressourcen im Coachingdialog. In: Birgmeier, B. (Hrsg.): Coachingwissen. (2. Aufl.). Wiesbaden: VS, 63–73.
Maturana, H. R./Varela, F.J. (2015): Der Baum der Erkenntnis. Die biologischen Wurzeln des menschlichen Erkennens (6. Aufl.). Frankfurt a. M.: Fischer.
Melzer, C./Methner, A. (2012): Gespräche führen mit Kindern und Jugendlichen. Methoden schulischer Beratung. Stuttgart: Kohlhammer.
Methner, A. (2014): Kooperatives Coaching. In: Popp, K./Methner, A. (Hrsg.): Schülerinnen und Schüler mit herausforderndem Verhalten. Hilfen für die schulische Praxis. Stuttgart: Kohlhammer, 175–192.
Methner, A./Melzer, C./Popp, K. (2013): Kooperative Beratung. Stuttgart: Kohlhammer.
Migge, B. (2018): Handbuch Coaching und Beratung (4. Aufl.). Weinheim/Basel: Beltz.
Mohl, A. (2013): Der große Zauberlehrling. Das NLP-Arbeitsbuch für Lernende und Anwender. Teilband 1 (3. Aufl.). Paderborn: Junfermann.
MSW NRW (Ministerium für Schule und Weiterbildung des Landes Nordrhein-Westfalen) (2016): BASS 2016/2017. Bereinigte amtliche Sammlung der Schulvorschriften des Landes Nordrhein-Westfalen. Erftstadt: Ritterbach Verlag.
Müller-Commichau, W. (2016): Coaching. In: Gieseke, W./Nittel, D. (Hrsg): Handbuch Pädagogische Beratung über die Lebensspanne. Weinheim/Basel: Beltz Juventa, 558–567.
Mutzeck, W./Schlee, J. (Hrsg.) (2008): Kollegiale Unterstützungssysteme für Lehrer. Gemeinsam den Schulalltag bewältigen. Stuttgart: Kohlhammer.

Nicolaisen, T. (2017): Lerncoaching-Praxis. Coaching in pädagogischen Arbeitsfeldern (2. Aufl.). Weinheim/Basel: Beltz Juventa.
Niemeyer, J. (2010): Reflexionen zur systemischen Haltung. In: Zimmermann, C./Muhler, B. (Hrsg.): Ressourcen der systemischen Organisationsentwicklung. Heidelberg: Carl-Auer, 21–36.
Norlin, C./Norlin, S. (2010): »Individualised Learning« in Theorie und Praxis aus schwedischer Perspektive. In: Bundesministerium für Bildung und Forschung (BMBF): Bildungs- und Erziehungskontrakte als Instrumente von Schulentwicklung (2. Aufl.). Bonn/Berlin: BMBF, 93–109.
Norlin, S./Norlin, C. (2010a): Individualisiertes Lernen in Theorie und Praxis aus schwedischer Perspektive. In: Westermann, P./Berntzen, D. (Hrsg.): Kooperation in Schule und Unterricht. Implementationsansätze und -perspektiven. Münster: Zentrum für Lehrerbildung, 47–64
O'Connor, J./McDermott, I. (2006): Die Lösung lauert überall. Systemisches Denken verstehen & nutzen (4. Aufl.). Kirchzarten bei Freiburg: VAK.
Oerter, R./Dreher, E. (2008): Jugendalter. In: Oerter, R/Montada, L. (Hrsg.): Entwicklungspsychologie (6. Aufl.). Weinheim/Basel: Beltz, 271–332.
Pallasch, W./Hameyer, H. (2012): Lerncoaching. Theoretische Grundlagen und Praxisbeispiele zu einer didaktischen Herausforderung (2. Aufl.). Weinheim/Basel: Beltz Juventa.
Pallasch, W./Simon, R. (2003): Professionelles Coaching im Schulbereich. In: Journal für Schulentwicklung 1/2003, 17–34.
Palmowski, W. (2007): Der Anstoß des Steines. Systemische Beratung im schulischen Kontext (6. Aufl.). Dortmund: borgmann publishing.
Palmowski, W. (2011): Systemische Beratung. Systemisch denken und systemisch beraten. Stuttgart: Kohlhammer.
Papastefanou, C. (1995): Kinder an der Stufe zum Erwachsenwerden und ihre ›midlife‹-Altern: Zwischen Autonomie und Bindung. In: Hundsalz, A./Klug, H.-P./Schilling, H. (Hrsg.): Beratung für Jugendliche. Lebenswelten, Problemfelder, Beratungskonzepte. Wein-heim/München: Juventa, 99–119.
Perkhofer-Czapek, M./Potzmann, R. (2016): Begleiten, Beraten und Coachen. Der Lehrberuf im Wandel. Wiesbaden: Springer VS.
Pinquart, M./Silbereisen, R. K. (2002): Persönlichkeitsentwicklung im Jugendalter. In: Jüttemann, G./Thomae, H. (Hrsg.): Persönlichkeit und Entwicklung. Weinheim/Basel: Beltz, 99–121.
Pool Maag, S./Baumhoer-Marti, U. (2016): Förderorientiertes Coaching von Jugendlichen an Berufsfachschulen. In: Wegener, R. et al. (Hrsg.): Zur Differnezierung von Handlungsfeldern im Coaching. Die Etablierung neuer Praxisfelder. Wiesbaden: Springer VS, 124–134.
Radatz, S. (2015): Beratung ohne Ratschlag. Systemisches Coaching für Führungskräfte und BeraterInnen (9. Aufl.). Wien: Systemisches Management.
Rauen, C. (2014): Coaching (3. Aufl.). Göttingen et al.: Hogrefe.
Renoldner, C. et al (2014): Einfach systemisch! Systemische Grundlagen & Methoden für Ihre pädagogische Arbeit. Münster: Ökotopia.
Riedener Nussbaum, A./Storch, M. (2014): Ich packs! Selbstmanagement für Jugendliche. Ein Trainingsmanual für die Arbeit mit dem Zürcher Ressourcen Modell (3. Aufl.). Bern: Hans Huber.
Rogers, C. R. (2016): Die klientenzentrierte Gesprächspsychotherapie (20. Aufl.). Frankfurt a. M.: Fischer.
Rogers, C. R. (2016a): Entwicklung der Persönlichkeit (20.Aufl.). Stuttgart: Klett-Cotta.
Rogers, C. R. (2017): Therapeut und Klient. Grundlagen der Gesprächspsychotherapie (23.Aufl.). Frankfurt a. M.: Fischer.
Rönnau-Böse, M./Fröhlich-Gildhoff, K. (2015): Resilienz und Resilienzförderung über die Lebensspanne. Stuttgart: Kohlhammer.
Roth, G. (2017): Persönlichkeit, Entscheidung und Verhalten. Warum es so schwierig ist, sich und andere zu ändern. Stuttgart: Klett-Cotta.

Rothland, M. (2013): Beruf: Lehrer/Lehrerin – Arbeitsplatz: Schule. Charakteristika der Arbeitstätigkeit und Bedingungen der Berufssituation. In: Rothland, M. (Hrsg.): Belastung und Beanspruchung im Lehrerberuf. Modelle – Befunde – Interventionen (2. Aufl.). Wiesbaden: Springer VS, 21–39.

Rufer, M. (2013): Erfasse komplex, handle einfach. Systemische Psychotherapie als Praxis der Selbstorganisation – Ein Lehrbuch. Göttingen: Vandenhoeck & Ruprecht.

Sautter, C. (2016): Systemische Beratungskompetenz. Ein Lehrbuch (2. Aufl.). Ravensburg: Verlag für systemische Konzepte.

Schein, E. H. (2010): Prozessberatung für die Organisation der Zukunft. Der Aufbau einer helfenden Beziehung (3. Aufl.). Bergisch Gladbach: EHP.

Schiepek, G./Eckert, H./Kravanja, B. (2013): Grundlagen systemischer Therapie und Beratung. Psychotherapie als Förderung von Selbstorganisationsprozessen. Göttingen et al.: Hogrefe.

Schley, V./Schley, W. (2010): Handbuch Kollegiales Teamcoaching. Systemische Beratung in Aktion. Innsbruck: Studienverlag.

Schlippe, A. von/Schweitzer, J. (2016): Lehrbuch der systemischen Therapie und Beratung I. Das Grundlagenwissen (3. Aufl.). Göttingen: Vandenhoeck & Ruprecht.

Schlippe, A. von/Schweitzer, J. (2017): Systemische Interventionen (3. Aufl.). Göttingen: Vandenhoeck & Ruprecht.

Schmid, B. (2008): Systemische Professionalität und Transaktionsanalyse. (3. Aufl.). Bergisch Gladbach: EHP.

Schmidt, G. (2017): Liebesaffären zwischen Problem und Lösung. Hypnosystemisches Arbeiten in schwierigen Kontexten (7. Aufl.). Heidelberg: Carl-Auer.

Schmidt, K.-H./Kleinbeck, U. (2006): Führen mit Zielvereinbarung. Göttingen et al.: Hogrefe.

Schnebel, S. (2017): Professionell beraten. Beratungskompetenz in der Schule (3. Aufl.). Weinheim/Basel: Beltz.

Schratz, M./Schrittesser, I. (2011): Was müssen Lehrer/innen in Zukunft wissen und können? In: Berner, H./Isler, R. (Hrsg.): Lehrer-Identität, Lehrer-Rolle, Lehrer-Handeln. Baltmannsweiler: Schneider Hohengehren, 177–198.

Schreyögg, A. (2012): Coaching: eine Einführung für Praxis und Ausbildung (7. Aufl.). Frankfurt: Campus.

Schulz von Thun, F. (2017): Miteinander reden: 3. Das »innere Team« und situationsgerechte Kommunikation (26. Aufl.). Reinbek bei Hamburg: Rowohlt.

Siegler, R./Eisenberg, N./De Loache, J./Saffran, J. (2016): Entwicklungspsychologie im Kindes- und Jugendalter (4. Aufl.) Berlin/Heidelberg: Springer.

Silbereisen, R. K./Weichold, K. (2012): Jugend (12-19 Jahre). In: Schneider, W./Lindenberger, U. (Hrsg.): Entwicklungspsychologie (7. Aufl.). Weinheim/Basel: Beltz, 235–258.

Simon, F. B. (2017): Einführung in Systemtheorie und Konstruktivismus (8. Aufl.). Heidelberg: Carl Auer Verlag.

Steinebach, C. (2013): Beratung: Stärkenorientierte Gespräche. In: Steinebach, C./Gharabaghi, K. (Hrsg.): Resilienzförderung im Jugendalter. Praxis und Perspektiven. Berlin/Heidelberg: Springer.

Steiner, T. (2016): Jetzt mal angenommen... Anregungen für die lösungsfokussierte Arbeit mit Kindern und Jugendlichen (3. Aufl.). Heidelberg: Carl-Auer, S. 123–130.

Stierlin, H. (1994): Ich und die anderen. Psychotherapie in einer sich wandelnden Gesellschaft. Stuttgart: Klett-Cotta.

Steiner, T. (2016): Jetzt mal angenommen... Anregungen für die lösungsfokussierte Arbeit mit Kindern und Jugendlichen (3. Aufl.). Heidelberg: Carl-Auer

Storch, M. (2000): Das Zürcher Ressourcen Modell ZRM. In: Beiträge zur Lehrerbildung, 18 (3), 307–323.

Storch, M. (2011): Motto-Ziele, S.M.A.R.T.-Ziele und Motivation. In: Birgmeier, B. (Hrsg.): Coachingwissen (2. Aufl.). Wiesbaden: VS, 185–207.

Storch, M./Krause, F. (2017): Selbstmanagement – ressourcenorientiert. Grundlagen und Trainingsmanual für die Arbeit mit dem Zürcher Ressourcen Modell (ZRM®) (6. Aufl.). Bern: Hogrefe.
Tausch, R./Tausch, A.-M. (1990): Gesprächspsychotherapie (9. Aufl.). Göttingen et al.: Hogrefe.
Thiel, H.-U. (2003): Supervision und Coaching als berufsbezogene Unterstützungsformen. Grundlagen und Praxisanwendung. In: Krause, C./Fittkau, B./Fuhr, R./Thiel, H.-U. (Hrsg.): Pädagogische Beratung. Paderborn: Schöningh.
Tietze, K.-O. (2016): Kollegiale Beratung. Problemlösungen gemeinsam entwickeln (8. Aufl.). Reinbek bei Hamburg: Rowohlt.
Veith, H./Veith, T. (2014): Rollenkompetenz als Coach – weit mehr als Handwerkszeug. In: Ryba, A. et al. (Hrsg.): Professionell coachen. Das Methodenbuch: Erfahrungswissen und Interventionstechniken von 50 Coachingexperten. Weinheim/Basel: Beltz, 53–69.
Watzlawick, P./Beavin, J. H./Jackson, D. D. (2017): Menschliche Kommunikation. Formen Störungen Paradoxien (13. Aufl.). Bern: Hans Huber.
Webers, T. (2015): Systemisches Coaching. Psychologische Grundlagen. Wiesbaden: Springer.
Wegener, R./Loebbert, M./Fritze, A. (Hrsg.) (2016): Coaching-Praxisfelder: Forschung und Praxis im Dialog. Wiesbaden: Springer VS.
Wegener, R./Loebbert, M./Fritze, A. (Hrsg.) (2016a): Zur Differenzierung von Handlungsfeldern im Coaching. Wiesbaden: Springer VS.
Weinberger, S./Papastefanou, C. (2008): Wege durchs Labyrinth. Personzentrierte Beratung und Psychotherapie mit Jugendlichen. Weinheim/München: Juventa.
West-Leuer, B. (2007): Coaching an Schulen: Psychodynamische Beratung zur Stärkung professioneller Beziehungskompetenz. Gießen: Psychosozial-Verlag.
Whitmore, J. (2011): Coaching für die Praxis. Wesentliches für jede Führungskraft. Staufen: allesimfluss-Verlag.
Whitmore, J. (2015): Coaching for Performance. Potenziale erkennen und Ziele erreichen. Paderborn: Junfermann.
Wiethoff, C. (2011): Übergangscoachings mit Jugendlichen. Wirkfaktoren aus Sicht der Coachingnehmer beim Übergang von Schule in die Ausbildung. Wiesbaden: VS.
Woolfolk, A. (2014): Pädagogische Psychologie (12. Aufl.). München: Pearson.

Register

A

aktives Zuhören 102
Akzeptanz, bedingungsfreie 42, 60
Allparteilichkeit 20
angemessen ungewöhnliche Fragen 34, 96
Ankern 77
Annäherungsziel 119
Autonomie 17, 66
Autopoiese 29

B

Beratung 12 f.
Beziehungsebene 13, 31, 33 f., 38, 40 f., 43, 55, 57, 61, 67, 82, 85, 87 f., 101 f., 104
Brainstorming 108

C

Chronos 34
Coachee 11
Coaching 12 f., 15 f., 29
– durch Externe 59, 116
– mit Jugendlichen 16
– Phasen 19, 80–82, 86
– professionell 17
Coachingraum 83
Coachingziel 83, 89, 91, 93, 106

D

didaktische Prinzipien 87
Distanz 21

E

Echtheit 41
Einfühlendes Verstehen 42
Empathie 42 f., 102
Entwicklung
– Ablösungsprozess 52
– bezogene Individuation 52
– Bindungsprozess 52
– Denken 54
– emotionale 56
– Identität 55
– Metakognition 54
– Selbstständigkeit 52
– soziale Kompetenzen 55
Entwicklungsaufgaben 50 f., 56
Entwicklungsgespräche 117
Expertenberatung 13, 57, 59, 80, 110 f.
externes Coaching 59

F

Feedback 120
Fokussieren 89, 99
Folgegespräch 114, 135
Fragen nach verdeckten Informationen 99
Fragestellung 89, 91 f., 105 f.
Fragetechniken 44, 104
Freiwilligkeit 17, 66, 142

G

Gefühlsbilanz 124
Generalisierung 100
Gesprächstechniken
– aktives Zuhören 102
– angemessen ungewöhnliche Fragen 34, 96
– Fokussieren 89, 99
– Fragen nach verdeckten Informationen 99
– Paraphrasieren 101
– Prozessfragen 98, 111
– Reframing 37, 103
– Tilgungen erfragen 99
– Türöffner 89, 98
– Umdeutung 103
– Widerspiegeln von Gefühlen 102
– Widerspiegeln von Informationen 101
– zirkuläre Fragen 103, 111
Gleichrangigkeit 67

151

Goal Setting Theorie 118–120
GROW-Modell 80 f.
- Goal 81 f., 94, 114, 125 f.
- Options 81, 108–110, 133, 135
- Reality 81, 95, 106, 126, 133
- Will 81, 112, 135

H

Haltung 13, 17, 21, 26, 39, 43, 49, 57, 95
- Akzeptanz 42, 60
- Coachinghaltung 48 f., 66
- des Eingebundenseins 45
- des Nichtverstehens 44 f.
- des Nichtwissens 44 f.
- des Vertrauens 47 f.
- Echtheit 41
- Empathie 42 f., 102
- reflexive 48 f.
- systemisch-konstruktivistische 44, 95
- Therapeutenvariablen 40
- wertschätzende 20
Handlungsplan 112, 134 f.

I

individueller Entwicklungsplan (IEP) 117 f.
Inhaltsebene 89
inneres Teams 78
Irritation 31

K

Kairos 33 f., 80
Klärung 98, 104
klassische Konditionierung 77
Kongruenz 41
Konstruktion 23
Konstruktivismus 26, 37, 44
Kontakt halten 86
Kontrakte 79, 94
Kontraktierung 79
Körperhaltung 87, 96
Körpersprache 41, 87

L

Lehrer-Schüler-Beziehung 67
Lerncoaching 136
Lösungsorientierung 47

M

Metakommunikation 104, 125

N

Nähe und Distanz 83, 87
Neutralität 20, 66
NLP 77, 87, 99
Nonverbale Signale 86

O

Offenes Ohr 138

P

Pacing 87 f.
Paraphrasieren 101
Passung 91
- Coaching 57
- Intervention 34
- Ziel 105
Personensplitting 67 f., 138
Perturbation 31
Problem 30
Problemtrance 47
Protokollbogen 140
Prozessberatung 16, 62, 80, 95, 109, 113
Prozessfragen 98, 111
Prozessziel 93

R

Rapport 85
Ratschläge 62
Reflexion der eigenen Rolle 75
reflexive Distanz 74
Reframing 37, 103
Repräsentationssysteme 88
Ressourcenorientierung 47, 62
Rolle 15, 59, 63 f., 66, 70, 73, 85, 93
Rollenanteile Siehe Rollensektoren 70
Rollenbalance 75
Rollendiffusion 63, 67, 74
Rollenerwartungen 63
Rollenfähigkeit 75
Rollenflexibilität 75
Rollenklarheit 62, 69, 74, 76
Rollenklärung 78 f.
Rollen-Know-how 75
Rollenkonflikt 20, 63–65
Rollenmanagement 75
Rollenökonomie 75
Rollensektoren 65, 67, 69

Rollensplitting 68 f.
Rollenstabilität 75
Rollentransparenz 79
Rollenübernahme 74
Rollenvarianz 68, 74
Rubikon-Modell 121

S

s.m.a.r.t.'e Ziele 92
Selbstwirksamkeit 119
selektive Authentizität 41
Somatische Marker 121
soziale Systeme 23, 27, 29, 38
soziale Unterstützung 58, 61
– emotionale 58
– Interpretativ-rückmeldende 58
Spickzettel 140
Spiegeln 87
Systemmerkmale 39, 103
– Entwicklung 36
– Personen 37, 102
– Regelkreise 38, 102
– Regeln 102
– Soziale Regeln 38
– Subjektive Deutungen 37, 102
– Umwelt 39, 103

T

Therapeutenvariablen 40
Tilgungen erfragen 99
tragende Beziehung Siehe Beziehungsebene 31
Transaktionsanalyse 70
– komplementäre Transaktionen 70
– Überkreuz-Transaktionen 71
Türöffner 89, 98

U

Umdeutung 103
Unabhängigkeit 66

V

Veränderung 31, 33 f.
Verantwortung 19
Vermeidungsziel 119
Verschwiegenheit 19
Vertraulichkeit 19, 94
Verzerrung 100

W

Wertschätzung 42 f., 60, 85
Widerspiegeln
– von Gefühlen 102
– von Informationen 101

Z

Zeit geben 86
Zeitrahmen 94
Ziel 91, 118
– Annäherungsziel 119
– Motto-Ziele 125, 130
– s.m.a.r.t. 92, 132
– Vermeidungsziel 119
Zielbindung 119
Zielhierarchie 122
Zielpyramide 122
Zielvereinbarungsgespräch 116
– Ablauf 135
zirkuläre Fragen 103, 111
Zirkularität 27

Oliver Hechler

Feinfühlig Unterrichten

Lehrerpersönlichkeit – Beziehungsgestaltung – Lernerfolg

2018. 192 Seiten. 23 Abb., 4 Tab. Kart. € 26,–
ISBN 978-3-17-033844-9 auch als EBOOK

Fördern lernen, Band 20

Lehrer treffen heute immer häufiger auf „irritierende" Schüler. „Gestörte" Verhaltens- und Erlebensweisen machen den Unterricht oft beschwerlich. Der Rückgriff auf die gängigen Unterrichtskonzepte hilft dabei wenig, auch nicht die fachfremden Angebote der Psychotherapie oder evidenzbasierte Förderprogramme. Das Buch stellt dagegen wieder die Lehrerpersönlichkeit und die pädagogische Beziehungsgestaltung zwischen Lehrer und Schüler in den Mittelpunkt pädagogischen Handelns beim Erziehen und Unterrichten. Dabei werden vor allem relevante humanwissenschaftliche Theorien und Erkenntnisse für unterrichtliche Konzepte pädagogisch nutzbar gemacht: die Bindungstheorie, das Wissen um basale Übertragungs- und Gegenübertragungsprozesse im Unterricht, die Einsichten der Gruppendynamik gleichermaßen wie die Bedeutung der Fall- und Selbstreflexion.

PD **Dr. phil. Oliver Hechler** ist Akademischer Rat am Lehrstuhl für Pädagogik bei Lernbeeinträchtigungen an der Universität Würzburg.

Leseproben und weitere Informationen unter www.kohlhammer.de

W. Kohlhammer GmbH
70549 Stuttgart

Kohlhammer

Susanne Miller/Katrin Velten

Kinderstärkende Pädagogik in der Grundschule

2016. 140 Seiten. Kart.
€ 25,-
ISBN 978-3-17-024333-0 auch als EBOOK

KinderStärken, Band 6

Das Buch behandelt die für das Grundschulalter besonders relevanten Bildungsprozesse und Sozialisationsinstanzen sowie die Möglichkeiten der Grundschule und des Grundschulunterrichts zur Stärkung der Kinder. Dabei werden vor allem die bereichsübergreifenden sozialen und emotionalen Basiskompetenzen im Grundschulalter in den Blick genommen, ohne die keine Persönlichkeits- und Lernentwicklung denkbar ist. Das Buch zeigt dann, wie die Grundschule mit ihrem spezifischen Erziehungs- und Bildungsauftrag im Sinne des Chancenausgleichs, der Resilienzförderung und der Stärkung der Persönlichkeit wirksam werden kann. Dies wird entlang zahlreicher Beispiele aus Forschung und Praxis zur Schul- und Unterrichtsentwicklung sowie zur Professioanlität der Lehrkräfte verdeutlicht.

Prof. Dr. Susanne Miller lehrt mit dem Schwerpunkt Grundschulpädagogik an der Fakultät für Erziehungswissenschaft der Universität Bielefeld. **Karin Velten** ist dort wissenschaftliche Mitarbeiterin.

Leseproben und weitere Informationen unter www.kohlhammer.de

W. Kohlhammer GmbH
70549 Stuttgart

Kohlhammer

Winfried Palmowski

Systemische Beratung

*2. Auflage 2014. 132 Seiten,
2 Abb., 1 Tab. Kart.
€ 18,99
ISBN 978-3-17-025733-7*

auch als EBOOK

Fördern lernen, Band 14

Das Buch führt in die wesentlichen theoretischen Grundlagen systemischer Beratung ein und verdeutlicht die wichtigsten Bausteine an Beispielen aus der Beratungspraxis. Ein wesentliches Kennzeichen der systemischen Beratung wird am Selbstverständnis und der Arbeitsweise des Beraters deutlich: Er beschränkt sich darauf, das Gespräch zu moderieren, übernimmt damit Verantwortung für dessen Verlauf, nicht aber für die Inhalte. Damit ist die Zuständigkeit des Ratsuchenden eindeutig festgelegt. Herzstück der systemischen Beratung bildet die spezifische Fragetechnik. Die Fragen sind „ungewöhnlich" und sollen zur Perspektiverweiterung, Reflexionsanregung und letztlich Klärung der Situation dienen.

Professor Dr. Winfried Palmowski ist Systemischer Berater, Therapeut und Supervisor. Er hat den Lehrstuhl für Allgemeine Sonderpädagogik, Pädagogik bei Erziehungsschwierigkeiten und Integration an der Universität Erfurt.

Leseproben und weitere Informationen unter www.kohlhammer.de

W. Kohlhammer GmbH
70549 Stuttgart

Kohlhammer